中国农业展望报告
（2025—2034）

农业农村部农产品市场分析预警团队 著

中国农业科学技术出版社

图书在版编目（CIP）数据

中国农业展望报告.2025—2034/农业农村部农产品市场分析预警团队著.-- 北京：中国农业科学技术出版社，2025.4.-- ISBN 978-7-5116-7337-4

Ⅰ.F323

中国国家版本馆CIP数据核字第20253U4X66号

组织编著单位　中国农业科学院农业信息研究所

责任编辑　张志花
责任校对　王　彦
责任印制　姜义伟　王思文

出 版 者	中国农业科学技术出版社
	北京市中关村南大街12号　　邮编：100081
电　　话	（010）82106636（编辑室）　（010）82106624（发行部）
	（010）82109709（读者服务部）
网　　址	https://castp.caas.cn
经 销 者	各地新华书店
印 刷 者	北京地大彩印有限公司
开　　本	190 mm×270 mm　1/16
印　　张	15.25
字　　数	318千字
版　　次	2025年4月第1版　2025年4月第1次印刷
定　　价	760.00元

◆版权所有·侵权必究◆

农业农村部市场预警专家委员会

（按姓氏笔画排序）

于　冷	上海交通大学安泰经济与管理学院　教授
田晓晖	中国人民大学农业与农村发展学院　教授
吕向东	农业农村部农业贸易促进中心　副主任，研究员
许世卫	中国农业科学院农业信息研究所　研究员
孙　强	北方工业大学经济管理学院　副院长，教授
李国祥	中国社会科学院农村发展研究所　研究员
李韶民	农业农村部信息中心　副主任，研究员
杨　军	对外经济贸易大学国际经济贸易学院　教授
陈　洁	农业农村部农村经济研究中心　副主任，研究员
武拉平	中国农业大学经济管理学院　教授
秦　富	中国农业科学院农业经济与发展研究所　教授
倪国华	北京工商大学　党委常委，宣传部部长，教授
韩一军	中国农业大学国家农业市场研究中心　主任，教授

前　　言

2025年是"十四五"规划收官之年，也是"十五五"谋篇布局之年。当前国际环境复杂严峻，我国发展面临的不确定难预料因素增多，各类风险挑战加剧，需要强化农业监测预警，为保供给、稳预期、增信心、促增收提供有力支撑。持续发布未来10年中国农业展望报告，加强农产品供需趋势分析及农业热点问题交流研讨，充分发挥信息引导生产、稳定预期、服务决策的重要作用，是贯彻落实党和国家发展战略部署的重要举措，对完善农产品贸易与生产协调机制、增强粮食等重要农产品供给保障能力具有重要意义。从2014年开始，每年4月定期召开中国农业展望大会并发布未来10年中国农业展望报告，大会已经逐渐成为国内外了解中国农情、分享交流信息的重要公共平台。作为中国特色农业信息监测预警体系建设发展的重要成果，中国农业展望大会于2020年1月正式写入《中美第一阶段经贸协议》，于2021年7月列入"百年伟业　三农华章——农业农村部庆祝中国共产党成立100周年主题展"，正日益受到国内外广泛关注。

2025年农业展望大会，由农业农村部市场预警专家委员会指导，中国农业科学院农业信息研究所主办，农业农村部信息中心、农业农村部农村经济研究中心、农业农村部农业贸易促进中心、中国农学会、农业农村部大数据发展中心、全国农业展览馆（中国农业博物馆）等协办。大会上发布的《中国农业展望报告（2025—2034）》（以下简称《展望报告》），是中国农业展望专家组在长期研究工作的基础上，根据国内外经济形势、人口、汇率、油价等方面的新变化，综合考虑中国宏观经济、农业政策、气候条件、科技创新、资源禀赋及国际市场等因素，采用中国农业科学院农业信息研究所研制的中国农产品监测预警系统（China Agricultural Monitoring and Early-warning System，CAMES），对未来10年中国农产品市场供需形势做出基线预测，并与专家会商研判相结合的研究成果。基期数据主要来自中国统计部门公开发布的统计数据和农业农村部门的农产品市场监测数据，也包括相关研究机构多年积累的实地调研数据。在《展望报告》形成过程中，农业农村部市场预警专家委员会专家对报告的主要结论进行了研讨。初稿形成后，征求了农业农村部规划司、计财司、种植业司、畜牧兽医局、渔业渔政局、国际司、种业司、农机化司、农田建设司等司局，国家发展改革委、商务部、海关总署、国家统计局、国家粮食和物资储备局、中国气象局、全国供销总社等部门以及中国棉花协会、中国糖业协会等协会的意见，并得到了各单位的大力支持和宝贵建议，在此一并表示感谢。

《中国农业展望报告（2025—2034）》共15章，涵盖粮食、油料、棉花、糖料、蔬菜、水果、肉类、禽蛋、奶类、水产品、饲料等20种（类）主要农产品，由农业农村部农产品市场分析预警团队撰写。其中，第一章概述由王禹、许世卫、李干琼撰写；第二章粮食由王盛威撰写；第三章稻谷由稻谷分析师纪龙、徐春春撰写；第四章小麦由小麦分析师孟丽、崔丽娟、曹慧、刘锐撰写；第五章玉米由玉米分析师王洋、吴天龙、王锶贤撰写；第六章大豆及油脂油料分别由大豆分析师张璟、郭宇桥，油料分析师张雯丽、原志听、刘鹏、李淞淋、黄家章撰写；第七章棉花由棉花分析师原瑞玲、王芸娟、刘保花撰写；第八章糖料由糖料分析师黄义、张哲晰、曹蔚宁、郭君平撰写；第九章蔬菜分别由蔬菜分析师张晶、迟亮、孔繁涛、安民，马铃薯分析师周向阳、吴建寨撰写；第十章水果由水果分析师王芸娟、赵俊晔、侯煜庐撰写；第十一章肉类分别由分析师熊露，猪肉分析师李淞淋、朱增勇、周琳，禽肉分析师浦华、郑麦青、张莉，牛羊肉分析师朱聪、司智陟、杨春撰写；第十二章禽蛋由禽蛋分析师熊露、朱宁、唐振闯撰写；第十三章奶类由牛奶分析师杨祯妮撰写；第十四章水产品由水产品分析师沈辰、张静宜撰写；第十五章饲料由饲料分析师周琳、陶莎、沈辰、牛聪荟撰写。

长期组织开展农业展望活动并定期发布展望报告，是一项对技术支撑能力要求极高的工作。2025年是中国农业展望大会创立和《中国农业展望报告》发布12周年，中国农业科学院院长吴孔明、党组书记杨振海高度重视，多次就展望活动的组织运行进行专题研究和部署。中国农业科学院农业信息研究所所长周清波带领全所员工为开展2025年农业展望活动提供了有力保障。农业农村部市场预警专家委员会秘书长许世卫主持研制的CAMES系统有力支撑了《展望报告》中20种（类）农产品的具体预测分析。农业监测预警创新团队首席科学家李干琼和团队成员邸佳颖、富丽莎、李建政、王禹、庄家煜、王盛威、陈威、王洋、熊露、李灯华、喻闻、赵龙华、周涵、袁世一、刘保花、张永恩、刘佳佳、周雨萱等在数据收集与分析处理、报告全文统稿与修改、会商研讨组织、中英文翻译等方面做了大量具体而细致的工作。报告形成过程中，农业农村部市场预警专家委员会委员及方言、刘桂才、李志强、孙东升、潘月红等有关专家多次参加相关工作，对修改完善《展望报告》提出了宝贵意见。需要说明的是，农业发展受诸多不确定性因素的影响，尽管展望预测已尽量考虑相关因素，但难免仍会出现一些疏漏或不足，恳请国内外同行多提宝贵建议，我们将不断完善和提高。

报告编写组
2025年4月

摘　　要

《中国农业展望报告（2025—2034）》（以下简称《展望报告》）聚焦20种（类）主要农产品，对2024年市场形势进行了总结回顾，对这些农产品未来10年尤其是2025年、2029年和2034年等重要时间节点的生产、消费、贸易、价格走势进行了展望，对存在的不确定性进行了分析和讨论。

《展望报告》的展望预测基于对未来10年中国经济社会条件与政策的基础假设。报告认为，展望期内中国经济将保持高质量发展，并具体假设2025—2034年中国国内生产总值（GDP）年均增速5.0%；居民收入持续增长，城镇和农村居民人均可支配收入年均增速分别为4.5%和6.4%（扣除价格因素），城乡收入差距不断缩小；人口总量呈下降趋势，年均下降1.3‰；城镇化率持续提升，2034年常住人口城镇化率提高到74.3%；居民消费价格指数（CPI）小幅波动，年均涨幅在2.0%～2.3%；人民币汇率弹性显著增强，1美元兑人民币的名义汇率中间价年均值在6.8～7.5元；国际原油价格短期波动明显，长期稳中趋降。

2024年，我国农业农村发展保持了稳中向好、稳中提质的势头，乡村全面振兴取得明显成效，农业强国建设迈出坚实步伐。粮食生产迈上新台阶，产量再创新高，主要农产品供给保障能力持续增强。2024年粮食播种面积17.90亿亩[①]（1.19亿公顷），比上年增长0.3%；全国粮食产量达到14 130亿斤[②]（7.06亿吨），比上年增长1.6%，首次突破1.4万亿斤（7.0亿吨），连续10年稳定在1.3万亿斤（6.5亿吨）以上。大豆油料扩种成果有效巩固，全年大豆种植面积稳定在1.5亿亩（1 000万公顷）以上，产量保持在2 000万吨以上；油料作物种植面积2.14亿亩（1 429万公顷），比上年增长2.6%，产量3 979万吨，比上年增长3.0%。棉花种植面积和产量双增，2024年种植面积4 257.4万亩（283.8万公顷），产量616.4万吨，分别比上年增长1.8%、9.7%。肉类生产总体稳定，全年肉类产量9 770万吨，比上年增长0.2%；其中，猪肉产量5 706万吨，减少1.5%；禽肉产量2 660万吨，增长3.8%；牛肉产量779万吨，增长3.5%；羊肉产量518万吨，减少2.5%。禽蛋、水产品产量保持增长，分别为3 588万吨和7 366万吨，分别比上年增长0.7%、3.5%；牛奶产量有所下降，全年产量4 079万吨，比上年减少2.8%。蔬菜水果供给充裕，蔬菜面积和产量持续增长，水果量足质优。**农产品供给结构不断优化，农业现代化水**

[①] 15亩=1公顷，全书同。
[②] 2斤=1千克，全书同。

平稳步提升，农业高质量发展成效显著。绿色优质农产品供给水平不断提升，全国绿色、有机、名特优新、地理标志农产品认证登记总数达8.2万个，比上年增长7%。种业振兴行动深入推进，农业种质资源保育水平持续提高，新收集农作物资源13.9万份、采集制作畜禽遗传材料107万份、水产遗传材料12万份，国家级制种基地供种保障率达78%。农业科技和设施装备支撑持续强化，农业科技进步贡献率在63%以上，作物良种覆盖率超96%，全国农作物耕种收综合机械化率达到75.4%，农机装备创制实现阶段性突破，大型谷物联合收割机、六行采棉打包机等实现国产化替代；高标准农田建设扎实推进，新建和改造提升高标准农田超过8 000万亩（533万公顷），累计建成超过10亿亩（6 667万公顷），农田灌溉水有效利用系数提高到0.576。农业绿色发展成效显著，畜禽粪污综合利用率达到79.4%，秸秆综合利用率、农膜回收处置率分别超88%、80%。乡村特色产业加快升级，新建40个优势特色产业集群、50个国家现代农业产业园，认定333家农业产业化国家重点龙头企业。**农产品消费总体呈现降级，动物性产品消费增长趋缓**。2024年全国粮食消费量8.23亿吨，比上年减少0.9%，其中食用消费量、饲用消费量分别比上年减少0.4%、3.4%。猪肉、羊肉消费量有所下降，分别比上年减少2.3%、3.3%；禽肉、牛肉、禽蛋、水产品消费量保持增长，分别比上年增长2.9%、3.8%、0.4%、3.0%；蔬菜、水果消费稳中有增。**大宗农产品进口总量下降，传统出口优势农产品贸易增长较快**。2024年粮食进口15 753万吨，比上年减少2.3%，其中玉米、小麦分别进口1 364万吨、1 118万吨，分别比上年减少49.7%、7.6%，但大豆进口10 503万吨，比上年增长6.5%，高粱、大麦分别进口866万吨、1 424万吨，分别比上年增66.0%、25.8%。食用植物油进口716万吨，比上年减少26.8%。肉类进口533万吨，比上年减少11.6%，其中猪肉、禽肉、羊肉进口分别减少30.8%、24.6%、15.5%。具有比较优势的蔬菜、水果出口保持增长态势，出口量分别达1 497万吨、658.9万吨，分别比上年增长12.8%、31.1%。**农产品价格跌多涨少，总体维持偏弱运行态势**。2024年三大主粮价格稳中有降，稻谷价格持平，小麦、玉米价格有所下跌；受大豆供应总体宽松影响，国产大豆价格整体下行。三大主要食用植物油价格下跌，棕榈油价格上涨；棉花价格受供强需弱影响震荡下行，食糖价格因国内市场供应充足叠加进口价跌量增总体下跌。肉蛋奶价格总体以偏弱运行为主，猪肉价格有所上涨，牛肉、羊肉价格受进口冲击和国内需求增速放缓影响持续下跌，鸡蛋、牛奶价格因市场供需宽松总体下行。蔬菜价格高位运行，季节波动明显；水果价格有所下跌，季节波动较为平缓。

2025年，乡村全面振兴和农业强国建设取得新成效，农业科技创新能力进一步增强，乡村产业发展水平进一步提升。粮食和重要农产品供给保障能力将持续增强，农业高质量发展将迈上新台阶。2025年，随着大面积单产提升推进力度不断加大及农民种粮和地方抓粮积极性不断提高，粮食生产保持稳定增长态势，预计全年粮食播种面积17.87亿亩（1.19亿公顷），与上年基本持平；粮食单产继续提高，为397千克/亩（5 953千克/公顷），粮食产量将达到7.09亿吨，比上年增长0.4%；其中，稻谷、小麦、玉米产量分别比上年增长0.5%、0.9%和0.2%，大豆产量将达到2 117万吨，比上年增长2.5%。油菜籽和花生产量继续增加，预计全年油料产量达4 050万吨，比上年增长1.8%；受单产稳步提升带动影响，棉花产量预计比上年增长2.4%；受糖料蔗与甜菜种植面积小幅下降影响，食糖产量预计比上年减少1.5%。受能繁母猪存栏量回升与生猪养殖效率提高等影响，猪肉产量小幅增长，预计2025年达5 750万吨，比上年增长0.8%；受养殖效益下降影响，牛肉、羊肉和奶业生产进入优化调整期，预计产量分别减少3.7%、1.5%和1.5%；渔业高质量发展持续推进，预计水产品产量达7 442万吨，比上年增长1.0%。蔬菜、水果市场供应充裕，预计产量分别增长0.1%、1.0%。**农产品消费缓慢增长，健康化、多元化消费趋势更加明显。**粮食消费小幅增长，禽肉、水产品消费增速有所放缓，牛羊肉、奶类消费需求有所减弱。预计2025年粮食消费量增长1.0%，禽肉、禽蛋、水产品消费量分别增长2.3%、1.4%、1.4%，牛肉、羊肉、奶类消费量分别减少13.7%、2.7%、3.3%；猪肉消费量略有增加，比上年增长0.3%；蔬菜、水果消费量分别增长0.1%和1.9%。**农产品贸易与生产协调机制不断完善，大宗农产品进口减少。**随着农产品贸易与生产协同性不断增强，在国内产量增加、消费增速放缓等条件下，大宗农产品进口量呈减少趋势，预计2025年粮食进口1.38亿吨，比上年减少12.8%，其中小麦、玉米和大豆进口分别减少40.1%、48.7%和7.6%；棉花进口减少19.8%，食糖进口减少4.4%。具有国际贸易竞争优势的蔬菜、水果出口继续保持增长，预计出口量分别增长1.0%和6.0%；水产品出口小幅下降，预计比上年减少3.8%。**农产品价格总体稳定运行，供需调整与季节性影响因素交织。**受国内供需形势相对宽松及提振消费多措并举影响，预计稻谷、大豆价格总体平稳运行，小麦价格稳中略涨，玉米价格稳步回升。食用植物油价格整体平稳，棉花价格受国内市场供给增加、国际市场不确定性较大影响维持低位运行；食糖价格因低价糖进口影响震荡下行。预计猪肉价格在26~27元/千克区间，牛羊肉价格因存栏减少产能下降有望止跌回稳，牛奶价格随着奶牛存栏持续适应性回调有望在下半年企稳回升。蔬菜、水果价格以季节性波动为主。

未来10年，农业新质生产力将迎来系统性突破，乡村全面振兴将取得决定性进展，农业强国建设将迈入新阶段，农业农村现代化基本实现。**粮食和重要农产品供给保障能力将实现量质全方位提升，农业综合效益和竞争力将显著增强。**随着耕地占补平衡制度不断完善，粮食生产支持政策体系不断健全，粮食播种面积保持基本稳定，预计2034年稳定在17.90亿亩（1.19亿公顷），其中小麦面积基本稳定，稻谷、玉米面积减少，大豆面积保持增长趋势。在农业科技发展水平加速提升及高产优质抗逆的粮食新品种加快培育推广支持下，农业生产力将实现突破性跃升，未来10年预计粮食单产水平将提高7.8%，达到421千克/亩（6 311千克/公顷），其中玉米、大豆单产将分别达到490千克/亩（7 350千克/公顷）、185千克/亩（2 775千克/公顷）。随着新一轮千亿斤粮食产能提升行动以及"藏粮于地、藏粮于技"战略深入实施，粮食产量稳步增长，预计2034年将达到7.53亿吨，与基期相比（基期为2022—2034年3年平均值，下同）年均增长0.8%。蔬菜和水果产量持续增长，年均增速分别为0.2%和0.6%。肉类产量总体呈稳中有增态势，其中，禽肉、牛肉和羊肉产量分别年均增长1.6%、0.9%和1.0%，猪肉产量稳中略降。奶类产量在调整优化后保持增长趋势，水产品产量持续小幅增长，年均增速分别为1.6%和1.0%。**农产品消费持续升级，高品质与特色化需求将持续攀升**。随着中国经济稳健发展以及居民生活水平进一步提升，农产品消费升级趋势持续深化，高品质、健康化、多元化及个性化的农产品消费趋势日益明显。未来10年，粮食消费需求受工业消费拉动总体稳中略增，年均增长0.2%，其中，工业消费小幅上涨，年均增长2.2%，食用消费与饲用消费稳中有降。肉类消费总体保持增长，其中，猪肉消费小幅下降，年均减少0.6%；禽肉消费持续增加，牛肉、羊肉消费逐步转强，年均增速分别为1.3%、0.2%、0.8%。蔬菜、水果消费继续小幅增长，奶类、水产品消费增长相对较快，年均增速分别为0.3%、0.8%、2.7%、1.2%。**农产品贸易结构持续优化，进口来源更趋多元化**。未来10年，随着中国持续推进高水平对外开放、深度融入全球农业产业链供应链，农产品贸易结构将持续优化，进口来源呈现多元化。粮食进口呈下降趋势，预计2034年粮食进口1.13亿吨，其中小麦、玉米、大豆进口将从近年高位分别回落至410万吨、520万吨、7 903万吨。在国际市场上具有竞争优势的蔬菜和水果出口继续保持较快增长，年均增速分别为2.6%和8.8%。乳制品进口增速趋缓，水产品出口趋于稳定。**农产品价格总体将稳中趋涨，市场调控机制更趋成熟**。未来10年，农产品价格形成机制不断完善，市场供需更趋平衡，优质优价特征持续凸显。受生产成本刚性上涨推动，粮食价格将呈波动上涨趋势；棉油糖作物随着竞争力增强，价格受国际市场影响减弱；肉类价格随着养殖技术进步，波动幅度将明显收窄；奶类、水产品价格在消费增长拉动和生产成本推动的共同作用下呈上涨趋势。分品种具体展望预测如下。

粮食：粮食产能稳步提升，产量增长快于消费增长。未来10年，中国粮食综合生产能力将稳步提高，播种面积基本稳定，粮食单产成为粮食增产的关键，产业结构持续优化，防范化解重大风险挑战能力增强，粮食供给保障能力将不断提升。预计粮食单产稳步提高，2034年为421千克/亩（6 311千克/公顷），年均增长0.8%；粮食产量稳定增长，达到7.53亿吨，年均增长0.8%。粮食需求增长，但增速放缓，工业消费增加是拉动粮食消费上涨的主要动力。预计2034年粮食消费量为8.32亿吨，年均增长0.2%。粮食供需紧平衡将成为长期态势，但产需平衡压力有所缓解，粮食自给率将提高至90.5%。粮食贸易规模将继续维持高位，适度进口仍然是满足国内粮食需求的重要途径，但粮食进口总体呈回落趋势，预计2034年粮食进口量为

1.13亿吨，年均减少3.1%。

稻谷：产量稳中有增，消费量略有下降。未来10年，稻谷播种面积将小幅下降，单产稳步提高至502千克/亩（7528千克/公顷），产量略有增长，预计2034年20986万吨，年均增长0.1%。稻谷消费量稳中略降，在2亿吨上下波动，市场供需平衡略有余。受人均口粮消费量下降和总人口数减少等因素影响，口粮消费量稳中有降，预计2034年14449万吨，年均下降0.7%。全球大米供需将保持总体宽松格局，国际米价整体仍具有相对优势，大米进口量将有所增长，但低于基期水平，预计2034年进口量260万吨。

小麦：小麦产量和消费量稳中略增，进口量下降。未来10年，小麦播种面积将稳定在3.5亿亩（2333万公顷）左右，随着国家大面积单产提升行动实施，小麦单产水平稳步提高，2034年小麦产量达14340万吨，年均增长0.4%。展望期内，随着人们生活水平和城镇化率持续提高，小麦口粮消费将稳中略降，饲料消费有所增加，工业消费需求旺盛，小麦消费总量呈稳中略增趋势，预计2034年为14185万吨，年均增长0.3%。由于优质专用小麦产能不断提升，小麦进口量将高位回落，预计2034年进口量为410万吨，年均下降9.5%。

玉米：单产稳步增长，消费增速变缓。未来10年，玉米播种面积稳中略减，单产水平持续提升，总产量稳步增长。预计2034年玉米播种面积65337万亩（4356万公顷），单产490千克/亩（7350千克/公顷），产量32015万吨，较基期年均分别减少0.2%、增长1.1%、增长0.9%。玉米饲用消费呈现"总量缓降、效率提升"的趋稳态势，工业消费稳步增长，总消费量基本保持稳定。预计2034年玉米消费量31551万吨，较基期年均增长0.1%。进口量总体呈减少趋势，预计2034年为520万吨，较基期年均下降12.8%；出口量或有增加，预计2034年为50万吨。

大豆：产能持续增长，进口高位下降。未来10年，随着产业政策支持力度不断加强，先进技术创新和应用能力不断提高，大豆单产水平将显著提升，产量稳步增长，预计2034年大豆播种面积将增至18659万亩（1244万公顷），单产增至185千克/亩（2775千克/公顷），产量达到3452万吨，年均增长分别为1.9%、3.4%、5.3%。粮食节约和反食品浪费行动、饲用豆粕减量替代行动，倡导大豆产品科学消费，带动大豆压榨需求和消费总量稳中略降，预计2034年为10850万吨，年均减少0.03%。国产大豆产能稳步提升后进入压榨领域的比例逐渐提高，带动大豆进口量高位下降，预计2034年进口量将降至7903万吨，年均减少2.2%。

油料：产量稳步提高，消费由增长转变为稳中有降。未来10年，中国油料种植面积稳步扩增，品种改良、技术集成及大面积推广应用将带动油料单产继续增长，产量将大幅提高。预计2034年油料产量将达到4693万吨，年均增长2.0%。受人口总量减少、城镇化率稳步提高以及健康中国系列规划深入推进影响，中国食用植物油消费量由增长转变为稳中有降，年均下降0.1%。其中，居民食用消费年均下降

0.2%。未来10年,中国将继续通过国际市场调剂余缺,满足国内食用油消费需求;同时稳步提升国内油料产量,自给率逐步提高。预计2034年食用植物油的自给率将达到41.9%,较基期提高11.5个百分点。

棉花:产量波动略增,消费和进口呈下降趋势。受劳动力和土地成本持续上升、水土资源条件约束趋紧、植棉比较效益低等多重因素影响,农户植棉积极性下降,棉花种植面积呈下滑趋势。展望期内,棉花大面积提升单产行动预计将取得明显成效,棉花品质适应纺织转型升级需要,单产稳步提升,品质持续改善。预计2034年棉花产量623万吨,年均增长0.5%;全球贸易保护主义加剧、产业转移、化纤替代等将导致棉花消费量呈下降趋势,但完备的纺织服装制造产业体系和超大规模市场优势支撑中国继续保持全球最大棉花消费国和纺织品服装出口国地位。预计2034年棉花消费量733万吨,年均下降0.4%;中国棉花产需缺口持续缩小,进口量将相应减少,预计2034年降至134万吨,年均下降4.7%,高等级棉花仍然是进口的重点,进口来源多元化发展。

糖料:产量和消费低速稳定增长,进口缓慢下降。未来10年,受良种良法补贴和机收补贴等政策支持,糖料种植面积稳中有增,且随着糖料种植技术不断完善和生产效率提升,糖料单产稳定增长,预计2034年食糖产量将达到1 190万吨,年均增长1.9%。经济快速发展和居民收入水平的持续提高,使人们对甜味食品的需求不断增加,食糖在食品加工中的应用越来越广泛。同时受居民膳食结构调整及代糖产品消费增加的影响,食糖消费将保持低速增长态势。预计2034年食糖消费量1 657万吨,年均增长率0.7%。受国内食糖产不足需影响,食糖仍保持适度进口,预计2034年食糖进口量519万吨,年均下降0.7%。

蔬菜:供需整体宽松,消费结构优化。未来10年,蔬菜种子种苗、设施装备、冷链物流体系、信息技术等发展将成为蔬菜产业转型升级的重要推动力,蔬菜种植面积基本稳定,设施面积占比增加,产量稳中略增,预计2034年产量83 875万吨,年均增长0.2%,其中商品产量64 460万吨,年均增长0.4%。消费结构不断优化,健康膳食趋势明显,推动高品质蔬菜消费增长,预计2034年消费量62 145万吨,年均增长0.3%;贸易保持"大出小进"格局,进出口量均小幅增加。蔬菜价格保持季节性、周期性波动特征,受土地、劳动力、生产资料等成本上涨因素影响,长期看价格稳中有涨。

马铃薯:产量总体保持增加,消费量持续增加。未来10年,中国马铃薯种植面积呈增加趋势,预计2034年为8 700万亩(580万公顷),比基期增长5.0%,年均增长0.5%。随着脱毒种薯应用广泛普及、马铃薯高产优质栽培技术加快推广以及生产专业化水平持续提高,马铃薯单产不断提高,预计2034年为1 215千克/亩(18 228千克/公顷),比基期增长3.7%,年均增长0.4%。在种植面积增加和单产水平提高的共同作用下,马铃薯产量保持增加,预计2034年为10 572万吨,比基期增长

8.8%，年均增长0.9%。从长期来看，中国马铃薯消费量持续增加，预计2034年为10 410万吨，比基期增长10.5%，年均增长1.0%。

水果：产量和消费量稳中略增，进出口贸易规模扩大。未来10年，水果产业加快高质量发展，面积相对稳定，园林水果面积1.86亿亩（1 240万公顷），瓜果类面积3 210万亩（214万公顷），单产继续提高，产量增速放缓，品种结构进一步优化。展望期内，预计水果产量年均增长0.6%，2034年将达到3.47亿吨。随着居民收入水平的提高，水果消费稳中略增，预计2034年水果消费量3.45亿吨，年均增长0.8%，其中直接消费量1.71亿吨，年均增长0.7%，加工消费量6 993万吨，年均增长4.3%。水果进、出口量保持较快增长，年均增速分别为7.3%和8.8%，贸易逆差持续存在。成本上涨、质量提升等因素推动水果价格波动上涨。

肉类：产量稳中有增，消费和进口先减后增。展望期内，随着畜禽优良品种的加快培育以及养殖技术水平的稳步提高，肉类产品稳定安全供给能力增强，肉类产量稳中有增，预计2034年肉类产量9 954万吨，年均增长0.3%。展望初期，牛羊肉消费量均减少，猪肉消费量稳中略增，禽肉消费量增速放缓，预计2025年肉类消费量10 111万吨，比上年下降0.9%；展望中后期，随着居民收入水平的提高，肉类消费需求平稳增长，消费量呈稳步恢复态势，但展望期内人口负增长以及老龄化社会程度加深，肉类消费量增速趋缓，预计2034年肉类消费量10 238万吨，年均增长0.1%。肉类产品自给率总体保持在较高水平，进口减少后缓增，预计2034年肉类进口414万吨，年均减少3.4%。肉类产品出口渠道和国际市场空间持续拓展，出口量保持增长，预计2034年肉类出口130万吨，年均增长4.0%。

猪肉：产量和消费量均呈现稳中有降趋势，进口量减少。展望期内，生猪养殖规模化、信息化、智能化水平逐步提升，生猪生产提质增效，基础产能动态调整，猪肉产量趋于下降。预计2034年猪肉产量5 452万吨，比基期减少4.0%，年均下降0.4%。受社会老龄化程度加剧、人口总量持续稳中有降、居民膳食结构多样化等因素综合影响，猪肉消费量持续小幅下降。预计2034年猪肉消费量5 492万吨，比基期减少5.5%，年均下降0.6%。国内对进口猪肉的需求下降，居民对带骨猪肉仍存在刚性需求，预计猪肉进口量先下降后趋于稳定。预计2034年进口量50万吨。

禽肉：生产和消费增速放缓，贸易实现顺差。未来10年，禽肉产量和消费量持续增加，增速总体放缓，进口量趋于下降，出口量稳步增加。预计2034年产量将达到2 984万吨，年均增长1.6%。随着居民消费结构和消费观念的变化，禽肉消费便捷化、产品多元化和质量标准化趋势加快，禽肉消费有望持续扩大。预计2034年消费量为2 954万吨，年均增长1.3%。禽肉国内供给相对充足，进口逐渐减少，预计2034年进口量为90万吨，年均减少2.9%。肉禽产品国际竞争力不断增强，出口较快增长，预计2034年出口量为120万吨，年均增长5.0%。

牛羊肉：生产和消费先降后增，进口走势呈现差异。未来10年，随着品种改良、技术进步以及专业化、规模化养殖比例提高，牛羊生产能力稳步增强，但受短期养殖效益影响，产量先降后增。预计2034年，牛肉、羊肉产量分别为820万吨、564万吨，年均分别增长0.9%和1.0%。综合考虑居民消费结构升级、人口总量下降和需求增速放缓等多重因素影响，牛羊肉消费需求先弱后强，增速明显放缓。预计2034年，牛肉、羊肉消费量分别为1 048万吨、610万吨，年均分别增长0.2%、0.8%。由于国内资源约束加大、生产成本较高，牛羊肉贸易保持净进口格局，但牛肉进口明显下降，羊肉进口略增。预计2034年，牛肉、羊肉进口量分别为228万吨、46万吨，年均分别下降1.9%、增长1.8%。

禽蛋：**产量和消费量保持增长，出口小幅增长**。展望期内，随着蛋禽优良品种的选育推广、高标准养殖设施的升级改造以及安全饲料的研发应用，蛋禽养殖设施化、智能化、标准化水平不断提升，蛋禽养殖实现高质量发展，禽蛋产量平稳增长，预计2034年为3 781万吨，年均增长0.7%。禽蛋产品的多样化、销售渠道和方式的多元化能更好地满足消费者需求，但禽蛋消费占比趋向稳定，消费量增速放缓，预计2034年为3 742万吨，年均增长0.6%。禽蛋出口小幅增长，预计2034年为24万吨，年均增长4.0%。

奶类：**产量稳步增长，消费量不断增加**。展望期内，国内产能持续优化，奶牛平均单产水平提升，奶类供给能力将稳步增长，预计2034年奶类产量达到5 703万吨，年均增长3.2%。随着居民饮奶观念提升、营养健康意识增强，奶类消费仍有增长空间，预计消费量年均增长2.7%，到2034年将达到7 581万吨；人均食用消费量达到49.2千克。未来10年，奶类进口继续保持小幅增长趋势，预计2034年进口量2 007万吨，年均增长1.4%。

水产品：**产量与消费量保持小幅增长，进口稳中有增**。未来10年，随着渔业高质量发展持续推进，水产品产量将保持小幅增长，预计2034年达7 874万吨，比基期增长10.7%，年均增长1.0%。其中，养殖产量将达6 561万吨，比基期增长12.9%，年均增长1.2%，占总产量比例将提升至83.3%；捕捞产量大体稳定在1 300万吨左右。水产品消费仍有较大增长空间，2034年总消费量达8 306万吨，比基期增长12.3%，年均增长1.2%。消费将进一步向多样化、品牌化、便利化转变，加工消费增长较快，2034年增至3 619万吨，比基期增长18.8%，年均增长1.7%。水产品直接食用消费增速低于加工消费增速，2034年增至3 534万吨，比基期增长12.3%，水产品进口将呈现稳中有增的态势，预计2034年进口量将达807万吨，比基期增长20.1%。出口将逐渐趋于稳定，预计2034年为375万吨，比基期减少4.7%。展望期内，水产品供需基本平衡，消费增长略快于产量增加，价格将呈现稳中有涨的趋势。

饲料：**产量增长趋稳，消费结构优化**。未来10年，中国饲料工业将步入存量优化与质量提升并重的新阶段。在养殖规模化率提升、智能化养殖发展的背景下，工业饲料需求总量进入平稳增长通道,年均增速稳定在0.8%,预计2034年产量达3.38亿吨,比基期增长8.0%。消费端呈现"总量平稳、结构升级"的特征,猪饲料需求稳中有降,禽饲料需求有所增加,水产和反刍动物饲料消费需求较快增加,推动蛋白质原料需求结构转型。饲用谷物、饲用蛋白原料进口来源更加多元,原料供给体系抗风险能力增强。叠加储备调节机制完善,玉米豆粕价格波动率收窄,饲料生产成本逐步趋稳,在"双碳"目标驱动下,数字化精准饲喂技术普及率提升,推动行业向高效低碳模式转型,形成规模发展与生态效益协同的新格局。

目　录

第一章　概　述　1
1　《展望报告》的形成与方法　2
　1.1　形成过程　2
　1.2　方法支撑　2
　　1.2.1　数据支撑　2
　　1.2.2　模型支撑　3
2　经济社会条件假设　3
　2.1　经济发展　3
　　2.1.1　全球经济　3
　　2.1.2　中国经济　4
　2.2　人口变化　5
　2.3　城镇化水平　6
　2.4　居民收入与消费价格　6
　　2.4.1　居民收入　6
　　2.4.2　居民消费价格　7
　2.5　国际原油价格　8
　2.6　人民币汇率　9
3　农业生产条件假设　9
　3.1　农业人力资源　10
　3.2　耕地资源　10
　3.3　农业用水　10
　3.4　农业科技　10
　3.5　气候影响　11
　3.6　农业政策　11
4　主要结论　11
　4.1　生产展望　11
　4.2　消费展望　13
　4.3　贸易展望　14
　4.4　价格展望　15
参考文献　16

第二章 粮 食 19

1 2024 年市场形势回顾 20
1.1 粮食产量稳中有增 20
1.2 粮食消费有所减少 21
1.3 粮食贸易规模下降 22
1.4 粮食价格小幅下降 23

2 未来 10 年市场走势判断 23
2.1 生产展望 24
2.2 消费展望 25
2.3 贸易展望 27
2.4 价格展望 28

第三章 稻 谷 29

1 2024 年市场形势回顾 30
1.1 面积、单产和产量齐增 30
1.2 消费量小幅下降 31
1.3 进口量和出口量均明显下降 31
1.4 国内稻米价格与上年基本持平 32

2 未来 10 年市场走势判断 34
2.1 总体判断 34
2.2 生产展望 34
2.3 消费展望 35
2.4 贸易展望 36
2.5 价格展望 37

3 不确定性分析 37
3.1 气候因素 37
3.2 技术因素 38
3.3 国际环境因素 38

参考文献 38

第四章 小 麦 41

1 2024 年市场形势回顾 42
1.1 面积稳中略降，单产和产量增加 42
1.2 消费总量减少 43
1.3 进口量减少 43

1.4　市场价格低于上年　43
　2　未来 10 年市场走势判断　44
　　2.1　总体判断　44
　　2.2　生产展望　45
　　2.3　消费展望　46
　　2.4　贸易展望　48
　　2.5　价格展望　48
　3　不确定性分析　48
　　3.1　气候因素　48
　　3.2　技术因素　49
　　3.3　国际环境因素　49
　参考文献　49

第五章　玉　米　51
　1　2024 年市场形势回顾　52
　　1.1　面积继续增加，产量再创历史新高　52
　　1.2　消费量有所增加　53
　　1.3　进口大幅减少　54
　　1.4　价格明显下跌　54
　2　未来 10 年市场走势判断　55
　　2.1　总体判断　55
　　2.2　生产展望　55
　　2.3　消费展望　56
　　2.4　贸易展望　57
　　2.5　价格展望　58
　3　不确定性分析　58
　　3.1　灾害风险　58
　　3.2　国际环境风险　58
　参考文献　58

第六章　大豆及油脂油料　61
　1　大豆　62
　　1.1　2024 年市场形势回顾　62
　　　1.1.1　生产总体稳定　62
　　　1.1.2　消费量持平略减　63

		1.1.3 进口量创历史最高纪录	63
		1.1.4 价格整体下行	64
	1.2	未来10年市场走势判断	65
		1.2.1 总体判断	65
		1.2.2 生产展望	66
		1.2.3 消费展望	67
		1.2.4 贸易展望	69
		1.2.5 价格展望	70
	1.3	不确定性分析	71
		1.3.1 气候因素	71
		1.3.2 技术因素	71
		1.3.3 国际因素	71
2	食用油籽和食用植物油		72
	2.1	2024年市场形势回顾	72
		2.1.1 油料种植面积和产量继续增长	72
		2.1.2 食用植物油产量略增	73
		2.1.3 食用植物油消费小幅增加	74
		2.1.4 食用油籽进口量创历史新高，食用植物油进口量大幅下降	74
		2.1.5 食用油籽价格下跌，食用植物油价格走势分化	74
	2.2	未来10年市场走势判断	75
		2.2.1 总体判断	75
		2.2.2 生产展望	75
		2.2.3 消费展望	76
		2.2.4 贸易展望	77
		2.2.5 价格展望	77
	2.3	不确定性分析	77
		2.3.1 极端气候因素	78
		2.3.2 国际环境因素	78
参考文献			78

第七章 棉　花　　　　　81

1	2024年市场形势回顾	82
	1.1 面积稳中有增，产量明显增长	82
	1.2 消费有所恢复	83
	1.3 进口大幅增加	83

1.4 价格震荡下行	84
2 未来 10 年市场走势判断	85
2.1 总体判断	85
2.2 生产展望	85
2.3 消费展望	87
2.4 贸易展望	87
2.5 价格展望	88
3 不确定性分析	88
3.1 气候因素	88
3.2 化纤替代和消费者偏好因素	89
3.3 国际贸易环境因素	89
参考文献	89

第八章　糖　料　91

1 2024 年市场形势回顾	92
1.1 糖料种植面积、产量增加	92
1.2 食糖消费量持平略增，民用消费占比有所下降	93
1.3 食糖进口大幅增长，出口大幅下降	93
1.4 国内国际糖价均下跌，国际糖价跌幅高于国内，国内外价差扩大	93
2 未来 10 年市场走势判断	95
2.1 总体判断	95
2.2 生产展望	95
2.3 消费展望	96
2.4 贸易展望	96
2.5 价格展望	97
3 不确定性分析	97
3.1 甘蔗机械化收割技术因素	97
3.2 气候因素	97
3.3 贸易环境因素	98
参考文献	98

第九章　蔬　菜　99

1 蔬菜	100
1.1 2024年市场形势回顾	100
1.1.1 面积、产量持续增长	100

		1.1.2	消费需求稳中有升	101
		1.1.3	蔬菜贸易量额同增	101
		1.1.4	价格波动较明显	102
	1.2	未来10年市场走势判断		102
		1.2.1	总体判断	102
		1.2.2	生产展望	103
		1.2.3	消费展望	104
		1.2.4	贸易展望	105
		1.2.5	价格展望	106
	1.3	不确定性分析		106
		1.3.1	自然灾害	106
		1.3.2	贸易环境	107
2	马铃薯			107
	2.1	2024年市场形势回顾		107
		2.1.1	产量有所增加	107
		2.1.2	消费数量减少	108
		2.1.3	贸易顺差扩大	108
		2.1.4	市场价格总体低迷	109
	2.2	未来10年市场走势判断		110
		2.2.1	总体判断	110
		2.2.2	生产展望	110
		2.2.3	消费展望	111
		2.2.4	贸易展望	112
		2.2.5	价格展望	113
	2.3	不确定性分析		113
		2.3.1	气候因素	113
		2.3.2	技术因素	113
		2.3.3	贸易因素	114

参考文献　　114

第十章　水　果　　117

1　2024年市场形势回顾　　118

　1.1　产量小幅增加，供给总体充足　　118

　1.2　消费稳中略增，线上消费发展较快　　118

　1.3　进出口量增加，贸易逆差收窄　　119

1.4　价格同比下降，相对高位运行　120
2　未来10年市场走势判断　121
2.1　总体判断　121
2.2　生产展望　122
2.3　消费展望　123
2.4　贸易展望　124
2.5　价格展望　125
3　不确定性分析　125
3.1　气候因素　125
3.2　国际贸易因素　125
3.3　产业转型升级进程因素　126
参考文献　126

第十一章　肉　类　127
1　肉类　128
1.1　2024年市场形势回顾　128
1.1.1　肉类生产总体稳定　128
1.1.2　肉类消费略有减少　129
1.1.3　肉类净进口有所减少　129
1.1.4　肉类价格持续下跌　130
1.2　未来10年市场走势判断　131
1.2.1　总体判断　131
1.2.2　生产展望　131
1.2.3　消费展望　132
1.2.4　贸易展望　133
1.2.5　价格展望　133
2　猪肉　134
2.1　2024年市场形势回顾　134
2.1.1　猪肉产量小幅下降　134
2.1.2　消费量有所下降　134
2.1.3　猪肉进口大幅下降　135
2.1.4　猪肉价格上涨　135
2.1.5　生猪养殖效益大幅回升　136
2.2　未来10年市场走势判断　137
2.2.1　总体判断　137

2.2.2　生产展望　137
　　2.2.3　消费展望　138
　　2.2.4　贸易展望　139
　　2.2.5　价格展望　140
2.3　不确定性分析　140
　　2.3.1　动物疫病风险的影响　140
　　2.3.2　国际贸易环境的影响　141
　　2.3.3　环保政策要求及落实的影响　141

3　禽肉　141
3.1　2024年市场形势回顾　141
　　3.1.1　出栏增加，产量增速放缓　141
　　3.1.2　消费量增长，促进消费政策效应显现　142
　　3.1.3　进口减少出口增加，贸易逆差进一步缩小　143
　　3.1.4　价格窄幅波动，全年均价低于上年水平　144
　　3.1.5　雏鸡成本增加，养殖由盈转亏　144
3.2　未来10年市场走势判断　144
　　3.2.1　总体判断　144
　　3.2.2　生产展望　145
　　3.2.3　消费展望　146
　　3.2.4　贸易展望　147
　　3.2.5　价格展望　147
3.3　不确定性分析　148
　　3.3.1　疫情影响　148
　　3.3.2　国际贸易环境影响　148
　　3.3.3　技术进步影响　148

4　牛羊肉　148
4.1　2024年市场形势回顾　149
　　4.1.1　生产基本稳定　149
　　4.1.2　消费需求减弱　149
　　4.1.3　进口走势分化　150
　　4.1.4　价格持续下行　150
4.2　未来10年市场走势判断　151
　　4.2.1　总体判断　151
　　4.2.2　生产展望　152
　　4.2.3　消费展望　153

4.2.4　贸易展望	154
4.2.5　价格展望	154
4.3　不确定性分析	155
4.3.1　气候因素	155
4.3.2　动物疫病	155
4.3.3　国际贸易环境	155
参考文献	155

第十二章　禽　蛋

	159
1　2024年市场形势回顾	160
1.1　产量稳中有增	160
1.2　消费量稳中略增	161
1.3　出口量增额减	161
1.4　蛋价有所回落	162
1.5　蛋鸡养殖效益好转	162
2　未来10年市场走势判断	163
2.1　总体判断	163
2.2　生产展望	164
2.3　消费展望	165
2.4　贸易展望	166
2.5　价格展望	166
3　不确定性分析	167
3.1　疫病因素	167
3.2　消费模式变化因素	167
3.3　蛋品加工技术因素	167
参考文献	167

第十三章　奶　类

	169
1　2024年市场形势回顾	170
1.1　奶牛存栏略减，奶类产量下降	170
1.2　奶类消费量略降，消费增长动力不足	171
1.3　奶制品进口量继续下降，奶油蛋白类产品保持增长	171
1.4　生鲜乳收购价格持续下跌，终端奶制品零售价格总体下行	172
2　未来10年市场走势判断	173
2.1　总体判断	173

	2.2 生产展望	174
	2.3 消费展望	175
	2.4 贸易展望	175
	2.5 价格展望	176
3	不确定性分析	176
	3.1 国际贸易环境因素	176
	3.2 动物疫病因素	177
参考文献		177

第十四章　水产品　　179

1　2024年市场形势回顾　　180
 1.1　养殖产量小幅增长，捕捞产量与上年持平　　180
 1.2　市场交易活跃，消费稳中有增　　181
 1.3　进口量略增，贸易逆差显著收窄　　181
 1.4　价格小幅下跌，总体波动幅度不大　　182
2　未来10年市场走势判断　　183
 2.1　总体判断　　183
 2.2　生产展望　　183
  2.2.1　产量保持小幅增长　　183
  2.2.2　养殖产量占比继续提高　　184
  2.2.3　捕捞产量保持稳定　　185
 2.3　消费展望　　185
 2.4　贸易展望　　186
 2.5　价格展望　　187
3　不确定性分析　　187
 3.1　气候因素　　187
 3.2　贸易环境因素　　187
 3.3　病害因素　　188
参考文献　　188

第十五章　饲　料　　189

1　2024年市场形势回顾　　190
 1.1　产量高位回落，结构持续优化　　190
 1.2　养殖需求趋于稳定，饲料消费稳量支撑　　191
 1.3　原料进口较上年下降，进口来源日趋多元　　191

1.4	饲料原料价格总体下行，饲料加工成本压力有所缓解	192
1.5	低蛋白日粮技术推广深化，豆粕减量替代成效显著	193
2	**未来 10 年市场走势判断**	**194**
2.1	总体判断	194
2.2	生产展望	194
2.3	消费展望	195
2.4	价格展望	196
3	**不确定性分析**	**197**
3.1	贸易环境影响	197
3.2	技术创新风险	197
3.3	气象灾害影响	197
3.4	动物疫病	198
3.5	中美贸易摩擦	198
参考文献		**198**

附件		**199**
附件1	术语说明	199
附件2	宏观经济社会发展主要指标假设	204
附件3	主要品种供需平衡表	205

第一章

概 述

《中国农业展望报告（2025—2034）》（以下简称《展望报告》）是对未来10年中国稻谷、小麦、玉米、大豆及油脂油料、棉花、糖料、蔬菜、水果、猪肉、禽肉、牛肉、羊肉、禽蛋、奶类、水产品、饲料等20种（类）主要农产品的生产、消费、贸易、价格的展望。本章重点介绍《展望报告》的形成过程、方法支撑、假设条件和主要结论。

1 《展望报告》的形成与方法

1.1 形成过程

农业展望是基于国家统计数据、物联网采集数据和相关调查数据，综合运用统计分析方法、人工智能算法等方法，对农产品市场中长期供需变化进行趋势研判，通过释放市场信号引导农业生产、消费和贸易的农业信息监测预警活动。《展望报告》是中国农业发展形势的短期和中长期研究报告，是在一定的宏观经济、资源约束、农业政策和国际环境等假设条件基础上，运用中国农业科学院农业信息研究所研制的中国农产品监测预警系统（China Agricultural Monitoring and Early-warning System，CAMES）对20种（类）农产品生产、消费和贸易等情况进行逐年预测，经过多次专题研讨和专家反复会商修改完善后定稿。《展望报告》凝聚了相关领域专家的集体智慧，农业农村部农产品市场分析预警团队是《展望报告》的主要撰写团队，中国农业科学院农业信息研究所农业监测预警创新团队是《展望报告》的技术支撑。《展望报告》最终由农业农村部市场预警专家委员会审核把关。2025年的《展望报告》，经制订工作方案、设定分析框架、更新模型数据和参数库、确定基期数据、进行模型运算和模拟分析，分析师团队会商形成初稿，农业领域相关专家多次会商审核，农业农村部市场预警专家委员会审定，最终形成并将在农业展望大会上发布。

1.2 方法支撑

1.2.1 数据支撑

近年来，政府部门和科研机构不断提升数据获取、采集技术和基础应用能力，尤其是在实时数据获取方面取得了较大进展，进一步加强了中国农业信息分析力量。《展望报告》的基础数据主要来自国家统计局、农业农村部、商务部、自然资源部、海关总署、中国气象局等国内政府相关部门公布的统计数据和实时数据，联合国（UN）经济和社会事务部、联合国粮食及农业组织（FAO）、经济合作与发展组织（OECD）、国际货币基金组织（IMF）、世界银行（World Bank）等国际机构和部分其他国家官方公布数据。这些数据包含了日度、月度、季度和年度等不同时间维度，具体包括粮食类、油料类、糖料类、蔬菜类、水果类、畜禽及肉类、蛋类、奶类、水产、棉麻类和其他农产品生产、消费、贸易、库存和价格数据，国内外宏观经济数据和资源环境数据等。

1.2.2 模型支撑

《展望报告》基线预测来自CAMES。CAMES是一个庞大的多品种、多市场的模型集群系统，应用经济学、农学、气象学和计算机科学等多学科知识，集成了计量经济分析方法、大模型分析方法、DeepSeek等人工智能分析方法，按关联性、统一性、平衡性等原理设计，具有监测、分析、模拟、预警和展望等多种功能。CAMES在一定的宏观经济条件假设（经济发展、人口变化、城镇化水平、城乡居民收入、消费价格、人民币汇率、国际原油价格等）和农业生产条件假设（农业人力资源、耕地资源、水资源、科技进步、气候影响、政策变化等）的基础上，基于主导因素决定原则、主次因素变动原则和结果关联导向原则等，对20种（类）中国主要农产品的生产、消费、贸易和价格进行展望，其中，作物类生产展望是基于单产预测和面积预测的综合结果；消费展望是基于食用、饲用、工业、种用、损耗等不同的消费领域预测的综合结果；贸易展望是通过多种农产品国际价格、国际运费、国内需求、基差、汇率、政策等因素计算得到；价格展望是基于多品种-多市场的供需均衡模型预测得到。CAMES考虑了政策、经济、市场和气候等外部影响，力求使预测结果能充分反映未来变化趋势；可模拟和分析突发状况下中国农产品的生产、消费、贸易和市场变化，并得到相对准确的结果。

2 经济社会条件假设

本《展望报告》的经济社会条件假设是在2025年3月底最终确定的，20种（类）农产品未来10年基线预测是基于该条件的模型运算结果。

2.1 经济发展

2.1.1 全球经济

全球经济将低速增长。据UN、World Bank、IMF、OECD等估计，2024年全球经济增长率为2.7%～3.2%，2025年世界经济增速为2.7%～3.3%（图1-1）。展望中后期，新兴经济体将继续保持强劲增长势头，成为全球经济增长的主要力量，数字化和人工智能等新兴技术的发展也将为全球经济增长提供新动力，而发达经济体需要应对人口老龄化、高债务等问题，贸易环境也可能会对全球经济增长带来不确定性，经济增长仍面临较大挑战。综合判断，本《展望报告》假定，全球经济中长期保持低速增长，2025—2034年年均增长率为2.9%。

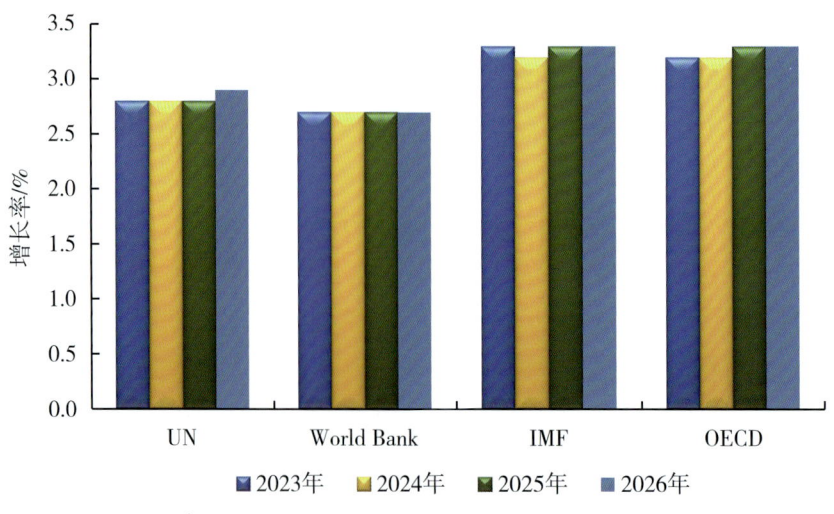

图1-1 世界经济增长

（数据来源：①联合国经济和社会事务部2025年1月发布《2024年世界经济形势与展望》，全球经济增长按汇率法GDP加权汇总；②世界银行2025年1月发布《全球经济展望》，全球经济增长按汇率法GDP加权汇总；③国际货币基金组织2025年1月发布《世界经济展望》，全球经济增长按购买力平价法加权汇总；④经济合作与发展组织2024年11月发布《经济展望》，全球经济增长率按购买力平价法GDP加权汇总）

2.1.2 中国经济

中国经济保持稳定增长。据国家统计局数据，2024年国内生产总值超134万亿元，按不变价格计算，比上年增长5.0%（图1-2）。2025年，尽管外部环境不确定性和潜在风险不断加大，但在提振消费市场信心、化解地方债务风险等政策指引下，中国经济将积聚新动能、塑造新优势，企稳回升态势进一步稳固。关于2025年中国经济增速，UN、World Bank、IMF和OECD预计在4.5%~4.8%，中国科学院预

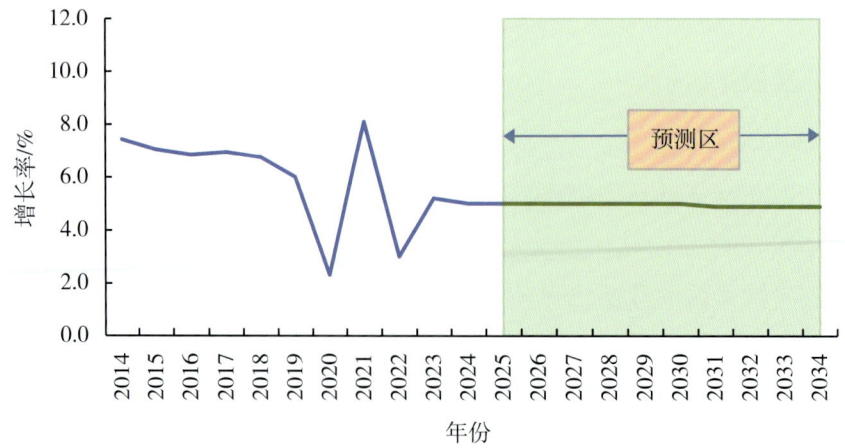

图1-2 2014—2034年中国经济增长

（数据来源：2014—2024年数据来自国家统计局，2025—2034年数据来自中国农业科学院农业信息研究所CAMES假定条件）

测研究中心、中国社会科学院等国内机构预计在4.8%～5.3%，《政府工作报告》预计为5%左右。长期来看，尽管全球经济形势并不稳定，但中国政策稳定，宏观调控能力强，市场潜力大，经济增长基础稳固，随着科技创新不断涌现、产业结构不断优化升级，中国有能力推动经济高质量发展。综合判断，本《展望报告》假定，2025年中国GDP增长率为5.0%，2025—2034年中国GDP年均增长率为5.0%。

2.2 人口变化

世界人口增速放缓。据UN报告，2024年世界人口增加了7 046万人，达81.27亿，其中，中国、德国、日本和俄罗斯在内的63个国家和地区的人口数量已达到顶峰，将近1/5的国家和地区面临"超低生育率"，女性一生平均生育子女数少于1.4个。UN预计2025年全球人口将达到81.97亿。未来10年，部分国家老龄化、少子化、不婚化突出，世界人口增速正在放缓，预计2034年全球人口将达到87.92亿，年均增速7.9‰，比过去10年平均低0.27个百分点。

中国人口呈下降趋势。据国家统计局数据，2024年末中国人口140 828万人，比上年末减少139万人，人口自然增长率-0.99‰。其中，新生人口954万人，人口出生率为6.77‰，比上年增0.38个千分点；死亡人口1 093万人，人口死亡率为7.76‰，比上年降0.11个千分点；从年龄构成看，16～59岁人口85 798万人，占全国人口的比例为60.9%；60岁及以上人口31 031万人，占全国人口的22.0%，其中65岁及以上人口22 023万人，占全国人口的15.6%。展望期内，国内外机构预测中国总人口将呈下降趋势。综合分析，《展望报告》假定，2034年中国人口139 203万人，比2024年下降1.3%，年均降幅1.3‰（图1-3）。

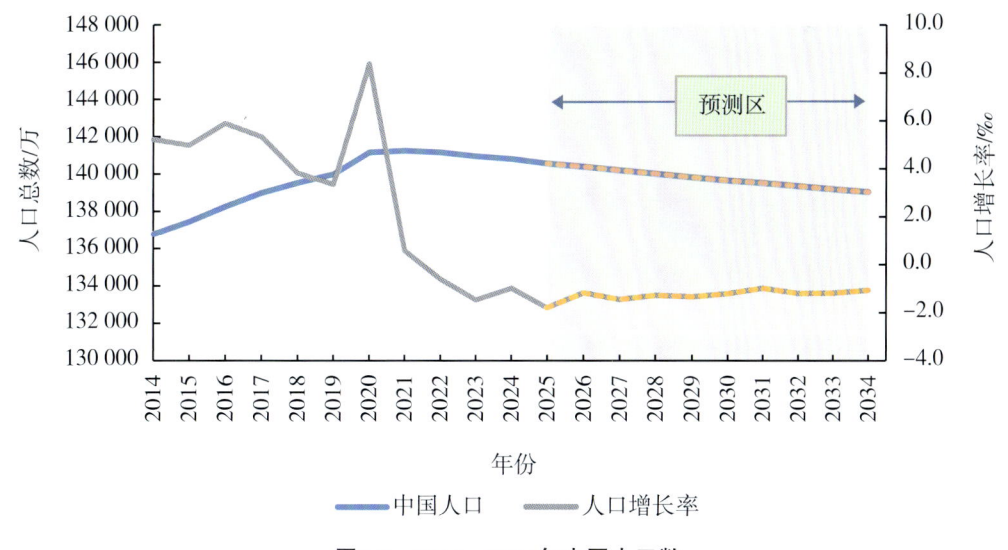

图1-3　2014—2034年中国人口数

（数据来源：2014—2024年数据来自国家统计局，2025—2034年数据来自中国农业科学院农业信息研究所CAMES假定条件）

2.3 城镇化水平

中国城镇化率继续提升。据国家统计局数据，2024年中国常住人口城镇化率67%，比上年末提高0.8个百分点，从世界城镇化规律看，仍处于30%~70%的较快发展区间。2025年《政府工作报告》指出将推动符合条件的农业转移人口纳入住房保障体系。展望期内，中国城镇化率将继续增长，但增速逐渐放缓，城市群和都市圈将成为城镇化发展的主要形态，城乡融合发展将成为城镇化发展的重要方向，城镇化将不断推动城市升级、优化城市空间布局、提升城市智力水平，将更加注重人的需求和感受。综合判断，本《展望报告》假定2034年中国常住人口城镇化率将提升至74.3%，比2024年提高7.3个百分点（图1-4）。

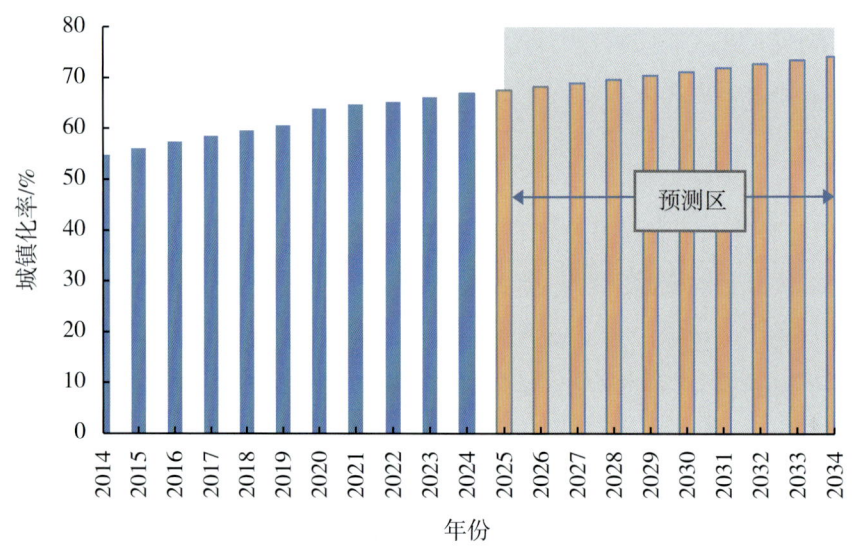

图1-4　2014—2034年中国城镇化

（数据来源：2014—2024年数据来自国家统计局，2025—2034年数据来自中国农业科学院农业信息研究所CAMES假定条件）

2.4 居民收入与消费价格

2.4.1 居民收入

中国居民收入持续增长，农村居民收入增长快于城镇居民。据国家统计局数据，2024年全国人均可支配收入41 314元，扣除价格因素，实际增长5.1%。其中，城镇居民人均可支配收入54 188元，扣除价格因素，实际增长4.4%；农村居民人均可支配收入23 119元，扣除价格因素，实际增长6.3%。2025年，中国经济将保持稳定增长，产业升级将进一步带动就业，税收减免、社会保障制度的完善，均有助于提高城乡居民工资收入，2025年《政府工作报告》提出居民收入增长和经济增长同步。从中长期看，中国将持续加强经济结构调整和产业升级，不断出台政策，为城乡居民收入增长提供有力支撑。本《展望报告》假定，未来10年城镇居民人均可支配收入年均增速4.5%（扣除价格因素），2034年将增至83 945元；农村居民人均可支配收入年均增长率为6.4%（扣除价格因素），到2034年将增至44 076元，城乡居民收入差距将逐渐缩小（图1-5）。

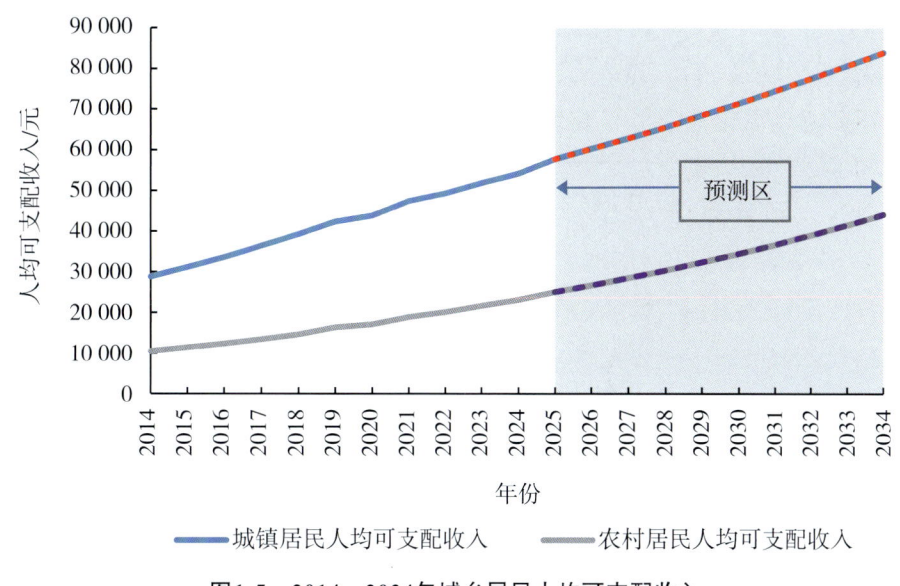

图1-5　2014—2034年城乡居民人均可支配收入

（数据来源：2014—2024年数据来自国家统计局，2025—2034年数据来自中国农业科学院农业信息研究所CAMES假定条件）

2.4.2　居民消费价格

居民消费价格涨幅在合理区间波动。据国家统计局数据，2024年中国居民消费价格比上年上涨0.2%。分类别看，食品烟酒价格下降0.1%，猪肉价格上涨7.7%，鲜菜价格上涨5.0%，粮食价格下降0.1%，鲜果价格下降3.5%。中国社会科学院、中国科学院等国内机构预计2025年中国CPI涨幅将在0.5%~2%，2025年《政府工作报告》提出居民消费价格涨幅预期目标为2%左右。长期来看，随着中国经济的持续增长和消费升级，消费需求不断增加，将推动物价上涨，但由于调控政策、生产效率的提高以及市场竞争的加剧等因素，将抑制价格大幅上涨。综合分析，本《展望报告》假定，2025年中国居民消费价格涨幅在2%左右，展望期内CPI增速在介于2.0%~2.3%区间小幅波动（图1-6）。

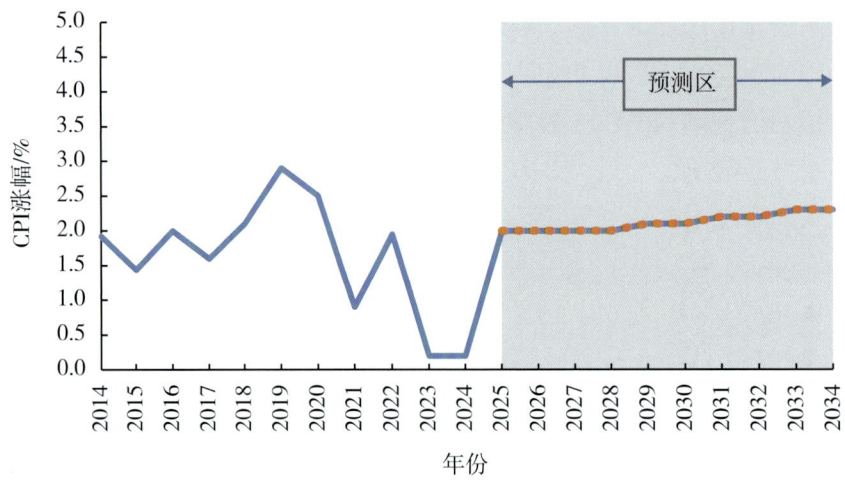

图1-6　2014—2034年中国居民消费价格指数CPI涨幅

（数据来源：2014—2024年数据来自国家统计局，2025—2034年数据来自中国农业科学院农业信息研究所CAMES假定条件）

2.5　国际原油价格

国际原油价格长期稳中趋降。据世界银行估计，2024年国际原油（Brent）平均价格80美元/桶，比上年下跌4.8%（图1-7）。2025年国际能源署（IEA）、美国能源信息署（EIA）、世界银行等估计，石油市场将出现大量过剩，国际油市或将出现震荡下行趋势，油价总体预期偏向悲观，预计运行区间在60～76美元/桶。长期看，受供应过剩、全球经济增长放缓、替代能源不断发展等因素影响，国际原油

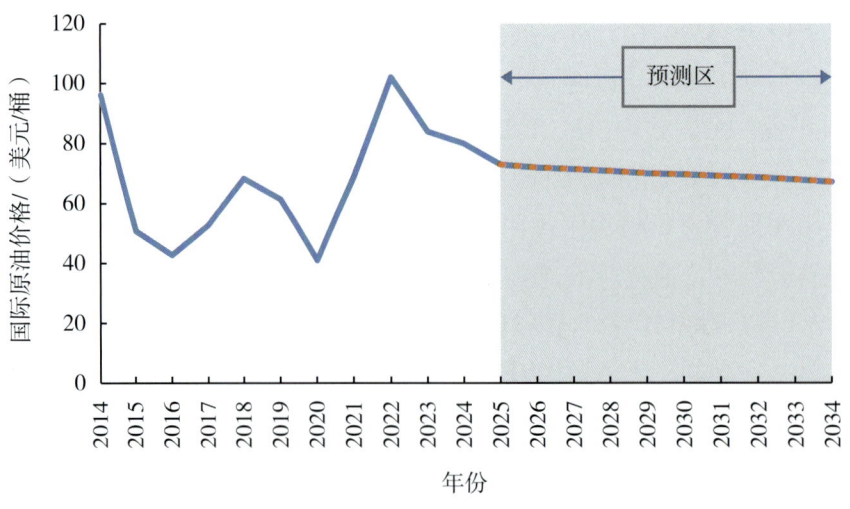

图1-7　2014—2034年国际原油价格

（数据来源：2014—2024年数据来自世界银行，2025—2034年数据来自中国农业科学院农业信息研究所CAMES假定条件）

价格呈下降走势，但石油输出国（OPEC）和IEA产油政策及地缘冲突可短时间改变供求格局，造成国际原油价格波动。综合判断，本《展望报告》假定，2025年国际原油价格73美元/桶，长期稳中趋降。

2.6 人民币汇率

人民币汇率在合理区间运行。据中国人民银行数据，2024年人民币兑美元平均汇率中间价1美元兑7.12元人民币，比上年贬值1.1%。2025年人民币兑美元仍存在一定贬值压力，主要原因：一是美国经济数据较好，预期降息节奏放缓；二是美国政府预期实施高关税、高通胀、高利率等政策，推动美元走强；三是中美利差依然较大，中国市场的利率有下降空间。但中央经济工作会议连续三年提出"保持人民币汇率在合理均衡水平上基本稳定"，中国人民银行工作会议强调"稳汇率"，预计短期人民币汇率中间价均值在7.0~7.5元区间波动。长期看，人民币兑美元汇率将在合理均衡水平上保持基本稳定，主要原因：一是我国经济运行总体稳中有进，财政货币政策调控更注重时、度、效，国际收支保持平衡，为人民币汇率提供了有力支撑；二是我国拥有丰富的汇率管理工具，能够有效应对市场波动。综合考虑，本《展望报告》假定，展望期间1美元兑人民币汇率中间价年均值在6.8~7.5元（图1-8）。

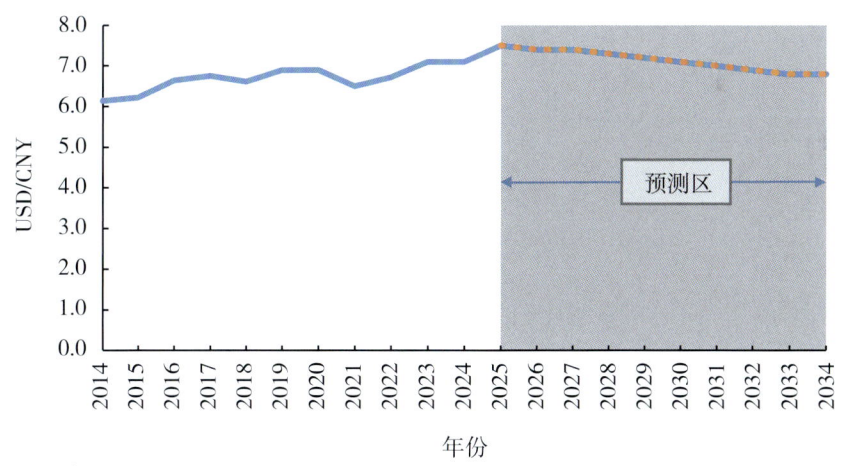

图1-8　2014—2034年1美元兑人民币的汇率中间价

（数据来源：2014—2024年数据来自中国人民银行，2025—2034年数据来自中国农业科学院农业信息研究所CAMES假定条件）

3　农业生产条件假设

《展望报告》对国内农业人力资源、耕地资源、水资源、科技进步、气候影响和政策变化等农业生产条件进行了基本假定，这些假定是CAMES模拟和分析中国农产品生产、消费、贸易和市场变化的重要因素。

3.1 农业人力资源

第一产业就业人口结构优化。据《中国统计年鉴》，中国农业就业人口16 882万人，比上年下降4.4%，连续21年出现下降。《2024年全国高素质农民发展报告》显示，高素质农民培育计划2023年培育农民超过80万人，获得农民技术人员职称、国家职业资格证书的比例分别为62.86%、24.83%，分别比2022年提高5.54个百分点、2.39个百分点。展望期间，本《展望报告》假定，第一产业就业人口年均降幅在1%左右，高素质农民队伍结构不断优化，受教育程度进一步提高，职业技术水平持续提升，全面助力第一产业高质量发展。

3.2 耕地资源

中国耕地质量不断提升。据《国务院关于耕地保护工作情况的报告》，中国现有耕地19.29亿亩，从地类结构看，旱地9.68亿亩，占比50.2%；水田4.68亿亩，占比24.2%；水浇地4.93亿亩，占比25.6%；从地区分布看，东北4.47亿亩、华北3.31亿亩、华东3.21亿亩、西北2.58亿亩、西南2.47亿亩、华中2.40亿亩、华南0.85亿亩。中央经济工作会议和中央农村工作会议强调严守耕地红线的重要性，要求严格耕地占补平衡管理，确保耕地总量不减少、质量不降低。针对耕地退化问题，中国政府加大治理力度，实施耕地有机质提升行动。2025年，全国累计建成高标准农田面积达10.75亿亩，累计改造提升面积1.05亿亩。展望期间，本《展望报告》假定，耕地面积19亿亩以上，高标准农田面积12亿亩以上，将有效提升农田抗灾能力，增强农田稳产高产能力。

3.3 农业用水

农业灌溉水利用效率不断提升。据《中国水资源公报》，中国现有水资源总量25 782.5亿米^3，比上年减少4.8%。农业用水总量3 672.4亿米^3，比上年减少108.9亿米^3；每立方米灌溉水的粮食生产力1.8千克，耕地实际灌溉亩均用水量347亿米^3，比上年减少17亿米^3；农田灌溉水有效利用系数0.576，比上年持平略增；耕地灌溉面积10.75亿亩，占全国耕地面积56%。未来10年，农业用水将更加注重科学配置和高效利用，通过推广先进节水技术、优化农业用水结构、加强水资源管理等措施，实现农业用水的可持续发展。展望期间，本《展望报告》假定，农田灌溉水有效利用系数将提升至0.58以上，万亩以上灌区灌溉面积将达到5.14亿亩以上，农业用水效率将进一步提高。

3.4 农业科技

农业科技进步有力支撑粮食生产。据农业农村部数据，2024年中国农业科技进步贡献率达到了63.2%，粮食平均亩产394.7千克，较上年亩均提高5.1千克，增长1.3%，单产提高对增产贡献达八成，农作物耕种收综合机械化率达到75.4%。未来10年，中国将进一步强化科技创新，推广先进实用技术，不断在农业生产效率提升、农产品质量改善、农业生态环境保护等方面加强科技研发。展望期间，本《展望报告》假定，农业科技进步贡献率均值将达到70%以上，农作物耕种收综合机械化率将达到80%以上，粮棉油糖主产县（市、区）基本实现农业机械化。

3.5 气候影响

农业防灾减灾能力提升，异常气候影响总体可控。据《中国气候公报》，2024年全国平均气温为10.9℃，较常年偏高1.01℃，创历史新高；全国平均高温日数较常年偏多6.6天，为1961年以来第二多；全国平均降水量为697.7毫米，比常年偏多9.0%，为1951年以来历史第四多，暴雨过程频繁，南北方影响并重。未来10年，中国气候变化的总体趋势将继续受到全球气候变暖影响，对农业生产有利有弊，其中高温、暴雨等极端天气将更加频繁和强烈，部分地区有洪涝灾害风险，而其他地区可能面临干旱和缺水困境。但随着全民早期预警行动计划实施，气象自然灾害预警能力将得到大幅提升，同时，农业基础设施建设不断加强，物资储备机制不断完善，科技支撑不断强化，农民防灾减灾意识不断提升，将有助于减少灾害损失，保障粮食和重要农产品的稳定安全供给。展望期间，本《展望报告》假定，防灾减灾能力持续提升，异常气候对农业影响总体可控。

3.6 农业政策

农业政策有效巩固农业基础。近年来，中国在农业政策制定与执行上不断深化和调整，旨在保障国家粮食安全，推动农业农村现代化发展，促进农民增收，实现乡村全面振兴。中央一号文件已连续22年聚焦"三农"，彰显了国家对农业、农村、农民问题的高度重视。未来10年，农业政策将在深入推进粮油作物大面积单产提升、扶持畜牧业稳定发展、强化耕地保护和质量提升、推进农业科技力量协同攻关、健全粮食生产支持政策体系、完善农产品贸易与生产协调机制、保护耕地资源等方面发挥重要作用。展望期间，本《展望报告》假定，农业政策整体将保持稳定。

4 主要结论

4.1 生产展望

未来10年，中国将构建多元化食物供给体系，农业生产将更加注重绿色、高效、可持续发展。通过实施千亿斤粮食产能提升行动，全面确保粮食和重要农产品稳产保供，预计粮食产能将稳定在7亿吨以上。在深入推进粮油作物大面积单产提升行动下，粮食作物单产明显提升，单产对粮食增产的贡献率年均90%以上，粮食单产增速明显大于面积增速（图1-9）。分品种看，稻谷面积小幅下降，小麦面积基本稳定，玉米面积稳中略减，大豆面积年均增长1.9%。除粮食外主要农作物面积将保持相对稳定，产量增加将主要得益于单产提升，其中，蔬菜、马铃薯和水果产量年均增速分别为0.2%、0.9%和0.6%；食糖、油料产量年均增速分别为1.9%和2.0%，增速较前期明显放缓。展望期内，粮食连年丰收，粮食安全保障水平进一步提高。

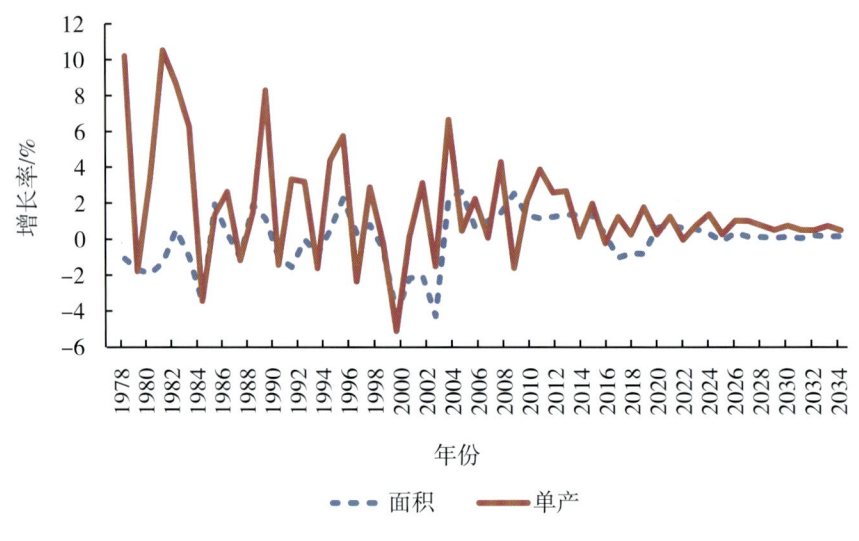

图1-9　粮食单产和播种面积增速

（数据来源：1978—2024年数据来自国家统计局，2025—2034年数据来自中国农业科学院农业信息研究所CAMES模型系统预测）

展望期内，肉类产量保持稳中略增态势，畜禽、水产品将更加丰富（图1-10）。奶制品将成为畜牧业增长最快的品种，年均增速3.2%，这主要得益于引进先进养殖技术、设备以及科学的饲养管理方法，奶牛养殖规模化水平持续提升，单产水平持续提高。肉类产量稳中略增，其中，禽肉在肉类结构中的占比不断提高至30%，年均增速1.5%；受产能调整影响，生猪产业逐步由追求数量型增长向追求质量效益型增长转变，猪肉供需结构趋于合理，猪肉产量年均降速0.4%；牛羊肉分别以0.9%和1.0%的速度缓慢增加；禽蛋和水产品年均增速分别在0.7%和1.0%。展望期内，畜牧业稳定发展，充分满足居民对肉蛋奶等制品的多样化和健康品质需求。

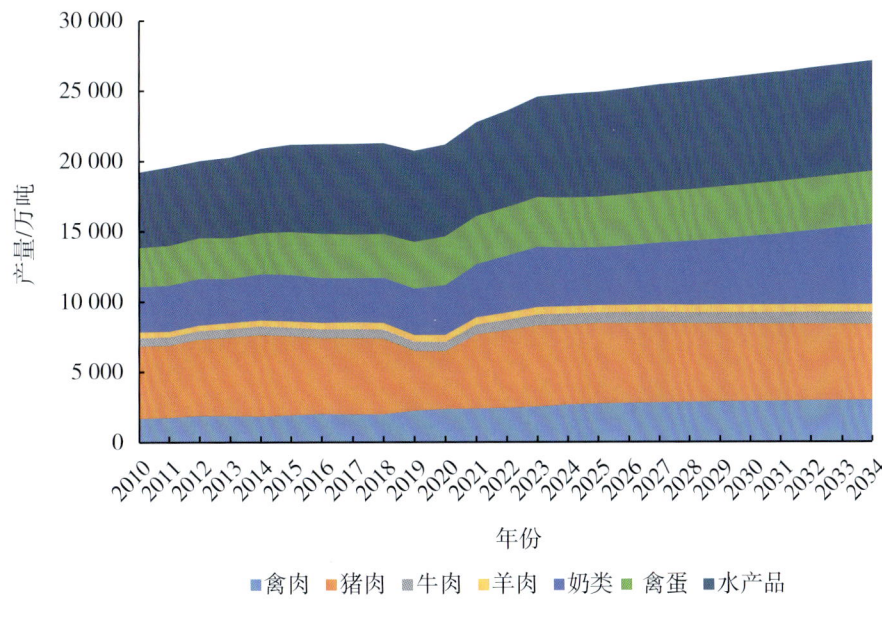

图1-10 中国畜禽产品和水产品产量

（数据来源：2010—2024年数据来自国家统计局，2025—2034年数据来自中国农业科学院农业信息研究所CAMES模型系统预测）

4.2 消费展望

未来10年，随着中国人口总量减少、人口结构变化、城镇化水平提升及城乡居民收入持续提高，对农产品品质、口感、营养及文化特色等方面将有更高追求，将更倾向于食物的多元化与膳食的均衡性，农产品消费结构将不断升级。展望期内，大部分农产品消费增速明显小于前10年的消费增速（奶制品除外）（图1-11）。与前10年相比，居民人均主食消费量将呈减少趋势，用于口粮和饲料粮的粮食消费均稳中趋降（年均下降分别为0.2%和0.1%），工业消费呈增加趋势（年均增速2.2%），粮食消费总量增加，预计2034年达8.32亿吨，年均增速0.2%。分品种看，稻谷消费略有下降（年均降速0.1%），小麦消费稳中略增（年均增速0.3%），玉米消费小幅增加（年均增速0.1%）；在饲用豆粕减量替代等政策作用下，大豆饲用消费稳中有降，大豆消费年均降幅0.03%。奶制品消费保持高速增长，年均增速2.7%，年均消费6 492万吨；肉类中，牛羊肉消费保持增长，增速分别为0.2%和0.8%，禽肉消费保持较快增长，年均增速1.3%，年均消费2 855万吨，水产品消费也将有明显增幅，年均消费约8 060万吨。在低脂肪、低糖、高纤维的健康饮食指导下，食用植物油消费年均下降0.1%，猪肉消费年均降幅0.6%，食糖消费持平略增，蔬菜消费年均增长0.3%，水果消费年均增速0.8%。展望期内，食物供给更加丰富，居民营养健康保障水平进一步提高。

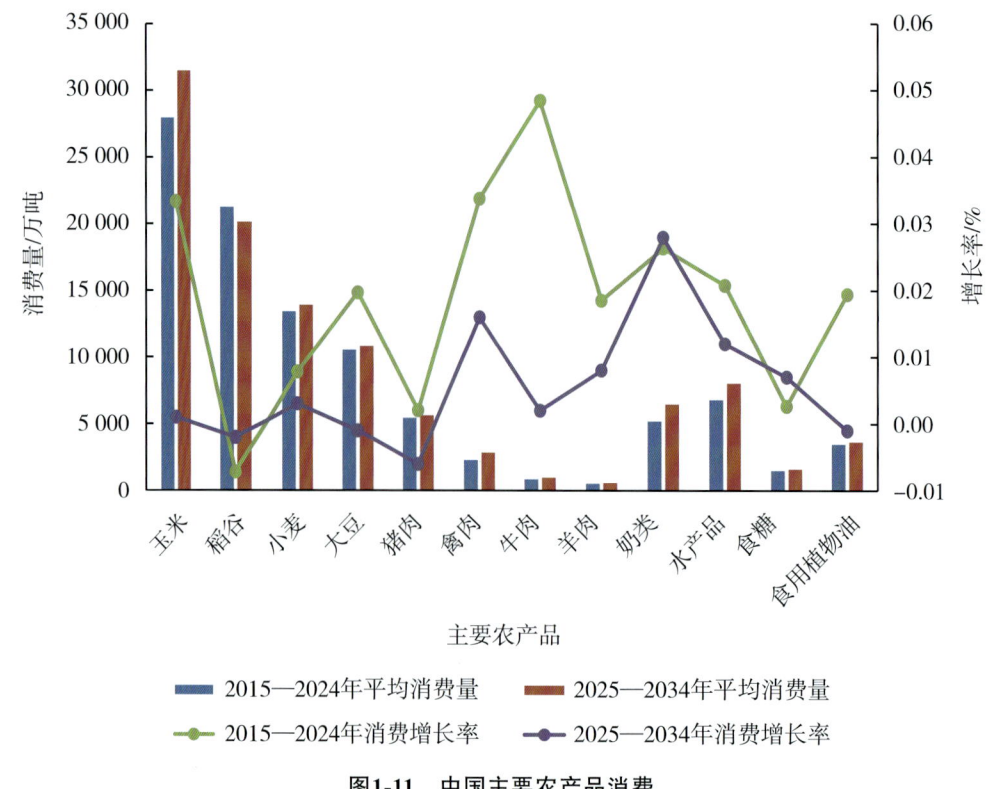

图1-11 中国主要农产品消费

（数据来源：2014—2024年数据来自国家统计局，2025—2034年数据来自中国农业科学院农业信息研究所CAMES模型系统预测）

4.3 贸易展望

未来10年，贸易保护主义抬头、绿色贸易壁垒不断升级，国际形势更加复杂多变，中国农产品贸易将在全球扮演更加重要的角色。随着中国农产品国际竞争力不断增强，中国农业将赢得更广阔的国际市场。与10年前相比，粮食贸易呈稳中趋降走势，其中，大米贸易量持平略增，进口量低于基期水平，但出口明显增长；小麦产业结构优化，贸易年均降幅9.3%；玉米国内产能大幅提升，贸易年均下降12%，进口将有较大降幅；尽管大豆产能不断提升，但国内缺口依然较大，是中国进口量最大的品种，贸易量年均降幅2.2%。随着其他主要农产品产能提升，消费稳中趋降，禽肉、羊肉贸易持平略增，水产品贸易稳中有增；猪肉、牛肉、奶制品、食用植物油平均贸易量下降；食糖贸易增速放缓，由10年前年均增长2.5%转为减少0.4%；但水果对外贸易规模将呈显著扩大趋势，逆差格局长期存在，进出口年均增幅分别达7.3%和8.8%；蔬菜贸易保持"大出小进"的顺差格局，贸易对象、品类多元化（图1-12）。展望期内，农产品进出口趋于多元化，贸易新格局逐步形成。

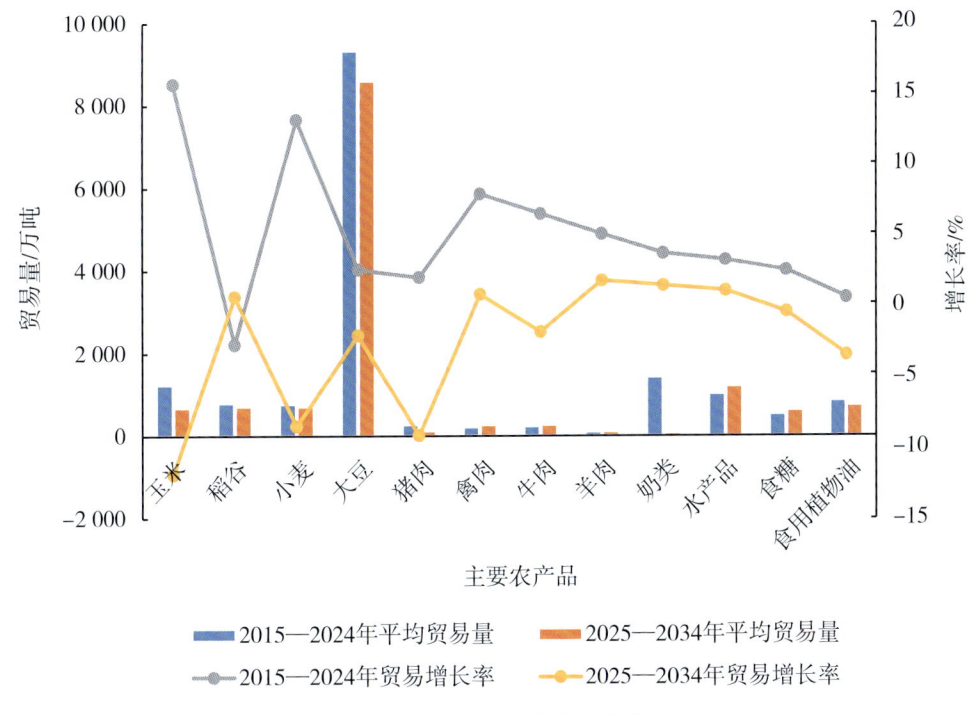

图1-12 中国主要农产品贸易

（数据来源：2014—2024年数据来自国家统计局，2025—2034年数据来自中国农业科学院农业信息研究所CAMES模型系统预测）

4.4 价格展望

未来10年，中国农产品市场的定价机制将持续优化与升级。借助收储策略、生产结构调整、上市时机的精确调控，农产品供应链效率将从生产端到消费端得到显著提升，从而保障中国粮食和主要农产品价格平稳运行。展望期内，成本上升将成为驱动农产品价格上涨的长期因素，尽管部分农产品价格仍将与国际市场保持相对独立，但国内外市场价格的相互依存度将不断提升。随着粮食收储体系与价格机制日益健全，稻谷、小麦、玉米等关键粮食作物价格预计将温和上涨，整体保持在合理区间内。同时，大豆、食用植物油、棉花及食糖等农产品的价格走势将与国际市场更加紧密地联动，受到汇率波动、国际能源价格及地缘政治局势等多重外部因素的共同作用。此外，肉类、蔬菜、水果、蛋类、乳制品及水产品等生鲜农产品价格总体趋势为上涨，尽管周期性波动与突发事件的影响依旧存在，但地域差异、品种差异及品质差异对价格的影响将更显著，优质优价特征明显，农产品价格的剧烈波动现象预计将显著减少。展望期内，农产品价格趋于合理，生产者和消费者的利益更加平衡。

参考文献

工信部. "十四五"信息通信行业发展规划［R/OL］.（2021-11-01）［2025-02-16］. http://www.gov.cn/zhengce/zhengceku/2021-11/16/content_5651262.htm.

国家发展改革委，自然资源部. 全国重要生态系统保护和修复重大工程总体规划（2021—2035年）.（2020-06-12）［2025-02-16］. http://www.gov.cn/zhengce/2020-06/12/content_5518797.htm.

国家统计局，2024. 中国统计年鉴2024［M］. 北京：中国统计出版社.

国务院. "十四五"国内贸易发展规划［R/OL］.（2022-01-27）［2025-02-16］. http://www.hh.gov.cn/fljxzthz/lwlb/xgzc/zywj/202201/t20220127_568368.html.

国务院. "十四五"推进农业农村现代化规划［R/OL］.（2021-11-12）［2025-02-16］. http://www.gov.cn/zhengce/content/2022-02/11/content_5673082.htm.

国务院. 中共中央关于制定国民经济和社会发展第十四个五年规划和二〇三五年远景目标的建议［R/OL］.（2020-11-03）［2025-02-16］. http://www.gov.cn/zhengce/2020-11/03/content_5556991.htm.

国务院. "十四五"水安全保障规划［R/OL］.（2022-01-12）［2025-02-16］. http://www.gov.cn/xinwen/2022-01/12/content_5667722.htm.

农业农村部，国家发展改革委，财政部，等. 全国现代设施农业建设规划（2023—2030年）［R/OL］.（2023-06-09）［2025-06-09］. https://www.gov.cn/zhengce/zhengceku/202306/content_6887551.htm.

农业农村部. "十四五"全国农业机械化发展规划［R/OL］.（2022-01-05）［2025-02-16］. http://www.gov.cn/xinwen/2022-01/06/content_5666673.htm.

农业农村部. "十四五"全国农业农村科技发展规划［R/OL］.（2021-12-24）［2025-02-16］. http://www.gov.cn/zhengce/zhengceku/2022-01/07/content_5666862.htm.

农业农村部. 国家黑土地保护工程实施方案［R/OL］.（2021-07-30）［2025-02-16］. http://www.gov.cn/xinwen/2021-07/30/content_5628527.htm.

农业农村部. 全国高标准农田建设规划［R/OL］.（2022-09-16）［2024-02-16］. http://www.gov.cn/zhengce/content/2021-09/16/content_5637565.htm.

农业农村部农产品市场分析预警团队，2024. 中国农业展望报告（2024—2033）［M］. 北京：中国农业科学技术出版社.

生态环境部，国家发展改革委，财政部，等. "十四五"土壤、地下水和农村生态环境保护规划［R/OL］.（2021-12-29）［2025-02-16］. http://www.gov.cn/zhengce/zhengceku/2022-01/04/content_5666421.htm.

谢伏瞻，2025. 经济蓝皮书：2025年中国经济形势分析与预测［M］. 北京：社会科学文献出版社.

张宇燕，2025. 世界经济黄皮书：2025年世界经济形势分析与预测［M］. 北京：社会科学文献出版社.

中共中央，国务院. 乡村全面振兴规划（2024—2027年）［R/OL］.（2025-01-22）［2022-02-9］. https://www.gov.cn/zhengce/202501/content_7000493.htm.

中国科学院预测科学研究中心，2025. 2025中国经济预测与展望［M］. 北京：科学出版社.

International Monetary Fund（IMF）, 2025. World Economic Outlook.

OECD, 2024. OECD Economic Outlook.

United Nations, 2025. World Economic Situation and Prospects 2025.

Unites Nations, 2024. World Population Prospect 2024.

USDA, 2025. USDA Agricultural Projections. 2025—2034.

World Bank, 2025. Global Economic Prospects.

第二章

粮 食

粮食安全是国家安全的重要组成部分，粮食丰收是实现粮食安全的关键。2024年，中国粮食①产量7.06亿吨，比上年增长1.6%；消费量8.23亿吨，比上年减少0.9%；进口量1.58亿吨，比上年减少2.5%；出口量244万吨，比上年减少26.9%；粮食总供给量8.62亿吨；CAMES粮食价格指数②102.24，比上年下降6.03个百分点。展望期内，预计2025年，粮食产量稳中略增，为7.09亿吨，比上年增长0.4%；消费量小幅增加，为8.31亿吨，比上年增长1.0%；进口量为1.38亿吨，比上年减少12.8%；出口量320万吨，比上年增长31.1%；预计2029年，粮食生产量7.31亿吨，比基期（基期为2022—2024年3年平均值，下同）增长5.0%；消费量8.25亿吨，比基期增长0.9%；进口量1.22亿吨，比基期减少22.0%；出口量469万吨，比基期增长41.6%；预计2034年，粮食产能将稳步提升，粮食产量7.53亿吨，年均增速0.8%；粮食消费稳中略增，消费量8.32亿吨，年均增速0.2%；粮食进口呈下降趋势，进口量1.13亿吨，年均减少3.1%；出口规模扩大，出口量640万吨，年均增速6.8%。

1 2024年市场形势回顾

1.1 粮食产量稳中有增

粮食产量再创新高。尽管中国局部地区发生高温干旱、极端洪涝、超强台风等自然灾害，但全国大部农区光温水匹配良好，气象条件总体有利于粮食生长发育和产量形成，粮食生产再获丰收。2024年，粮食播种面积17.90亿亩（1.19亿公顷），比上年增加526万亩（35.1万公顷），增长0.3%，连续5年保持增长；粮食单产395千克/亩（5 921千克/公顷），比上年增加5.1千克/亩（75.8千克/公顷），增长1.3%；粮食产量7.06亿吨，比上年增加1 109万吨，增长1.6%（图2-1），首次突破7亿吨（1.4万亿斤），人均粮食占有量首次超过500千克，达到503千克。其中，夏粮产量1.50亿吨，比上年增长2.6%；早稻产量2 817万吨，比上年略减0.6%；秋粮产量5.28亿吨，比上年增长1.4%。多数省份粮食增产，主产区增产作用明显。全国31个省（区、市）中，有26个粮食增产。其中，黑龙江受玉米大豆结构调整等因素带动，粮食增产213.48万吨；新疆调整粮经作物种植结构，加之气候条件有利，粮食增产211.04万吨；内蒙古、河北、河南、吉林、山东等粮食主产区增产均超过50万吨（10亿斤）。

谷物、薯类产量有所增长，豆类产量稳中略降。2024年，谷物③产量6.52亿

---

① 本文粮食指谷物、薯类和豆类；粮食总供给量指产量和净进口量之和，其中大米进出口量按70%折算率换算稻谷量。
② CAMES粮食价格指数是根据稻谷、小麦、玉米、大豆集贸市场当年价格计算得来，以2011—2013年平均数为基期。
③ 本文谷物指稻谷、小麦、玉米及谷子、高粱、大麦、燕麦和荞麦等。

吨，比上年增长1.7%。分品种看，稻谷、小麦、玉米产量均实现增加。稻谷播种面积在连续3年下降后，实现恢复性增长，播种面积4.35亿亩（2 901万公顷）、增长0.2%，产量2.08亿吨、增长0.5%；小麦在2023年收获期受严重"烂场雨"天气影响减产的基础上，单产实现恢复性增长，播种面积3.54亿亩（2 359万公顷）、减少0.2%，产量1.40亿吨、增长2.6%；玉米播种面积、单产双增，播种面积6.71亿亩（4 474万公顷）、增长1.2%，产量再创历史新高，为2.95亿吨，比上年增长2.1%，产需缺口收窄。豆类产量2 363万吨，比上年减少0.9%，主要原因是大豆产量减少。受播种面积小幅下降影响，大豆产量稳中略降，播种面积1.55亿亩（1 032万公顷）、减少1.4%，产量2 065万吨、减少0.9%。薯类①播种面积1.06亿亩（707万公顷）、减少0.1%，产量3 058万吨、增长1.5%。

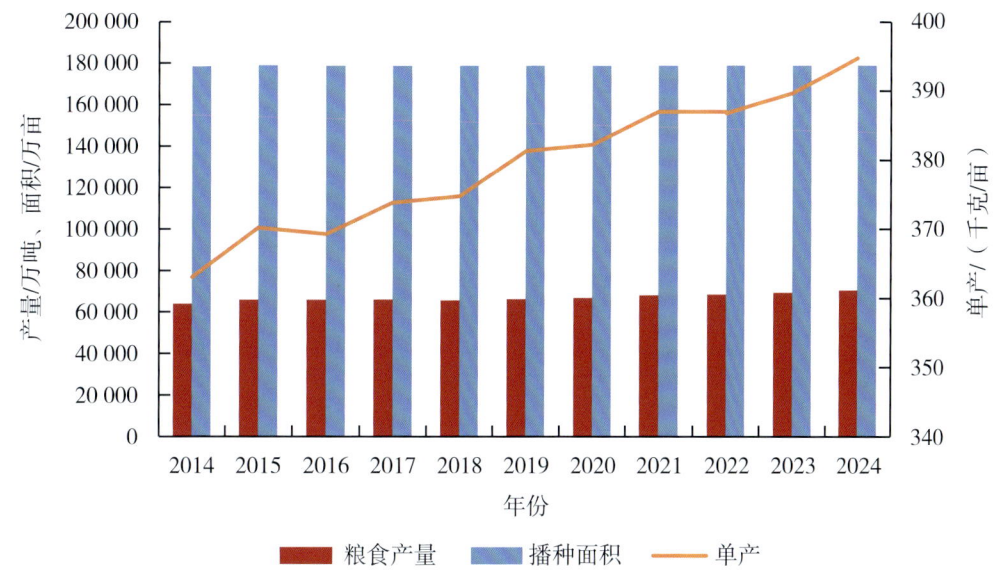

图2-1　2014—2024年中国粮食播种面积、总产量及单产

（数据来源：国家统计局）

1.2　粮食消费有所减少

粮食消费小幅下降。2024年，粮食消费量8.23亿吨，比上年减少0.9%。其中，粮食食用消费量2.77亿吨，比上年减少0.4%；饲用消费量3.73亿吨，比上年减少3.4%；工业消费②量1.26亿吨，比上年增长6.1%；其他消费及损耗③4 596万吨，比上年减少0.8%。中国粮食食用消费量占粮食消费总量的33.7%，饲用消费量占比为

---

①　本文薯类指甘薯和马铃薯，不包括芋头和木薯，按5千克鲜薯折1千克粮食计算；城市郊区作为蔬菜的薯类（如马铃薯等）按鲜品计算，并且不作粮食统计。
②　本文粮食工业消费主要包括酿酒、制作调味品、制剂和制药等。
③　本文粮食其他消费及损耗指谷物、豆类、薯类的种用消费和产后损耗。

45.4%，工业消费量占比为15.4%，其他消费及损耗占比为5.5%（图2-2）。分品种看，稻谷、小麦消费量受口粮消费减少及饲用替代需求回落等因素影响，呈小幅下降态势，稻谷消费量1.95亿吨、减少4.9%，小麦消费量1.34亿吨、减少8.9%；玉米消费量小幅增加，为3.18亿吨，比上年增长3.1%，主要受因供应充足、价格下跌导致的饲用需求增加拉动；大豆消费量1.09亿吨，比上年减少0.1%，主要受大豆压榨消费小幅下降影响。

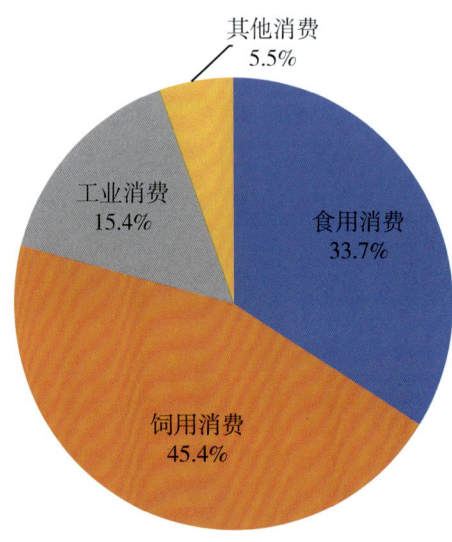

图2-2　2024年中国粮食分用途消费占比

1.3　粮食贸易规模下降

粮食进出口量额均有下降，但进口仍处于历史高位。2024年，中国粮食进口量1.58亿吨，比上年下降2.5%，主要原因是国内粮食市场供给充裕，但进口总量仍为历史第三高，仅次于2021年和2023年，占粮食总消费量的19.2%。从进口结构看，大豆占粮食总进口量的66.7%，大麦占9.0%，玉米占8.7%，小麦占7.1%，高粱占5.5%，大米占1.1%。从进口来源国看，中国粮食进口国集中度很高，主要集中在巴西、美国、澳大利亚、阿根廷等国家，分别占粮食进口总量的51.3%、20.1%、6.7%和4.3%。2024年中国粮食出口量244万吨，比上年下降26.9%，大米出口量大幅下降是主要影响因素。大米出口量110.8万吨（折稻谷158万吨），比上年下降30.8%，占粮食出口总量的64.8%，前五大出口市场是韩国、喀麦隆、巴布亚新几内亚、波多黎各和刚果民主共和国。

大米、小麦、玉米进口减少，大豆、大麦和高粱进口增加。分品种看，2024年，大米进口量166万吨（折稻谷237万吨），比上年减少37.1%，主要原因是国内大米供给充足，国际米价高企，进口大米到岸税后价持续高于国内价格；小麦及制品进口量1 118万吨，比上年减少7.6%，主要因为进口小麦价格优势下降，但仍接近上年1 210万吨的创纪录水平；玉米进口量大幅下降，为1 364万吨，比上年减少49.7%，在2021年连续3年进口超2 000万吨之后，首次回落至1 000万吨的量级，主要受国内玉米市场疲软、国内外玉米价差不断缩小等因素影响；大豆进口量创历史新高，为1.05亿吨，比上年增长6.5%，主要原因是国际大豆价格大幅下跌刺激进口高位增长；大麦进口量再创新高，为1 424万吨，比上年增长25.8%，较2021年1 248万吨的水平高14.1%，主要因为进口大麦价格下跌明显，较国内饲料粮存在比价优势；高粱进口量866万吨，比上年增长66.0%。

1.4 粮食价格小幅下降

2024年，受国内粮食供应充足、需求增长放缓、国际粮食市场冲击传导等因素叠加影响，粮食价格呈下跌态势，CAMES粮食价格指数102.24，比上年下降6.03个百分点（图2-3）。4个主要粮食品种中，玉米价格下降幅度最大，主产区、主销区批发均价分别为2.24元/千克、2.43元/千克，比上年分别下跌17.3%、15.8%；小麦价格跌幅次之，国内普通小麦平均批发价2.56元/千克、下跌13.5%，优质小麦平均收购价2.9元/千克、下跌9.8%；国产大豆价格持续下跌，黑龙江国产食用大豆均价为4.47元/千克、下跌13.3%；稻谷平均收购价格与上年基本持平，为2.79元/千克，大米平均批发价格4.11元/千克，比上年上涨1.0%。

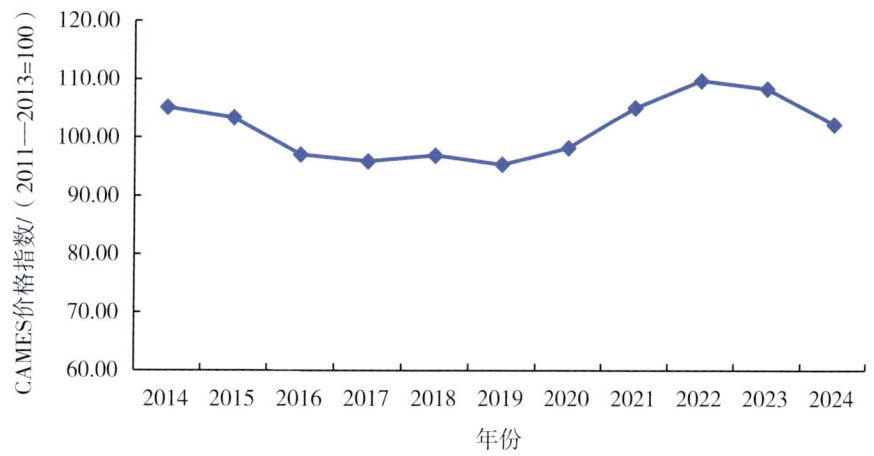

图2-3　2014—2024年粮食价格走势

2　未来10年市场走势判断

未来10年，中国粮食综合生产能力将稳步提高，播种面积基本稳定，产业结构持续优化，防范化解重大风险挑战能力增强，粮食供给保障能力将不断提升。预计2025年粮食产量7.09亿吨，比上年增长0.4%；2029年为7.31亿吨，比基期增长5.0%；2034年为7.53亿吨，比基期增长8.2%，年均增长0.8%。粮食消费需求增长，但增速显著放缓，消费结构不断升级。预计2025年粮食消费量8.31亿吨，比上年增长1.0%；2029年为8.25亿吨，比基期增长0.9%；2034年为8.32亿吨，比基期增长1.8%，年均增长0.2%。粮食贸易规模总体下降，粮食进口呈多元化发展。2025年粮食进口量1.38吨，比上年减少12.8%；2029年为1.22亿吨，比基期减少22.0%；2034年为1.13亿吨，比基期减少27.3%，年均减少3.1%；粮食出口规模有所扩大，预计2025年粮食出口量320万吨，比上年增长31.1%；2029年为469万吨，比基期增长41.6%；2034年为640万吨，年均增长6.8%。预计2025年粮食价格稳中略增，未来10年将呈波动上涨趋势。展望期内，随着城乡居民收入水平提高和消费结构升级，粮食需求将会继续增加，耕地水资源约束日益趋紧、极端天气异常多发，总体上粮食供求将呈紧平衡状态，粮食生产不仅要保数量，还要保质量、保多样，粮食安全风险挑战长期存在。

2.1 生产展望

粮食播种面积总体稳定。展望期内，中国将坚持最严格的耕地保护制度，坚决遏制"非农化""非粮化"，改革完善耕地占补平衡制度，高质量推进高标准农田建设，强化耕地保护和质量提升。调动农民种粮和地方抓粮积极性，是稳定播种面积的关键。中国将继续从价格、补贴、保险等方面强化政策举措，调动农民种粮积极性，适当提高小麦最低收购价，合理确定稻谷最低收购价，继续实施耕地地力保护补贴、玉米大豆生产者补贴、稻谷补贴政策，优化实施农机购置与应用补贴政策，扩大完全成本保险和种植收入保险政策实施范围，实现三大主粮保险全国覆盖、大豆保险有序扩面。同时，随着中央统筹下的粮食产销区省际横向利益补偿机制的启动，地方政府抓粮积极性将得到有力提升。展望期内，粮食播种面积将保持基本稳定。预计2025年粮食播种面积17.87亿亩（1.19亿公顷），比上年略减0.1%；2029年为17.88亿亩（1.19亿公顷），比基期增长0.3%；2034年为17.90亿亩（1.19亿公顷），年均增长0.04%（图2-3）。

粮食单产稳步提高。展望期内，中国扩大耕作面积空间有限，增产潜力主要在于提单产。中国将继续实施粮食大面积单产提升工程以及种业振兴行动，通过优化作物品种、改进耕作技术、提升农机装备水平、加快数字农业建设等方式，不断提高粮食作物生产效率，降低生产成本。同时，在气候变暖、极端气象灾害事件频发重发的背景下，中国将通过提升农业防灾减灾能力以及气象灾害监测预警防控能力，实现稳产增产的目标。预计2025年粮食单产为397千克/亩（5 953千克/公顷），比上年增长0.5%；2029年为409千克/亩（6 129千克/公顷），比基期增长4.7%；2034年为421千克/亩（6 311千克/公顷），比基期增长7.8%，年均增长0.8%（图2-3）。分品种看，大豆单产提升最快，玉米次之，稻谷、小麦单产增长较为平缓。未来10年，稻谷单产年均增长0.6%，小麦单产年均增长0.5%，玉米单产年均增长1.1%，大豆单产年均增长3.4%。

粮食产量稳定增长。展望期内，随着新一轮千亿斤粮食产能提升行动以及"藏粮于地、藏粮于技"战略的深入实施，中国粮食产量将稳步提升，粮食自给率①将从基期的85.2%提高至2034年的90.5%。预计2025年粮食产量7.09亿吨，比上年增长0.4%；2029年为7.31亿吨，比基期增长5.0%；2034年为7.53亿吨，比基期增长8.2%，年均增长0.8%（图2-4）。人均粮食占有量将从基期的494千克提高至2034年的541千克。粮食生产结构不断优化，稻谷、小麦等口粮作物的生产保持稳定，玉米、大豆等饲料粮和经济作物将得到大力发展，从而满足国内消费升级和农业产业结构调整的需求。展望期末，粮食产量将比基期增加5 681万吨，其中玉米是最主要的增产因素，玉米产量增加3 316万吨，占粮食新增产量的58.4%；稻谷产量增加231万吨，占新增产量的4.1%；小麦增加526万吨，占新增产量的9.3%；大豆增加1 393万吨，占新增产量的24.5%。

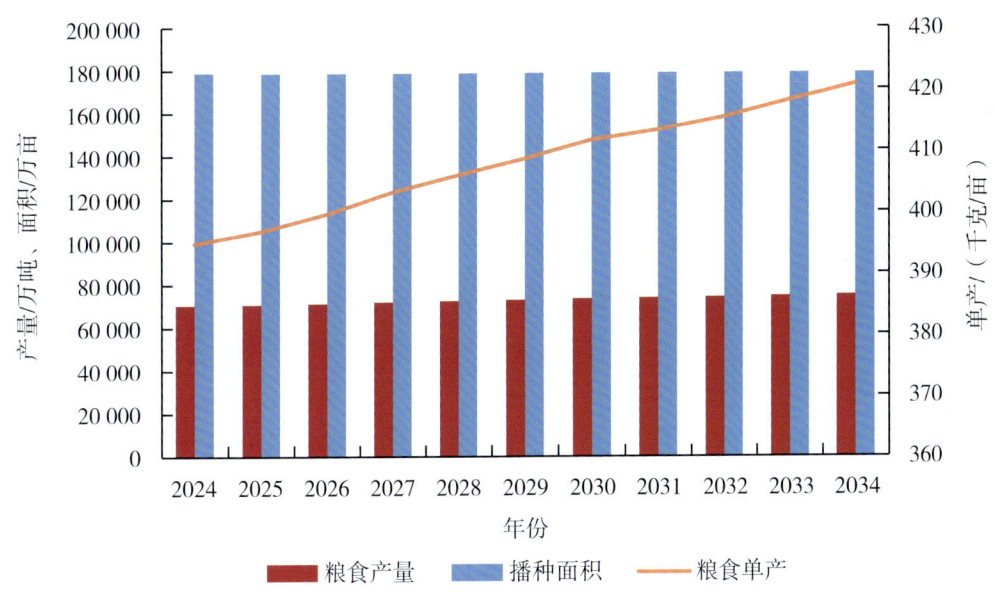

图2-4　2024—2034年中国粮食播种面积、单产及总产量变化趋势

（数据来源：2024年数据来自国家统计局，2025—2034年数据为中国农业科学院农业信息研究所CAMES模型系统预测）

2.2　消费展望

粮食消费稳中略增。随着新型城镇化战略深入推进以及消费结构不断升级，即使展望期内人口总量没有较大变化，粮食消费需求仍将持续增长，工业消费增加是拉动粮食消费上涨的主要动力。预计2025年粮食消费量8.31亿吨，比上年增长1.0%；2029年为8.25亿吨，比基期增长0.9%；2034年为8.32亿吨，比基期增长

---

① 本文粮食自给率是通过粮食生产量除以粮食消费量计算得来。

1.8%，年均增长0.2%。粮食供需将长期处于紧平衡状态，产需缺口逐年缩小，从基期的1.21亿吨回落至2034年的7 887万吨。

食用消费稳中略降。随着我国城镇化进程持续推进、人民生活水平的提高，加之受人口总量减少、老龄化加剧等因素影响，中国居民食物消费在总体上保持传统消费模式的同时，将进一步向多元化、营养化、健康化转型升级，对米面等淀粉类主食消费逐步下降并进入相对稳定阶段。展望期内，粮食食用消费呈平稳略降态势。预计2025年粮食食用消费量2.77亿吨，比上年减少0.03%；2029年为2.75亿吨，比基期减少1.2%；2034年为2.71亿吨，比基期减少2.4%，年均减少0.2%（图2-5）。分品种看，稻谷、小麦的口粮消费量呈下降趋势，展望期末，稻谷、小麦口粮消费量分别为1.44亿吨、8 637万吨，年均分别减少0.7%、0.5%；玉米食用消费温和增加，到2034年将达到1 243万吨，年均增长2.2%；大豆食用消费稳中略增，到2034年增至1 356万吨，年均增长0.6%，主要因为豆制品在饮食结构中的比例有所上升。

饲用消费稳中有降。由于2025年生猪产能预计将有所恢复，短期内粮食饲用需求将呈恢复性增长，2025年粮食饲用消费量为3.81亿吨，比上年增长2.0%。长期来看，随着生猪产能调整方案更加完善以及畜禽养殖效率的提高，粮食饲用消费将呈平稳略降趋势。预计2029年粮食饲用消费量为3.67亿吨，比基期减少0.9%；2034年为3.66亿吨，比基期减少1.1%，年均减少0.1%（图2-5）。分品种看，稻谷、小麦饲用需求小幅增加，玉米、大豆饲用需求呈下降趋势。与基期相比，展望期末稻谷饲用消费将增加412万吨，小麦饲用消费增加349万吨，玉米饲用消费减少659万吨，大豆压榨消费减少191万吨。

工业消费小幅增长。随着粮食产业加速升级，传统成品粮加工行业产值占比将有所下降，粮食深加工和食品加工行业产值增幅将不断提升，粮食产能将转化为加工优势，工业用粮需求将呈小幅增长趋势。预计2025年工业消费量1.27亿吨，比上年增长0.8%；2029年为1.38亿吨，比基期增长12.8%；2034年为1.52亿吨，比基期增长24.1%，年均增长2.2%（图2-5）。

其他消费及损耗稳中略降。展望期内，预计2025年粮食其他消费及损耗为4 583万吨，比上年减少0.3%；2029年为4 461万吨，比基期减少3.1%；2034年为4 223万吨，比基期减少8.3%，年均减少0.9%（图2-5）。其中，粮食种用消费总体呈持平略增态势，预计2025年粮食种用消费量为1 205万吨，比上年增长0.2%；2029年为1 213万吨，比基期增长0.9%；2034年为1 220万吨，比基期增长1.4%，年均增长0.1%，随着大面积单产提升、土地规模化经营、品种更新换代、精量播种技术推广应用、机械设备改进升级，粮食单位面积种用量将呈有增有降趋势。粮食产后损耗将呈小幅下降趋势，展望期内预计年均减少1.2%，主要得益于粮食全产业链节约减损能力提升、粮食作物机械作业精准水平持续提高等。

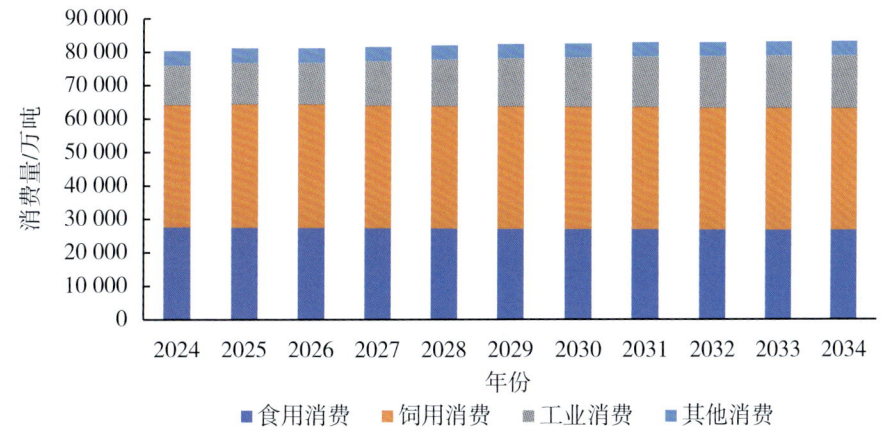

图2-5　2024—2034年中国粮食消费量变化趋势

（数据来源：2025—2034年数据为中国农业科学院农业信息研究所CAMES模型系统预测）

2.3 贸易展望

粮食进口总体回落。未来10年，为弥补粮食紧缺品种产需缺口、优化国内供给结构，中国仍将从全球配置粮食资源，粮食贸易规模将继续维持高位，进口量呈下降趋势。预计2025年粮食进口量1.38亿吨，比上年减少12.8%；2029年为1.22亿吨，比基期减少22.0%；2034年为1.13亿吨，比基期减少27.3%，年均减少3.1%。分品种看，稻谷、小麦、玉米、大豆进口需求均呈下降趋势。从粮食进口结构看，大豆依然是占比最大的进口品种，居主导地位；玉米及其替代品进口比例次之；小麦和大米进口比例相对较小。展望期内，大米进口占粮食进口总量的比例基本稳定在3.3%，小麦进口占比从基期的7.1%下降至3.6%，玉米进口占比从基期的13.1%下降至4.6%，大豆进口将从基期的63.1%增加至69.8%。

粮食进口呈多元化发展格局。展望期内，由于全球市场粮食贸易量有限，且极端天气、地区冲突、贸易保护主义等不确定因素增加，中国粮食进口稳定性将面临巨大挑战。中国将进一步优化粮食供应链、积极拓展进口渠道，从粮源地集中向多元化布局转变，维护与南美洲、大洋洲、东欧、东南亚等传统粮源地合作，加强与"一带一路"共建国家、黑海地区以及亚洲新兴市场国家的粮食产业合作，提升粮食进口潜力，把握粮食进口的节奏和力度，确保粮食需求与供给在时间和空间上的合理匹配，从而增强粮食进口供应链的稳定性和韧性。

粮食出口稳定增长。粮食出口量呈现增长趋势，预计2025年粮食出口量320万吨，比上年增长31.1%；2029年为469万吨，比基期增长41.6%；2034年为640万吨，年均增长6.8%。其中，大米出口增幅最大，2034年大米出口量285万吨（折稻谷407万吨），年均增长5.7%，主要原因是随着中国不断推进高水平对外开放，与"一带一路"共建国家持续深化以粮食为主的农产品经贸合作。

2.4 价格展望

粮食价格呈波动上涨趋势。2025年粮食价格预计将企稳回升，CAMES粮食价格指数维持在104左右。长期来看，虽然我国粮食供求关系相对稳定，但由于农业生产资料、劳动力、土地等种粮成本上涨，粮食价格将呈波动上涨趋势。此外，由于国内粮食市场价格变化与国际市场的联动性将不断增强，随着全球极端气候、地缘政治冲突等不确定性因素的增加，国际市场变化将抬升我国粮食进口成本并强化国内市场涨价预期。随着粮食价格形成机制改革的推进以及粮食进口与生产协调机制的不断完善，粮食价格将更好地反映市场供求关系和生产成本，并保持在合理区间运行。

第三章

稲　谷

稻谷是中国两大口粮品种之一，占口粮消费量的60%以上。2024年，稻谷播种面积43 510万亩（2 901万公顷），单产477千克/亩（7 155千克/公顷），产量20 754万吨，比上年分别增长0.2%、0.3%和0.5%；稻谷消费量19 520万吨，比上年下降4.9%，其中口粮消费量稳中略降；大米进口量165.7万吨（折稻谷237万吨，将大米进出口量以70%折率换算，下同），出口量110.8万吨（折稻谷158万吨），比上年分别下降37.1%和30.8%。稻谷平均收购价格与上年持平，其中早籼稻平均收购价格比上年涨1.3%、中晚籼稻跌1.2%、粳稻与上年持平。

展望期内，预计稻谷播种面积小幅减少、产量稳中略增，国内消费量略有下降、产需平衡有余，进口量呈增长趋势但低于基期水平，出口量有所增长。预计2025年稻谷播种面积43 500万亩（2 900万公顷），与上年持平，产量20 858万吨，比上年增长0.5%；消费量20 215万吨，比上年增长3.6%；大米进口量200万吨（折稻谷285万吨），出口量151万吨（折稻谷215万吨），比上年分别增长20.4%和36.1%；稻谷（米）价格稳中有涨，优质优价特征日益凸显。预计2029年稻谷播种面积42 867万亩（2 858万公顷），比基期（基期为2022—2024年3年平均值，下同）下降1.9%，产量21 211万吨，增长2.2%；消费量20 123万吨，下降1.5%；大米进口量227万吨（折稻谷325万吨），下降34.9%；大米出口量228万吨（折稻谷326万吨），增长39.7%。预计2034年稻谷播种面积41 813万亩（2 788万公顷），比基期下降4.3%，年均下降0.4%，产量20 986万吨，比基期增长1.1%，年均增长0.1%；消费量20 172万吨，比基期下降1.3%，年均下降0.1%；大米进口量260万吨（折稻谷372万吨），比基期下降25.5%，年均下降2.9%；大米出口量285万吨（折稻谷407万吨），比基期增长74.4%，年均增长5.7%。

1 2024年市场形势回顾

1.1 面积、单产和产量齐增

2024年，国家持续加大稻谷生产支持力度，稻谷最低收购价稳中有涨，继续实施耕地地力保护补贴和稻谷生产者补贴，扩大水稻完全成本保险实施范围，多措并举提高农民种稻积极性，全国稻谷播种面积连续3年下降的势头得到遏制，实现恢复性增长。2024年，早稻和中晚稻部分产区均遭受不同程度自然灾害，其中湖南、广东等部分早稻产区遭遇强降雨天气，安徽等部分中晚籼稻产区8月持续高温干旱。早稻受灾影响较明显，单产略有下降，中晚稻受灾影响有限，单产小幅增长，稻谷整体单产水平稳中略增。2024年，稻谷播种面积43 510万亩（2 901万公顷），比上年增长0.2%；单产477千克/亩（7 155千克/公顷），增长0.3%；产量20 754万吨，增长0.5%（图3-1）。

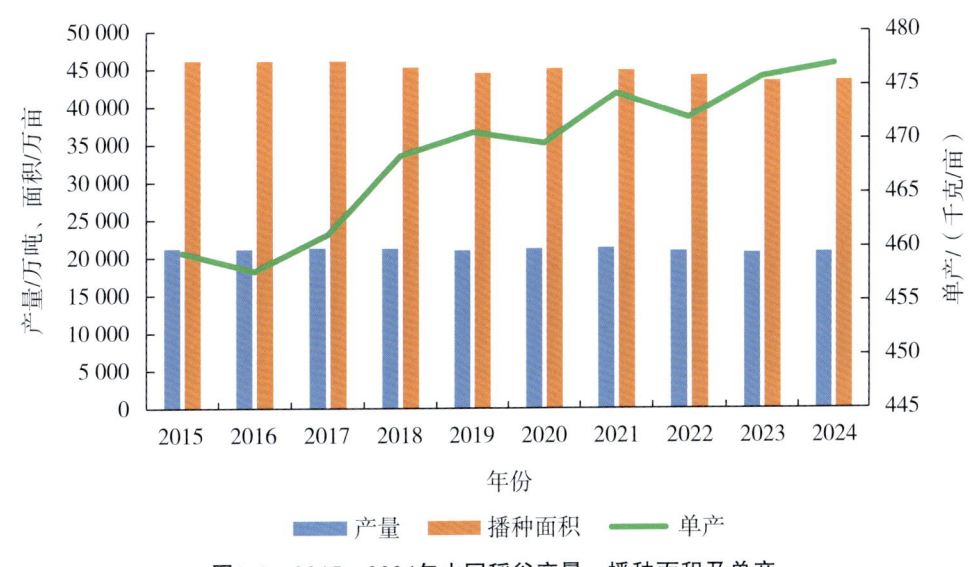

图3-1　2015—2024年中国稻谷产量、播种面积及单产

（数据来源：国家统计局）

1.2　消费量小幅下降

2024年，中国稻谷消费量19 520万吨，比上年下降4.9%。其中，口粮消费量15 450万吨，比上年下降0.7%，主要是城镇化水平持续提升、居民膳食结构转型升级、老龄化趋势加剧以及总人口数减少等因素所致；工业消费量1 698万吨，比上年增长0.8%，主要是米粉、米线等米制品市场需求保持旺盛势头，稻谷精深加工行业稳步增长；饲用消费量1 142万吨，比上年下降44.1%，主要是2024年饲料需求整体回落，玉米价格低位运行、稻谷饲用替代不具优势，以及2024年未启动稻谷定向拍卖等因素所致。种用消费量130万吨，比上年增长4.8%，主要是稻谷大面积单产提升过程中亩均用种量略有增加以及用种量较大的直播稻面积增加等因素所致。

1.3　进口量和出口量均明显下降

2024年，国际主要品类大米价格高位震荡，国际大米（指泰国曼谷25%破损率大米）到岸税后价持续高于国内价格，加之国内稻谷连年丰收，供给充足，大米进口量连续第二年大幅减少。据海关总署统计，2024年中国大米进口量165.7万吨（折稻谷237万吨），比上年下降37.1%（图3-2）。中国大米出口量110.8万吨（折稻谷158万吨），下降30.8%。从进口来源国看，排在前5位的国家分别是缅甸、泰国、越南、巴基斯坦和柬埔寨，分别进口56.4万吨、46.5万吨、28.1万吨、15.9万吨和9.4万吨，占进口总量的94%。从出口目的地看，排在前5位的国家（地区）分别是韩国、喀麦隆、巴布亚新几内亚、波多黎各和刚果民主共和国，分别出口14.8万吨、10.9万吨、6.8万吨、6.3万吨和5.8万吨，占出口总量的40%（图3-3）。

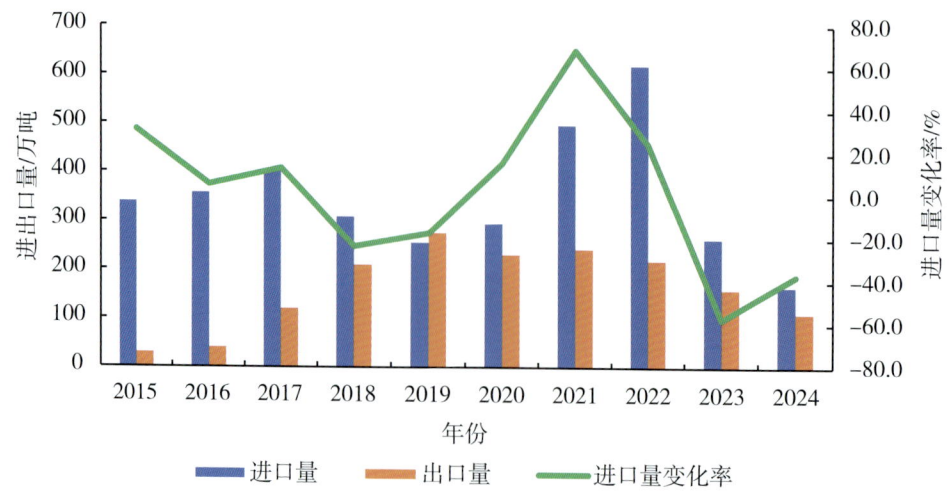

图3-2　2015—2024年中国大米进口量、出口量及进口量变化率

（数据来源：海关总署）

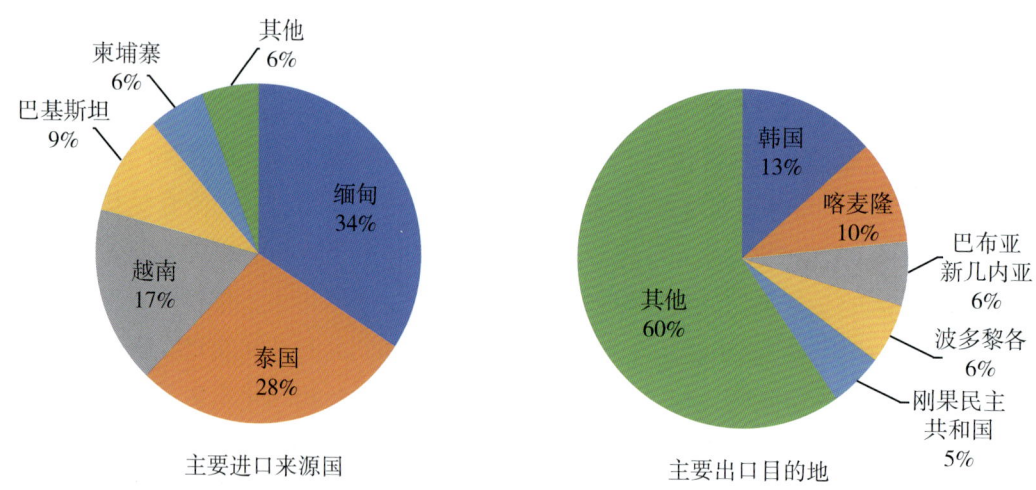

图3-3　2024年中国大米主要进口来源国和出口目的地

（数据来源：海关总署）

1.4　国内稻米价格与上年基本持平

2024年，国内稻米价格年度内先涨后跌，但全年平均价与上年基本持平。上半年，受南方储备增储和米企阶段性补库需求拉动，价格稳中有涨；随着新稻上市，稻米价格进入下行通道，后期受最低收购价政策支撑，稻米价格止跌企稳。据农业农村部监测数据，2024年稻谷平均收购价格为2.79元/千克，与上年持平；大米平均批发价格4.11元/千克，比上年涨1.0%。分品种看，近两年米粉/米线制品市场需求旺盛，加之最低收购价提高，早籼稻（米）价格保持稳中走强态势；中晚稻价格先涨后跌，春节后，米企阶段性补库需求增加，加之江苏、广东等多个省份地方

储备稻谷增储计划实施，价格稳中有涨，随着新稻上市，市场供给增加，同时终端需求低迷，稻米价格弱势运行。2024年，早籼稻、晚籼稻和粳稻平均收购价格分别为2.76元/千克、2.77元/千克和2.83元/千克，比上年分别涨1.3%、跌1.2%和涨0.1%（图3-4）；早籼米、晚籼米和粳米平均批发价格分别为3.98元/千克、4.11元/千克和4.23元/千克，比上年分别涨1.3%、0.9%和0.9%（图3-5）。

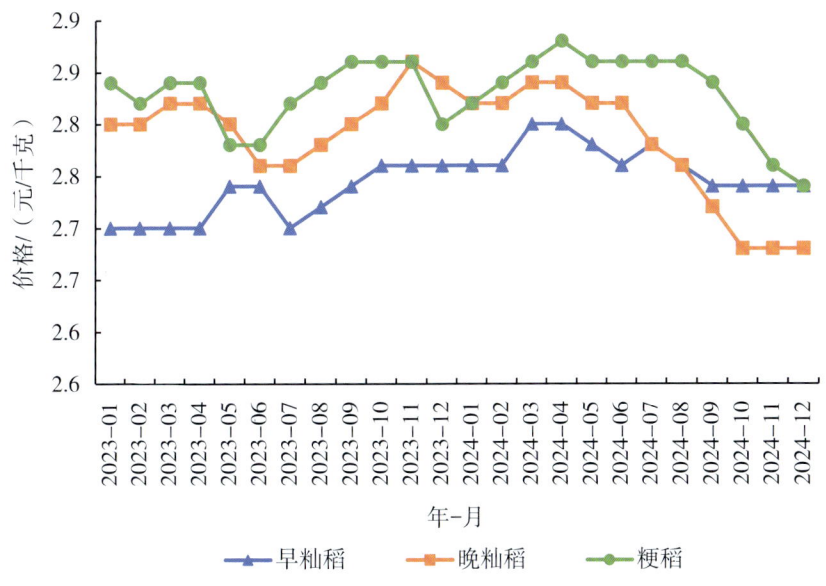

图3-4　2023—2024年中国稻谷价格月度变化

（注：稻谷价格指收购价格；数据来源：农业农村部）

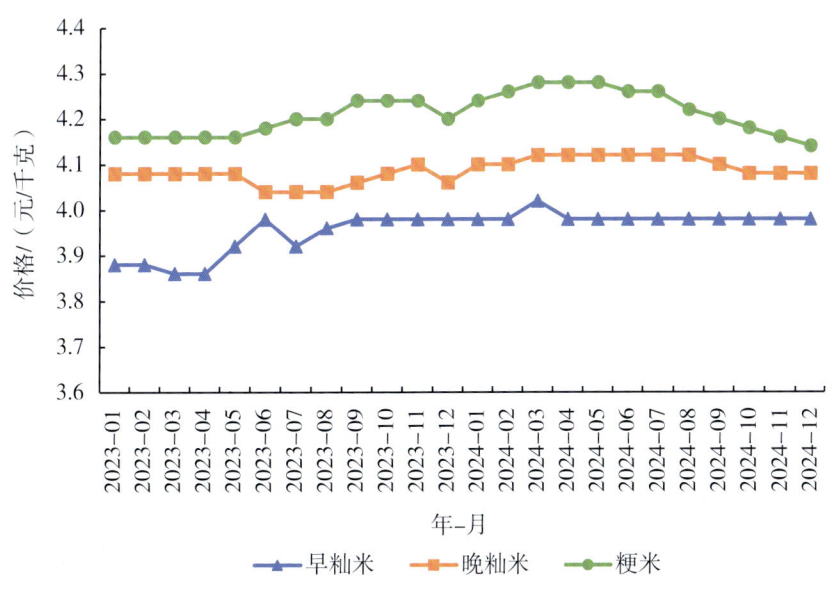

图3-5　2023—2024年中国大米价格月度变化

（注：大米价格指批发价格；数据来源：农业农村部）

2 未来10年市场走势判断

2.1 总体判断

生产保持稳定。预计2025年中国稻谷播种面积43 500万亩（2 900万公顷），与上年持平，产量20 858万吨，比上年增长0.5%。2029年播种面积42 867万亩（2 858万公顷），比基期下降1.9%，产量21 211万吨，比基期增长2.2%。2034年播种面积41 813万亩（2 788万公顷），比基期下降4.3%，年均下降0.4%，产量20 986万吨，比基期增长1.1%，年均增长0.1%。

消费量稳中略降。预计2025年稻谷消费量20 215万吨，比上年增长3.6%。2029年20 123万吨，比基期下降1.5%。2034年20 172万吨，比基期下降1.3%，年均下降0.1%。其中，口粮消费量和种用消费量均稳中下降，工业消费量和饲用消费量呈增长趋势。

大米进口量呈增长趋势，但低于基期水平。预计2025年中国大米进口量200万吨（折稻谷285万吨），比上年增长20.4%。2029年227万吨（折稻谷325万吨），比基期下降34.9%。2034年260万吨（折稻谷372万吨），比基期下降25.5%，年均下降2.9%。预计大米出口量有所增长。

稻谷（米）价格稳中有涨。稻谷生产仍将面临成本"地板"不断抬升的问题，稻谷价格受成本推动将有所增长。同时，稻谷优质化率持续提升、大米品牌化建设加快推进，将有助于大米产品增值和价格提高。但稻谷供需宽松格局短期内难有改变，稻谷（米）价格的波动幅度有限，以稳为主。

2.2 生产展望

播种面积小幅下降。随着中央统筹下的粮食产销区省际横向利益补偿机制启动实施，价格、补贴和保险"三位一体"的种粮农民利益保障机制不断完善，将有效保护和调动地方政府抓粮和农民种粮的积极性，为稳定稻谷种植面积提供有力政策保障。在确保供给安全的情况下，部分低质低效地区稻谷面积适度调减。预计2025年中国稻谷播种面积43 500万亩（2 900万公顷），与上年持平；2029年42 867万亩（2 858万公顷），比基期下降1.9%；2034年41 813万亩（2 788万公顷），比基期下降4.3%，年均下降0.4%（图3-6）。

单产稳步提高。在耕地资源有限的情况下，提单产是保障稻谷供给的重要抓手。2024年中国水稻区域试验亩产达到600千克以上，而大田生产的亩产只有477千克，单产仍有较大提升空间。随着稻谷大面积单产提升行动持续推进，高产优质主导品种、轻简高效栽培技术、先进适用农机装备的大面积集成应用，防灾减灾能力持续增强等，将多方面支撑稻谷单产提高。预计2025年，中国稻谷单产480千克/亩（7 200千克/公顷），比上年提高0.6%；2029年495千克/亩（7 422千克/公顷），比基期提高4.2%；2034年502千克/亩（7 528千克/公顷），比基期提高5.7%，年均增长0.6%（图3-6）。

产量稳中略增。未来10年，在稻谷种植面积保持相对稳定的情况下，单产稳步提高至500千克/亩以上，产量将小幅增长。预计2025年中国稻谷产量20 858万吨，比上年增长0.5%；2029年21 211万吨，比基期增长2.2%；2034年20 986万吨，比基期增长1.1%，年均增长0.1%（图3-6）。

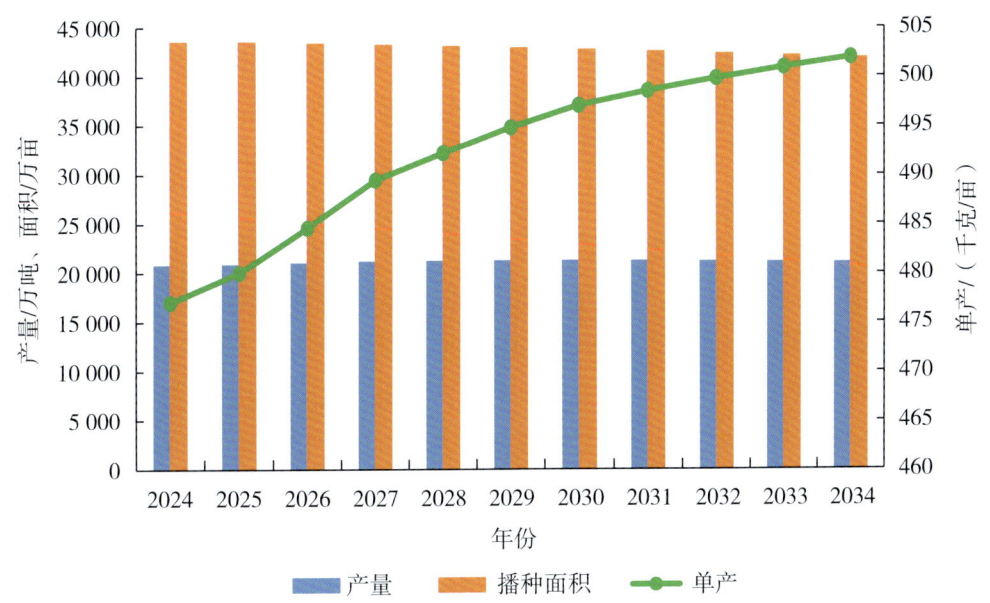

图3-6 2024—2034年中国稻谷产量、播种面积及单产变化

（数据来源：2025—2034年数据为中国农业科学院农业信息研究所CAMES模型系统预测）

2.3 消费展望

未来10年，稻谷消费量略有下降。预计2025年中国稻谷消费量20 215万吨，比上年增长3.6%。2029年20 123万吨，比基期下降1.5%。2034年20 172万吨，比基期下降1.3%，年均下降0.1%。

口粮消费量稳中有降。随着人们生活水平不断提高、居民食物消费结构转变升级，以及人口老龄化加剧等，人均口粮消费量将逐步减少。2024年中国人口总数连续第三年负增长，人均口粮消费量和人口总数下降将导致稻谷口粮消费量稳中有降。预计2025年稻谷口粮消费量15 415万吨，比上年下降0.2%；2029年14 986万吨，比基期下降3.7%；2034年14 449万吨，比基期下降7.2%，年均下降0.7%（图3-7）。

工业消费量稳步增长。稻谷工业消费主要用于米粉/米线、汤圆、酿醋、酿酒、大米蛋白、大米淀粉等产品的生产。当前中国稻谷加工以初加工为主，精深加工产品研发不足，产业发展具有广阔的增长空间。未来10年，米粉/米线市场保持较好发展势头，酿酒行业随着宏观经济形势向好而逐步复苏，大米蛋白、大米淀粉行业将加速发展，稻谷精深加工产业规模将持续扩大，稻谷工业消费量将稳步增长。预计2025年稻谷工业消费量1 776万吨，比上年增长4.6%；2029年1 922万吨，比基期增长14.2%；2034年2 227万吨，比基期增长32.2%，年均增长2.8%（图3-7）。

饲用消费量呈增长趋势。稻谷作饲用消费主要有两种情况：一是南方地区一些生猪、家禽养殖户把部分质量较差的稻谷用作饲料；二是当玉米等饲料粮价格高企时，具有一定比价优势的稻谷会少量进入饲料领域。随着饲料粮供给能力的不断提升、稻谷仓储条件的改善以及稻谷深加工产业的发展，未来仅不宜食用的稻谷将作饲用消费。2025年定向稻谷拍卖可能重启，稻谷饲用消费量将明显增长，达到1 794万吨，比上年增长57.1%；2029年2 043万吨，比基期增长5.4%；2034年2 351万吨，比基期增长21.2%，年均增长1.9%（图3-7）。

种用消费量稳中略降。随着农田基础设施改善、农业机械设备改造升级，以及社会化服务能力持续提升等，稻谷插播环节机械化水平将不断提高，亩均用种量将更趋合理化、精准化，加之播种面积略有下降，稻谷种用消费量将稳中略降。预计2025年稻谷种用消费量130万吨，与上年持平；2029年124万吨，比基期下降0.5%；2034年116万吨，比基期下降6.9%，年均下降0.7%（图3-7）。

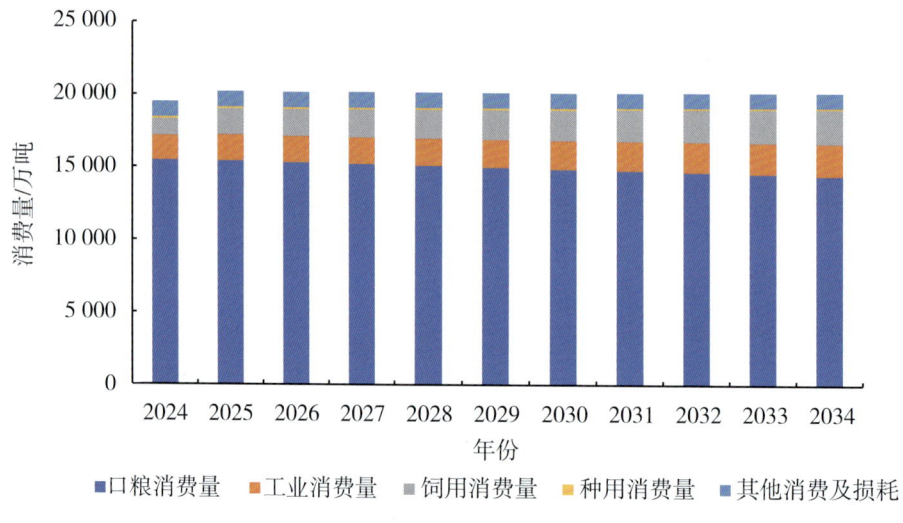

图3-7 2024—2034年中国稻谷消费量及结构变化

（数据来源：2025—2034年数据为中国农业科学院农业信息研究所CAMES模型系统预测）

2.4 贸易展望

进口量呈增长趋势。2025年，全球大米生产前景乐观，市场供给充足，消费量增幅小于产量增幅，预计国际米价继续下行，国际大米到岸税后价低于国内大米价格，大米进口利润空间增加，进口量有所增长。预计2025年中国大米进口量200万吨（折稻谷285万吨），比上年增长20.4%。展望后期，全球大米供需将保持总体宽松格局，国际米价整体仍具有相对优势，大米进口量将有所增长，但随着国内稻米优质化率持续提升，国内市场对国外优质大米的需求增长有限，进口量将低于基期水平。预计2029年大米进口量227万吨（折稻谷325万吨），比基期减少34.9%；2034年260万吨（折稻谷372万吨），比基期减少25.5%，年均下降2.9%。出口量将有所增长，主要原因是中国积极推动粮农领域国际合作和农业贸易发展，特别是与"一带一路"共建国家的粮食贸易合作持续深化，以及非洲、亚洲等国家大米进口需求保持增长态势。随着出口量的增长，中国大米将有效补充国际市场供给。预计2029年大米出口量228万吨（折稻谷326万吨），比基期增长39.7%；2034年285万吨（折稻谷407万吨），比基期增长74.4%，年均增长5.7%。

2.5 价格展望

稻谷（米）价格稳中有涨。2025年，中国稻谷市场供需将保持宽松格局，国际大米价格下跌带动大米进口量增加，可能会对国内市场造成一定冲击，但稻谷最低收购价小幅提高，对市场形成有效支撑，预计2025年稻谷市场价格以稳为主，在2 700～2 840元/吨区间小幅波动。中长期看，农村青壮年劳动力短缺问题日益凸显，用工成本将刚性上涨，稻谷生产总成本保持上涨态势，进而推动稻谷价格稳中有涨。同时，受终端需求驱动，优质稻种植规模不断扩大，稻米优质化率加快提升，优质优价特征日益凸显，将带动稻谷平均收购价格稳中上涨。但稻谷供需宽松格局不变，稻谷（米）价格上涨幅度有限。

3 不确定性分析

3.1 气候因素

中国是全球气候变化的敏感区和影响显著区，升温速率高于全球同期平均水平。近年来强降雨、持续高温等极端天气事件呈频发、重发趋势，气候变化风险不断加剧，给中国水稻生产带来了不利影响。研究表明，全球平均气温每升高1℃，水稻将减产3.2%，在未来全球升温情景下，水稻预计减产3.3%～10.8%。相对于气候平均态变化，极端天气事件对水稻产量的影响更明显。一些研究表明，在过去的几十年里，极端降雨、极端高温对南方早稻、长江中下游地区中晚稻的影响愈加明显。中长期看，随着全球继续变暖，中国将面临更多的极端气候风险，稻谷生产的不稳定性增加。

3.2 技术因素

大面积提高单产是稻谷稳产增产的关键，良田良种良机良法深度融合是实现大面积单产提升的关键。受农村劳动力短缺、用工成本高、茬口衔接紧、部分地区农田基础设施条件差等因素影响，近些年直播稻发展速度较快，但直播稻不利于稻谷稳产增产、稻米品质提升，且技术配套要求较高、安全生产风险较大。如果直播稻面积发展过快、直播技术未能有效改进，将对单产稳步提升带来不确定性。

3.3 国际环境因素

近年来，地区冲突、经济衰退、贸易保护主义等各种因素叠加交织，导致全球粮食供应链稳定性下降，市场价格波动加剧。大米主要出口国近两年大米生产不稳定性增强，大米出口政策变动频繁，导致国际大米价格波动性加剧，给国内大米市场带来一定影响。未来一段时期，地缘政治冲突、贸易保护主义等仍然是影响国际粮食供给和市场的重要因素，东南亚大米主要出口国生产供给和出口政策的变化将通过国际米价对国内市场形成联动效应。地区冲突也会导致国际化肥市场不确定性增加，影响国内稻谷生产物资投入的稳定性。此外，中国大豆、玉米和小麦进口量大，且来源国均高度集中，极易遭受国际市场冲击。受产品消费替代、市场价格联动等因素影响，一旦国内玉米、小麦等产品价格遭遇国际市场冲击，将不可避免影响国内稻谷和大米市场。

参考文献

陈志钢，胡霜，2024.气候变化对全球粮食安全的影响与应对策略［J］.农业经济问题（10）：44-56.

郭金花，刘晓洁，吴良，等，2018.我国稻谷供给与消费平衡的时空格局［J］.自然资源学报，33（6）：954-964.

国家统计局.国家统计局关于2024年粮食产量数据的公告［EB/OL］.（2024-12-13）［2025-01-25］.https://www.stats.gov.cn/sj/zxfb/202412/t20241213_1957744.html.

黄季焜，解伟，盛誉，等，2022.全球农业发展趋势及2050年中国农业发展展望［J］.中国工程科学，24（1）：29-37.

李俊茹，姜长云，2023.中国粮食供需形势：历史回顾、风险挑战与政策启示［J］.南京农业大学学报（社会科学版），23（3）：168-179.

刘东，冯晓龙，司伟，2024.中国粮食生产的气候变化适应水平及其机制研究［J］.经济学（季刊），24（5）：1516-1532.

刘长全，韩磊，李婷婷，等，2023.大食物观下中国饲料粮供给安全问题研究［J］.中国农村经济（1）：33-57.

孟召娣，李国祥，2020.中国粮食产需平衡的时空格局演变分析：基于粮食用途和省域层面的视角［J］.

农业现代化研究, 41 (6): 928-936.

上官彩霞, 路燕, 景丽, 等, 2023. 基于食物消费变化的种养供需预测及结构调整路径研究[J]. 中国工程科学, 25 (4): 128-136.

王禹, 许世卫, 王盛威, 2022. 中国粮食消费现状、问题与对策建议[J]. 中国食物与营养, 28 (11): 29-32.

吴少堂, 吴娜娜, 吴非菲, 2023. 我国稻谷加工业的现状问题、发展路径及对策建议: 对41家粮食企业的调查报告[J]. 中国粮食经济 (9): 45-49.

武拉平, 2022. 我国粮食损失浪费现状与节粮减损潜力研究[J]. 农业经济问题 (11): 34-41.

肖玉, 成升魁, 谢高地, 等, 2017. 我国主要粮食品种供给与消费平衡分析[J]. 自然资源学报, 32 (6): 927-936.

徐春春, 纪龙, 陈中督, 等, 2024. 2023年我国水稻产业形势分析及2024年展望[J]. 中国稻米, 30 (2): 1-4.

许航, 刘盛, 刘磊, 等, 2024. 极端气候对中国粮食生产的影响及其应对措施[J]. 科技导报, 42 (16): 82-90.

第四章

小　麦

小麦是中国重要的粮食作物之一，近年来产量约占中国粮食总产量的20%。2024年中国小麦播种面积3.54亿亩（2 359万公顷），比上年减少0.2%；产量14 010万吨，比上年增加2.6%；消费量13 371万吨，比上年减少8.9%；进口量1 118万吨，比上年减少7.6%；普通小麦年度平均价格2.56元/千克，比上年下跌13.5%；优质小麦年度平均价格2.9元/千克，比上年下跌9.8%。未来10年，小麦播种面积基本保持稳定，单产和产量增加，消费量稳中有增，进口量逐步减少。预计2025年小麦产量14 129万吨，比上年增长0.9%；消费量13 690万吨，比上年增长2.4%；进口量670万吨，比上年减少40.1%。预计2029年小麦产量14 294万吨，比基期增长3.5%（基期为2022—2024年3年平均值，下同）；消费量13 916万吨，比基期增长1.2%；进口量580万吨，与基期相比下降47.7%。预计2034年小麦产量14 340万吨，与基期相比年均增长0.4%；消费量14 185万吨，与基期相比年均增长0.3%；进口量410万吨，与基期相比年均下降9.5%。

1　2024年市场形势回顾

1.1　面积稳中略降，单产和产量增加

因西部部分地区调减春小麦面积而改种玉米等作物，2024年小麦播种面积略减至35 381万亩（2 359万公顷），比上年减少0.2%。秋冬播期间，主产区大部天气正常，土壤墒情较好，基本实现适期播种，返青拔节、孕穗抽穗、灌浆乳熟等关键生长期光热充足，农业灾害偏轻发生，气象条件总体有利于小麦生长发育和产量形成。加上小麦大面积提升单产技术和政策成效显著，单产水平明显提高。2024年全国小麦单产达到396千克/亩，比上年增加10.6千克/亩，增幅2.7%。2024年全国小麦产量迈上14 000万吨的新台阶，达到14 010万吨，比上年增长2.6%（图4-1）。

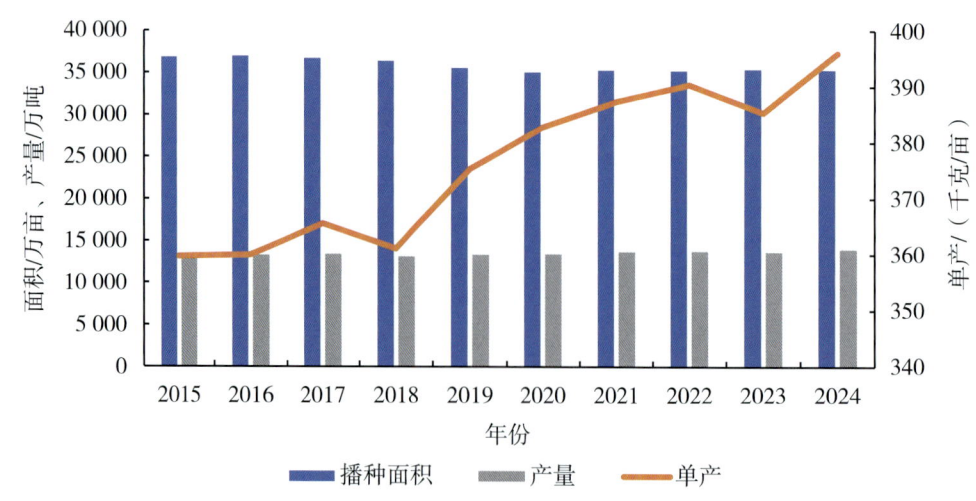

图4-1　2015—2024年中国小麦面积、单产和产量

（数据来源：国家统计局）

1.2 消费总量减少

2024年中国小麦供需形势总体呈宽松格局，主要原因是小麦饲料消费量明显减少，同时口粮消费略减。由于玉米供应充足，价格较上年明显降低，2024年华北黄淮产区玉米平均价格2 273元/吨，比小麦平均价低292元/吨，价差比上年扩大133元/吨，小麦饲料消费量大幅减少。此外，由于2024年小麦质量明显提升，等外小麦数量也大幅减少。随着经济发展和收入增加，中国居民食物消费结构升级，人均面粉等主食类消费逐渐减少，加上人口数量减少、老龄化加剧、建筑业农民工就业数量减少，小麦口粮消费量有所减少。2024年中国小麦消费总量13 371万吨，与上年相比减少8.9%。其中，口粮消费量8 995万吨，比上年略减0.6%；饲料消费量1 800万吨，比上年减少45.5%；工业消费量1 450万吨，比上年增加4.7%；种用消费量556万吨，比上年减少2.5%；损耗570万吨，比上年减少7.3%。

1.3 进口量减少

2024年国内外小麦价格整体呈下跌走势，但因9—10月国际小麦价格出现反弹，国际小麦价格跌幅小于国内，进口小麦到岸税后价与国内优质麦销区的价差从2024年初的311元/吨缩小至12月的84元/吨，进口小麦价格优势下降。加上国内新季小麦丰产，消费下降，供需形势较为宽松，对进口小麦的需求有所降低，小麦进口量较上年减少，但仍保持高位。海关总署统计数据显示，2024年中国累计进口小麦及制品1 117.9万吨，比上年减少7.6%。从进口来源看，前四位分别是澳大利亚（占进口总量的30.0%）、加拿大（占22.6%）、法国（占20.6%）、美国（占17.0%）。2024年累计出口小麦及制品11.7万吨，比上年减少42.7%，主要出口中国香港（占出口总量的61.1%）和朝鲜（占24.5%）。

1.4 市场价格低于上年

受国际小麦价格回落和国内小麦市场供给充裕而需求相对不足的影响，2024年国内小麦价格总体呈下降走势。1—12月，国内主产区普通小麦平均批发价2.56元/千克，比上年下跌13.5%；优质小麦平均批发价2.9元/千克，比上年下跌9.8%（图4-2）。从月度变化特点来看，可以分成两个阶段。第一阶段：1—5月，新麦上市前，受国际粮价走低、国内玉米价格下行、面粉和麸皮销售不旺等因素影响，小麦价格总体下行。5月底开始新麦从南到北上市，在夏粮丰收和市场主体对小麦后市预期信心不足的背景下，各地新麦价格普遍低开。5月中旬，郑州粮食批发市场普通陈麦价格2.54元/千克，同比下跌5.2%。5月底，河南驻马店市面粉厂新麦收购价2.48元/千克，同比下降0.2元/千克，降幅7.5%。第二阶段：6—12月，中储粮集团在主产区启动小麦增储政策，加工企业、贸易商等市场主体信心逐渐稳定，主产区普通小麦批发价稳定在2.42~2.48元/千克，优质小麦批发价稳定在2.72~2.82元/千克，主产区连续第四年未启动最低收购价政策。

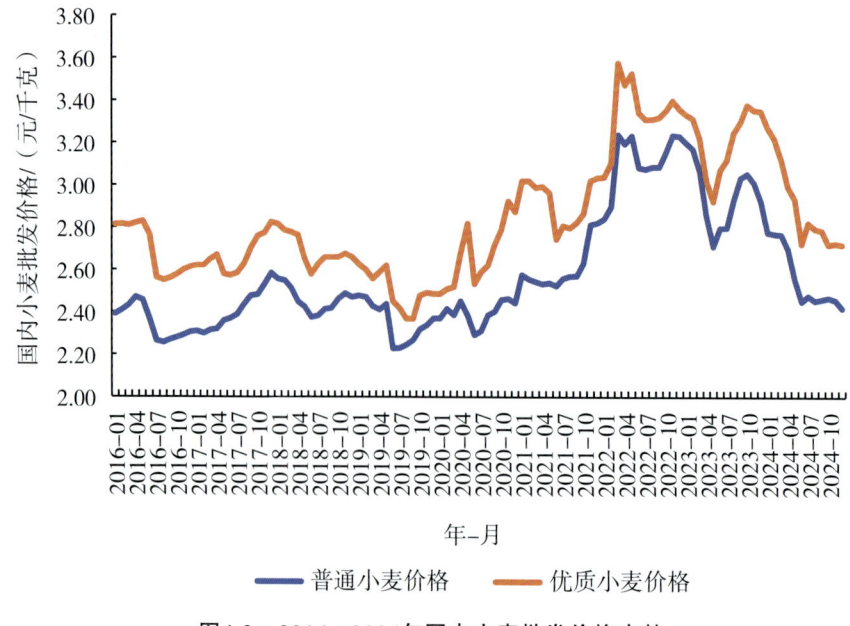

图4-2　2016—2024年国内小麦批发价格走势

（注：普通小麦指二等白麦，优质小麦指新麦26；数据来源：郑州粮食批发市场）

2　未来10年市场走势判断

2.1　总体判断

产量稳中略增。小麦播种面积基本稳定，单产稳步提升，产量小幅增加。预计2025年小麦播种面积35 500万亩（2 367万公顷），比上年增长0.3%；单产398千克/亩（5 970千克/公顷），比上年增长0.5%；产量14 129万吨，比上年增长0.9%。预计2029年小麦播种面积35 295万亩（2 353万公顷），与基期相比下降0.2%；单产405千克/亩（6 075千克/公顷），比基期增长3.7%；产量14 294万吨，比基期增长3.5%。预计2034年小麦播种面积35 060万亩（2 337万公顷），与基期相比减少307万亩（20万公顷），年均下降0.1%；单产409千克/亩（6 135千克/公顷），与基期相比增加18千克/亩（276千克/公顷），年均增长0.5%；产量14 340万吨，与基期相比增加526万吨，年均增长0.4%。

消费量稳中略增。预计2025年小麦消费量13 690万吨，比上年增长2.4%；2029年消费量13 916万吨，比基期增长1.2%；2034年消费量14 185万吨，与基期相比年均增长0.3%。其中，口粮消费量稳中略降，饲料消费量和工业消费量增加，损耗下降。

进口量整体呈下降趋势。未来10年，随着国内优质专用小麦产能不断提升，小麦进口量将高位回落。预计2025年进口量为670吨，2029年降至580万吨，2034年为410万吨。出口量维持在较低水平，年出口量在15万~19万吨。

价格以稳为主。从短期来看，国内小麦产量稳中有增，消费稳中略增，供需形势整体较宽松，小麦市场价格将延续弱势运行，但玉米价格呈止跌回升态势以及小麦最低收购价水平上调，将支撑小麦价格，预计总体以平稳为主。从中长期来看，随着小麦及玉米等粮食生产成本的刚性上涨，小麦市场价格将整体保持稳中略升的趋势，优质优价特征将持续强化。

2.2 生产展望

播种面积基本稳定。近年来，国家高度重视粮食安全，严格耕地占补平衡管理，建立耕地种植用途监测体系，不断健全粮食生产支持政策体系，启动实施中央统筹下的粮食产销区省际横向利益补偿，2025年小麦最低收购价提高，均有利于稳定生产者种植积极性。从2024年秋播情况看，小麦播种面积稳中略增，预计2025年中国小麦播种面积35 500万亩（2 367万公顷），比上年略增0.3%。未来10年，中国小麦播种面积将稳定在35 000万亩（2 333万公顷）以上。2029年预计小麦播种面积35 295万亩（2 353万公顷），与基期相比下降0.2%；2034年小麦播种面积35 060万亩（2 337万公顷），与基期相比年均减少0.1%（图4-3）。

单产水平继续提升。近年来，中国把粮食稳产增产的重心放到大面积提高单产上，通过集成推广良田良种良机良法，加大产粮大县支持力度，加强防灾减灾能力建设，扎实推进新一轮千亿斤粮食产能提升。农业农村部印发实施的《小麦单产提升三年工作方案（2024—2026年）》，提出通过"培肥地力精细整地、精量半精量适期播种、播前播后镇压、一喷三防全覆盖"的技术路径，促进重点区域小麦单产较大幅度提升，带动全国小麦大面积均衡增产。预计2025年中国小麦单产将达到398千克/亩（5 970千克/公顷），比上年增长0.5%；2029年，中国小麦单产水平将提升至405千克/亩（6 075千克/公顷），比基期增长3.7%；预计2034年，中国小麦单产水平可达到409千克/亩（6 135千克/公顷），与基期相比增加18千克/亩（276千克/公顷），年均增长0.5%（图4-3）。

产量稳中有增。未来10年，中国小麦播种面积保持稳定，单产提升将取得明显成效，为小麦产量稳中有增奠定坚实基础。预计2025年小麦产量14 129万吨，比上年增长0.9%；2029年将增至14 294万吨，比基期增长3.5%；2034年14 340万吨，与基期相比增加526万吨，年均增长0.4%（图4-3）。

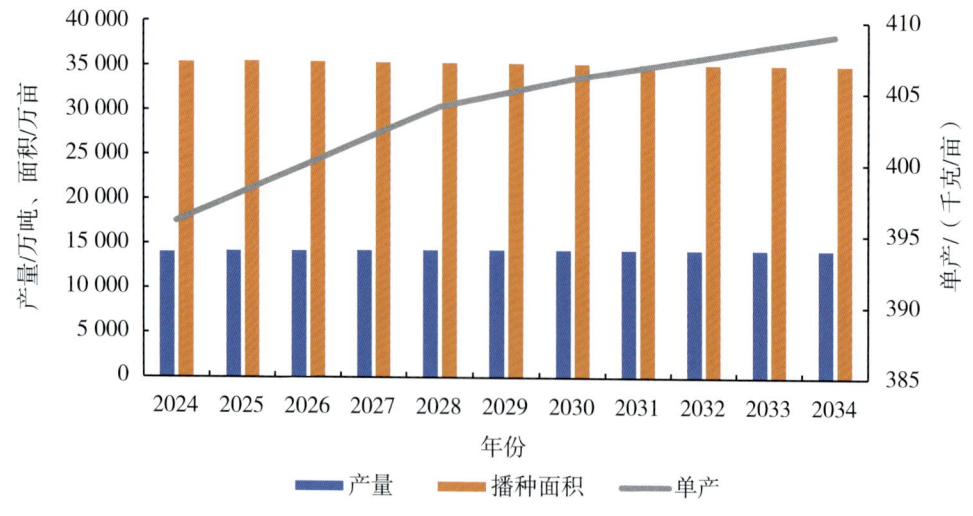

图4-3　2024—2034年中国小麦面积、单产和产量

（数据来源：2025—2034年数据为中国农业科学院农业信息研究所CAMES模型系统预测）

2.3 消费展望

口粮消费稳中趋降。随着人们生活水平和城镇化率持续提高，居民食物消费更加多样化，人均主食消费数量呈减少趋势，加上人口总量减少，中国小麦食用消费量将呈稳中略降的趋势。预计2025年口粮消费量为8 970万吨，比上年略降0.3%，占小麦消费总量的65.5%；2029年将降至8 818万吨，与基期相比下降2.6%；2034年将降至8 637万吨，与基期相比减少421万吨，年均减少0.5%（图4-4）。

饲料消费稳中略增。小麦具有蛋白质含量相对较高的特点，饲料企业在能量原料中使用小麦替代玉米时，还可减少部分蛋白原料的使用。通常情况下，如果小麦与玉米价差不超过200元/吨时，小麦有替代优势。2023年小麦与玉米价差缩小，部分时段出现倒挂，加上等外小麦进入饲料消费，当年小麦饲料消费增至3 300万吨，比上年增加约1 600万吨，处于历史高位。2024年，小麦和玉米价差重新拉大，小麦饲料消费恢复到1 800万吨。中长期来看，随着居民畜产品消费增加，饲料粮需求将进一步增加，小麦可替代部分玉米、高粱、大麦用作饲料消费，因此小麦饲料消费总体稳中略增。预计2025年小麦饲料消费为2 100万吨，比上年增长16.7%；2029年为2 315万吨，比基期增长2.1%；2034年为2 616万吨，与基期相比增加349万吨，年均增长1.4%（图4-4）。

工业消费增加潜力较大。小麦工业消费主要在淀粉、变性淀粉、谷朊粉、酿酒、工业酒精、麦芽糖、调味品等生产领域。小麦淀粉作为重要的工业原料，在食品、制药、纺织、造纸等多个领域有广泛应用，需求不断增加。谷朊粉又称活性面筋粉，可用于面筋、烤麸、素食品、油面筋等食品加工，这些食品越来越受到消费者青睐。小麦在白酒原料中的使用比例在15%~30%不等，白酒产量下降对小麦工业消费有较大影响，预计后期酿酒小麦用量趋于相对稳定。2024年全国规模以上企业白酒（折65度，商品量）产量414.5万千升（41.45亿升），比上年下降7.6%，连续第八年下降，比2016年高峰时期下降69.5%，预计未来趋于相对稳定。综合来看，小麦工业消费前景良好。预计2025年小麦工业消费1 483万吨，比上年增长2.3%；2029年将增至1 670万吨，比基期增长23.6%；2034年小麦工业消费1 844万吨，与基期相比增加492万吨，年均增长3.2%（图4-4）。

种子消费基本稳定。小麦单产提升主要是通过优选良种、精细整地、科学施肥、适时精播、科学管理等方式，单位面积用种量变化不大，在种植面积相对稳定的情况下，未来小麦种子消费量基本保持稳定。预计2025年小麦种子消费570万吨，比上年增长2.5%；2029年和2034年种子消费分别为567万吨和563万吨，与基期水平基本持平（图4-4）。

损耗进一步下降。一是通过适选品种、水肥运筹、病虫害防控等措施，减少干旱、冻害、干热风等自然灾害和生物灾害导致的损失；二是通过推动机收作业向更加精细高效转变，减少收获损失；三是通过提高产地烘干能力、完善粮食产后服务体系等，减少存储损耗。预计2025年小麦损耗567万吨，比上年下降0.5%；2029年为547万吨，与基期相比下降6.4%；2034年为526万吨，与基期相比减少58万吨，年均下降1.0%。

消费总量稳中略增。综合小麦消费结构和数量变化情况，预计2025年小麦消费量13 690万吨，比上年增2.4%；2029年消费量13 916万吨，与基期相比增长1.2%；2034年消费量14 185万吨，与基期相比年均增长0.3%（图4-4）。

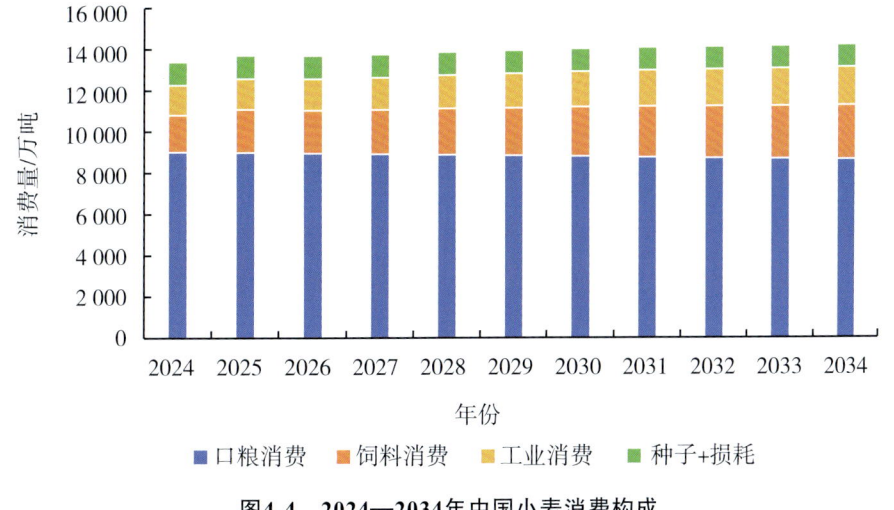

图4-4　2024—2034年中国小麦消费构成

（数据来源：2025—2034年数据为中国农业科学院农业信息研究所CAMES模型系统预测）

2.4 贸易展望

进口量将高位回落。由于国内优质专用小麦和饲料小麦需求旺盛，同时进口小麦在价格方面具有优势，2020—2024年中国小麦进口量处于历史高位，2021年开始进口量超过配额。随着中国小麦产业结构优化，优质专用小麦产量和质量提升，加上小麦单产提升使得产量持续增加，基本能满足小麦消费的增长，未来10年小麦进口量整体将高位回落。预计2025年小麦进口量670万吨，比上年减少40.1%；2029年进口量580万吨，与基期相比下降47.7%；2034年进口量410万吨，与基期相比减少698万吨，年均下降9.5%。

出口量保持稳定。中国小麦出口量处于较低水平。预计2025年小麦出口量15万吨，比上年增加25%；2029年出口量17万吨，与基期相比年均增长9.4%；2034年出口量15万吨，与基期基本持平。

2.5 价格展望

小麦价格稳中略涨。短期看，影响小麦价格走势的因素多空交织：一方面，2025年中国小麦产量有望保持稳中有增，进口高位回落，消费稳中略增，小麦结余超过1 000万吨，供需形势整体宽松，预计小麦市场价格将延续弱势运行趋势；另一方面，2025—2026年小麦最低收购价水平上调0.02元/千克至2.38元/千克，加上2025年春节后，国内玉米价格呈止跌回升态势，部分企业采购小麦用于加工饲料，将支撑小麦价格保持稳中略涨，预计普通小麦产区批发价格在2.4～3.0元/千克波动。从中后期来看，随着小麦及玉米等粮食生产成本的刚性上涨，小麦市场价格将整体保持稳中略涨的趋势，优质优价特征将持续强化。

3 不确定性分析

3.1 气候因素

小麦生产受气候条件影响较大，不利天气对小麦产量和质量都有较大影响，预计未来10年小麦生产面临的自然风险不确定性依然很大。世界气象组织（WMO）预计，未来全球变暖可能进一步加剧，干旱、洪水等灾害性天气发生的风险进一步增加。从国内来看，2024年冬季大部分小麦主产区气温偏高，导致部分地区小麦出现旺长现象，以及条锈病等病虫害源的繁殖越冬，同时增加春季倒春寒的风险；小麦成熟收获前还面临干热风、暴风雨、烂场雨等气象灾害的风险，给小麦生产带来较大的不确定性。

3.2 技术因素

大面积提高单产是小麦增产的重心，因此，高产、优质、多抗、广适的主推品种能否实现较大突破和更新换代，是影响中国小麦增产潜力提升和优质专用小麦发展的关键因素。同时，集成化、区域化、标准化、精准化、智能化的小麦高产栽培和防灾减灾技术模式发展也会较大程度地影响小麦单产和损耗。此外，玉米生产技术能否得到较快发展，从而大幅降低生产成本，也会影响小麦饲料消费量，从而进一步影响小麦市场价格。

3.3 国际环境因素

近些年，地缘政治冲突、贸易保护主义等深刻影响着全球粮食生产、运输、供应及市场价格。如2022年俄乌冲突爆发导致全球小麦价格冲到历史最高点，对国内小麦市场带来较大影响。2025年初以来，美国政府重启加征关税贸易政策，对中国大豆、玉米、小麦等粮食进口带来较大影响，受产品消费替代、市场价格联动等因素影响，国内小麦市场将会受到直接和间接冲击。同时，汇率变化也将影响小麦和其他农产品的进口成本。

参考文献

国家发展改革委，财政部，农业农村部，等. 关于印发《国家发展改革委等部门关于公布2025—2026年小麦最低收购价格》的通知[EB/OL].（2024-09-23）[2025-01-17].https://zfxxgk.ndrc.gov.cn/web/iteminfo.jsp?id=20439.

国家统计局. 国家统计局关于2024年粮食产量公告[EB/OL].（2024-12-13）[2025-01-17].https://www.stats.gov.cn/sj/zxfb/202412/t20241213_1957744.html.

国家统计局，2024. 中国统计年鉴2024[M].北京：中国统计出版社：379-386.

毛雨，2023. 粮食消费结构演变背景下价格对饲料粮品种替代的影响机制[D].成都：西南财经大学：98-100. DOI:10.27412/d.cnki.gxncu.2023.000020.

农业农村部农产品市场分析预警团队，2024. 中国农业展望报告（2024—2033）[M].北京：中国农业科学技术出版社.

王禹，许世卫，王盛威，2022. 中国粮食消费现状、问题与对策建议[J].中国食物与营养，28（11）：29-32. DOI:10.19870/j.cnki.11-3716/ts.2022.11.002.

第五章

玉 米

我国玉米产业在政策支持、科技创新与市场需求协同驱动下，未来10年将迎来生产结构优化、产业链韧性增强的关键发展期。2024年，我国玉米播种面积67 111万亩（4 474万公顷），比上年增长1.2%，单产439千克/亩，增长0.9%，产量29 492万吨，增长2.1%；消费量31 753万吨，增长3.1%；进口量1 364万吨，减少49.7%；价格大幅下跌，主产区批发均价2 239元/吨（2.24元/千克），下跌17.3%，主销区2 430元/吨（2.43元/千克），下跌15.8%。展望期内，预计播种面积稳中有降，单产提升，产量稳步增加，消费量增速放缓，进口量保持在关税配额内。2025年，预计玉米播种面积67 100万亩（4 473万公顷），比上年减少0.02%，产量29 538万吨，增长0.2%；消费量31 788万吨，增长0.1%；进口量700万吨，下降48.7%；产区批发均价小幅回升，保持在2.20～2.50元/千克区间内波动。2029年，播种面积将达到66 927万亩（4 462万公顷），比基期（基期为2022—2024年3年平均值，下同）增长0.3%，产量将达到30 588万吨，增长4.8%，消费量31 395万吨，增长0.4%，进口量633万吨，减少69.0%。2034年，播种面积将达到65 337万亩（4 356万公顷），比基期减少2.1%，年均减少0.2%，产量32 015万吨，增长9.7%，年均增长0.9%，消费量31 551万吨，增长0.9%，年均增长0.1%，进口量520万吨，减少74.5%，年均减少12.8%。

1 2024年市场形势回顾

1.1 面积继续增加，产量再创历史新高

2024年我国玉米种植面积在市场驱动下连续第二年增长，接近前期历史高点，总产量连续第四年刷新历史纪录，主要得益于三方面因素：一是通过各项生产补贴、高标准农田建设等举措，有效调动主产区农户种植积极性；二是玉米饲用与工业加工需求刚性增长，叠加种植收益比较优势显著，推动东北、黄淮海等优势产区面积稳步扩大；三是耐密抗逆品种普及、精准水肥管理及病虫害绿色防控等技术集成应用，实现"面积增、单产升"双轮驱动。2024年，我国玉米播种面积67 111万亩（4 474万公顷），较上年增长1.2%，单产439千克/亩，比上年增长0.9%，产量29 492万吨，比上年增长2.1%（图5-1）。

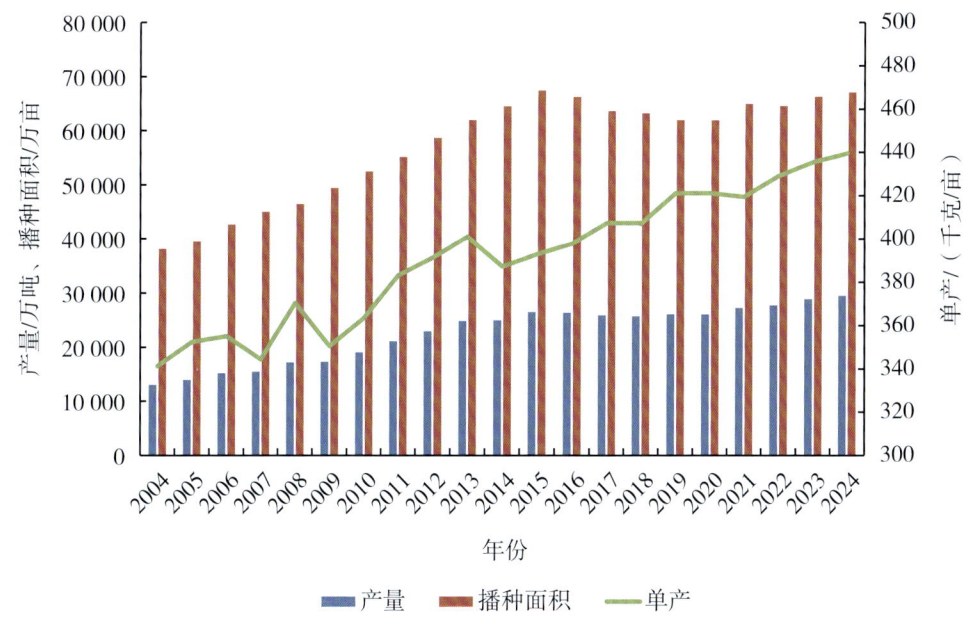

图5-1　2004—2024年中国玉米产量、播种面积和单产

（数据来源：国家统计局）

1.2 消费量有所增加

2024年，我国玉米总消费量31 753万吨，比上年增长3.1%。其中，饲用消费、工业消费分别占69%、24%。

2024年，玉米饲用消费量22 000万吨，较上年增长2.3%。主要原因是玉米价格下跌，饲料中小麦、稻谷等用量减少，玉米在工业饲料原料中的消费占比提升至36%以上，较上年增加超4个百分点。

2024年，玉米工业消费量7 650万吨，较上年增长6.3%，进一步巩固了深加工作为玉米消费增长"第二极"的地位。玉米工业消费增加除了玉米价格大幅下行外，另有3个驱动因素：一是《"十四五"生物经济发展规划》明确将生物基材料列为战略性新兴产业，聚乳酸（PLA）、燃料乙醇等低碳产品产能加速释放，拉动玉米加工需求；二是限塑令升级背景下，《关于进一步加强塑料污染治理的意见》（发改环资〔2020〕80号）印发以来，各地、各部门积极推动落实，淀粉基可降解材料需求激增，拉动食品包装、纺织等领域玉米衍生品消费；三是行业技术迭代加速，高效酶制剂应用、湿法工艺节水改造及智能化控耗系统普及，推动加工成本下降，增强产业链韧性和竞争力。

2024年，玉米口粮、种用消费量分别为1 010万吨、128万吨，均较上年稳中略增。

1.3 进口大幅减少

2024年，我国进口玉米1 364万吨，较上年减少49.7%，进口单价273美元/吨，较上年下跌17.9%，对国内市场有一定传导影响。2024年我国玉米进口明显减少，主要原因是国内供给充足，价格大幅下跌。据海关总署数据，从玉米进口来源国看，2024年，我国进口巴西玉米占总进口量的47.4%，进口乌克兰玉米占33.1%，进口美国玉米占15.2%，与上年比较，自美国进口进一步减少（图5-2）。

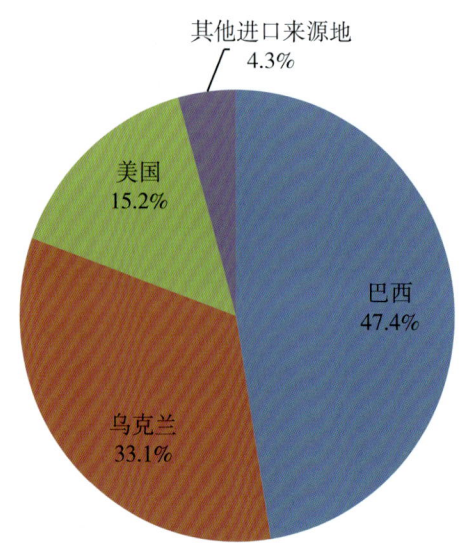

图5-2　2024年中国玉米进口主要来源地及份额

（数据来源：海关总署）

1.4 价格明显下跌

2024年，玉米主产区、主销区批发均价分别为2.24元/千克、2.43元/千克，分别较上年下跌17.3%、15.8%。因2023年产玉米售粮节奏偏慢，2024年1—7月，市场有一定供应压力，但农户、贸易商挺价惜售意愿较强，叠加玉米加工企业开机率持续高位，夏季产区高温干旱天气引发市场炒作新季玉米减产，国内玉米价格在2.27~2.36元/千克区间平稳运行。2024年8—12月，国内产情逐渐明朗，消费端增量有限，市场主体看空预期较强，贸易、加工企业保持随用随采、低库存策略，贸易企业库存"蓄水池"作用失效，工厂到车量较两年前明显增加，市场有效供应较多，进一步增强市场悲观预期，国内玉米价格持续下跌，12月玉米价格较1月下跌14%（图5-3）。

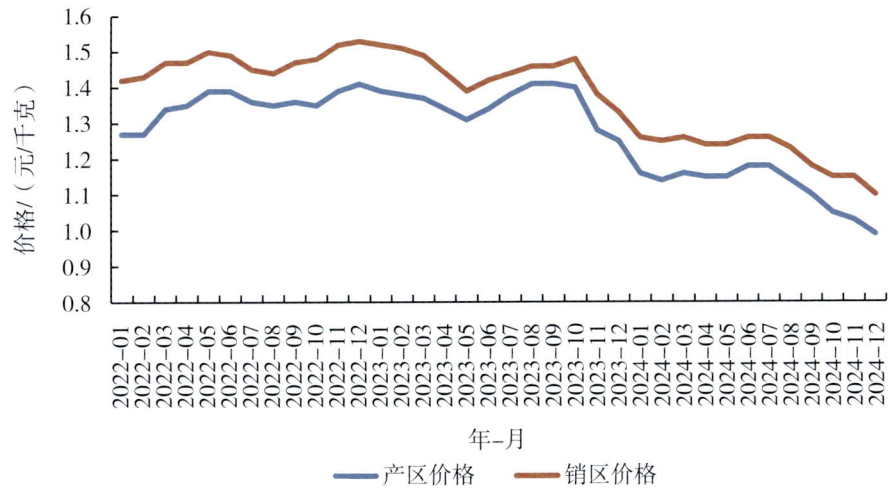

图5-3 2022—2024年中国玉米产销区平均批发价格

（数据来源：根据国家粮油信息中心、中华粮网、中国玉米市场网等数据整理）

2 未来10年市场走势判断

2.1 总体判断

未来10年，我国玉米产能稳步提升，消费保持基本稳定。预计2025年，玉米播种面积67 100万亩（4 473万公顷），比上年减少0.02%，产量29 538万吨，比上年增长0.2%；消费量31 788万吨，比上年增长0.1%；进口量700万吨，比上年下降48.7%；产区批发均价出现回升，在2.20～2.50元/千克区间内波动。2034年，播种面积将降至65 337万亩（4 356万公顷），比基期减少2.1%，年均减少0.2%，产量32 015万吨，增长9.7%，年均增长0.9%；消费量31 551万吨，增长0.9%，年均增长0.1%；进口量520万吨，减少74.5%，年均减少12.8%；产区批发均价在2.00～2.70元/千克区间内波动。

2.2 生产展望

播种面积稳中略减。稳口粮、稳玉米、稳大豆持续推进，通过各类补贴发放、农业保险扩面提标等措施，稳定核心产区种植意愿，我国玉米播种面积预计呈现"总量稳定、结构优化"的缓降趋势。预计2025年，玉米播种面积67 100万亩（4 473万公顷），比上年略减0.02%，2029年66 927万亩（4 462万公顷），较基期增长0.3%，2034年65 337万亩（4 356万公顷），较基期减少2.1%，年均减少0.2%。

单产水平继续提高。未来10年，玉米抗逆高产新品种和密植技术的应用、水肥一体化智能灌溉系统覆盖率提升、气候智能型农艺措施优化、信息技术广泛应用，将持续为单产增长提供支撑。预计2025年，玉米单产440千克/亩（6 603千克/公顷），比上年增长0.2%，2029年达到457千克/亩（6 856千克/公顷），较基期增长4.5%，2034年达到490千克/亩（7 350千克/公顷），较基期增长12.0%，年均增长1.1%。

产量增加。因玉米播种面积基本稳定，单产稳步提高，产量增加。预计2025年，玉米产量29 538万吨，比上年增长0.2%，2029年达到30 588万吨，较基期增长4.8%，2034年达到32 015万吨，较基期增长9.7%，年均增长0.9%（图5-4）。

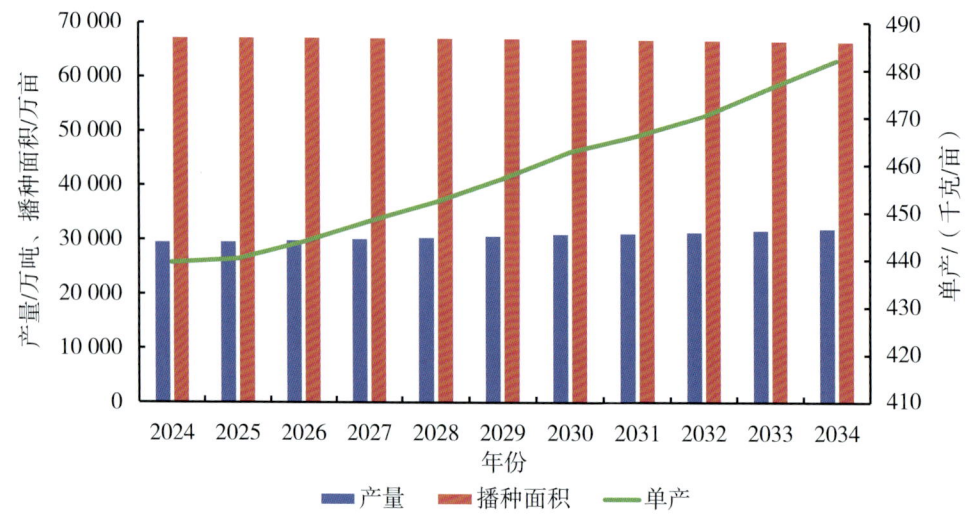

图5-4　2024—2034年中国玉米产量、播种面积和单产变化

（数据来源：2025—2034年数据为中国农业科学院农业信息研究所CAMES模型系统预测）

2.3　消费展望

未来10年，玉米消费量小幅增加。预计2025年玉米消费量31 788万吨，较上年增长0.1%。2029年为31 395万吨，较基期增长0.4%。2034年为31 551万吨，较基期增长0.9%，年均增长0.1%，产需缺口持续缩小。

饲用消费呈现"总量缓降、效率提升"的趋稳态势。畜禽养殖规模化、标准化加速推进，精准营养配方技术普及，推动单位畜产品饲料消耗量减少。但玉米作为高性价比能量原料的核心地位难以撼动，饲用消费绝对量仍将维持在2亿吨以上。预计2025年，国内玉米饲用消费量将达到22 000万吨，与上年持平。2029年减少到20 950万吨，较基期减少3.7%。2034年将降至20 274万吨，较基期减少6.8%，年均减少0.7%。

工业消费稳步增长。产业集群的深加工技术迭代增强了产能和产业竞争力，主产区加工产业发展提升了粮源就地转化率，玉米工业消费稳步增长。预计2025年，玉米工业消费量将达到7 700万吨，较上年增长0.7%。2029年增加到8 335万吨，较基期增长8.9%。2034年将达到9 102万吨，比基期增长24.3%，年均增长2.2%。

口粮消费温和增加。受膳食结构多元化与健康消费理念驱动，随着方便食品、休闲零食产业链创新，玉米糁、鲜食玉米、高膳食纤维玉米粉等产品需求有一定提升空间。预计2025年，玉米食用消费量1 010万吨，与上年持平。2029年为1 089万吨，较基期增长8.9%。2034年达到1 243万吨，较基期增长24.3%，年均增长2.2%（图5-5）。

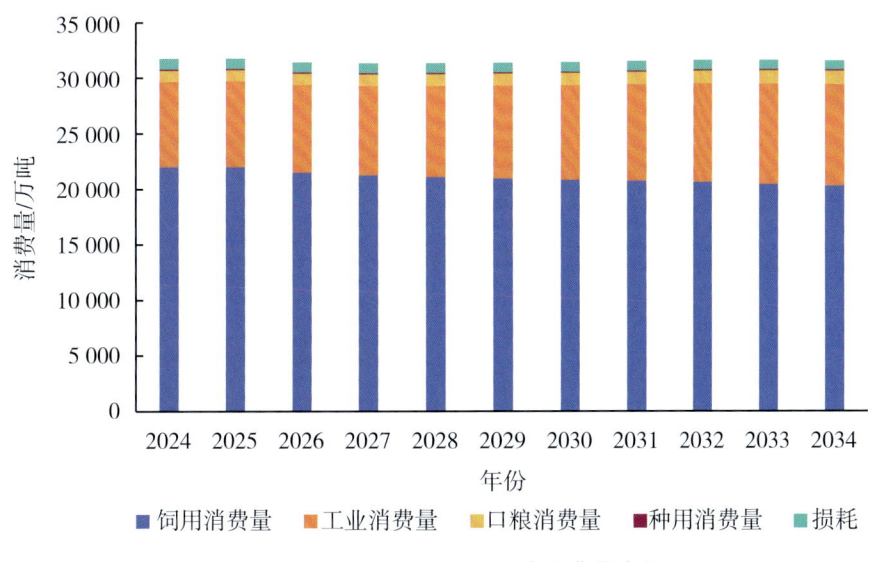

图5-5　2024—2034年中国玉米消费量变化

（数据来源：2025—2034年数据为中国农业科学院农业信息研究所CAMES模型系统预测）

2.4　贸易展望

进口需求总体呈减少趋势。国内玉米产能提升将持续降低进口需求，全球供应链区域化重构背景下，我国通过"一带一路"农业合作拓展非洲、东欧等新兴产区进口来源，分散传统主产国的贸易集中度风险，玉米进口逐步从"刚性补缺口"转向"结构性调剂"。预计2025年，玉米进口量700万吨，比上年下降48.7%。2029年下降到633万吨，较基期下降69.0%。2034年为520万吨，较基期下降74.5%，年均下降12.8%。

出口量或将有所增加。一方面，随着国内产能持续提升，种植成本进一步下降，消费增速总体放缓，国内玉米供需关系逐年转松，将有少量出口。另一方面，东南亚、中东等人口密集区饲料需求保持增长，欧盟等地对非转基因鲜食玉米保持一定量的刚性需求，我国玉米出口市场规模或将有所扩大。预计2034年，玉米出口50万吨。

2.5 价格展望

综合判断，2025年玉米价格稳步回升。上半年，由于农户可售粮源同比较少，中储粮增储收购持续在市，下游加工企业有补库需求，各主体信心受到提振，市场看涨情绪逐渐升温，市场价格温和回升。下半年，随着新季玉米产情逐渐明朗，国内玉米、高粱进口受美国加征关税影响保持低位，玉米价格总体稳中偏强运行。2025年，产区批发均价保持在2.20～2.50元/千克区间内波动。长期看，随着国内玉米供需关系逐渐转松，价格总体平稳运行。

3 不确定性分析

3.1 灾害风险

极端天气频率与强度升级，东北主产区春旱、黄淮海夏伏旱、南方台风洪涝等灾害发生频率提高，直接影响玉米关键生长期发育。此外，气候变暖也将对我国玉米产业造成较大影响：一是使玉米适种区向高纬度扩展，黑龙江北部、内蒙古东北部成为新增产能区，但土壤肥力与基础设施相对薄弱，难以弥补低纬度地区减产风险；二是使东北地区气温同比普遍偏高，推迟上冻或提前化冻均可能影响售粮节奏，导致玉米价格发生阶段性波动；三是使草地贪夜蛾、黏虫等迁飞性害虫加速北扩，南方锈病、茎腐病抗药性菌株蔓延，提高防控成本。

3.2 国际环境风险

从全球看，国际玉米市场处于"价格下跌—供应增加"的逆周期调节过程中，随着其金融化程度不断加深，资本炒作叠加极端气象灾害将进一步放大国际玉米价格波动幅度。分区域看，近期美国玉米用于乙醇生产的用量已明显超过预计水平，2024年玉米酒糟出口量创历史次高水平，若美国"能源—粮食"联动加剧，调整RFS标准等玉米乙醇政策，美国玉米出口量可能骤降，若美国大力发展传统能源，美国玉米供应量可能骤增，这均将导致国际玉米价格大幅波动。黑海通道稳定性仍然存疑，导致乌克兰玉米出口能力恢复缓慢，敖德萨港航运风险溢价常态化。巴西玉米种植户因2024年国际价格下行收入普遍减少，部分地区甚至出现亏损，但新季玉米产量预计仍处于相对高位，叠加中国进口需求明显减少，供应宽松格局将进一步放大，或导致国内生产出现结构性变化。

参考文献

国家气候中心. 中国气候公报（2024年）.（2025-03-02）[2025-03-05].https://www.cma.gov.cn/zfxxgk/gknr/qxbg/202503/t20250302_6886935.html.

国家统计局. 国家统计局关于2024年粮食产量公告［EB/OL］.（2024-12-13）［2025-01-17］.https://www.stats.gov.cn/sj/zxfb/202412/t20241213_1957744.html.

国务院. 新一轮千亿斤粮食产能提升行动方案（2024—2030年）.（2025-04-05）［2025-04-08］.https://www.gov.cn/zhengce/202404/content_6944054.htm.

联合国粮农组织（FAO）. OECD-FAO Agricultural Outlook 2024—2033. www.agri-outlook.org.

美国农业部（USDA）. World Agricultural Supply and Demand Estimates. https://www.usda.gov/about-usda/general-information/staff-offices/office-chief-economist/commodity-markets/wasde-report.

农业农村部. 农业农村部关于印发《"十四五"全国种植业发展规划》的通知［EB/OL］.（2021-12-29）［2025-02-03］. https://www.moa.gov.cn/nybgb/2022/202202/202204/t20220401_6395092.htm.

农业农村部农产品市场分析预警团队，2024. 中国农业展望报告（2024—2033）［M］. 北京：中国农业科学技术出版社.

第六章

大豆及油脂油料

1 大豆

大豆是粮油饲兼用作物，其供求平衡对中国粮食安全至关重要。2024年大豆播种面积15 482万亩（1 032万公顷），比上年减少1.4%，单产133.3千克/亩（2 000千克/公顷），比上年增长0.5%，产量2 065万吨，比上年减少0.9%；消费量10 884万吨，比上年减少0.1%；进口量10 503万吨，比上年增长6.5%。展望期内，预计大豆播种面积呈增长趋势，单产持续提升，产量显著提高，消费量小幅波动，进口量持续缩减，自给率进一步提升。预计2025年大豆播种面积15 500万亩（1 033万公顷），比上年增长0.1%，单产137千克/亩（2 055千克/公顷），比上年增长2.8%，产量2 117万吨，比上年增长2.5%；消费量11 024万吨，比上年增长1.3%；进口量9 700万吨，比上年减少7.6%；国产大豆市场价格以稳为主。预计2029年产量2 610万吨，较基期（基期为2022—2024年3年平均值，下同）增长26.8%；消费量10 789万吨，比基期减少0.8%；进口量8 528万吨，比基期减少13.2%。预计2034年产量3 452万吨，比基期增长67.7%，年均增长5.3%；消费量10 850万吨，比基期减少0.3%，年均减少0.03%；进口量7 903万吨，比基期减少19.6%，年均减少2.2%。

1.1 2024年市场形势回顾

1.1.1 生产总体稳定

播种面积小幅下降。2024年，国家继续实施大豆生产者补贴、耕地地力保护补贴、粮豆轮作补贴等政策，扩大大豆完全成本保险和种植收入保险政策实施范围，东北地区大豆种植面积增长，但由于黄淮海地区受干旱天气影响，且大豆种植比较效益偏低，种植面积有所缩减，大豆播种面积15 482万亩（1 032万公顷），比上年减少223万亩（15万公顷），下降1.4%，为历史第三高水平。大豆种植具有以下特点：一是大豆玉米带状复合种植稳步推进，2024年推广省份18个，推广面积达到2 033万亩（136万公顷），比上年增加17万亩（1万公顷），增长0.8%，连续两年稳定在2 000万亩（133万公顷）以上；二是高油高产大豆推广应用"十百千"行动取得显著进展，任务县播种质量、单产水平和技术到位率明显提升，全国高油高产大豆面积达到3 437万亩（229万公顷），占大豆总面积的22%，其中东北四省区2 958万亩（197万公顷）。

单产稳中略升。2024年，尽管部分地区遭遇高温干旱、极端洪涝、超强台风等自然灾害，但随着大豆大面积单产提升行动的深入推进，高油高产大豆品种大面积普及、高产高效技术集成推广、农业社会化服务能力不断增强，平均单产133.3千克/亩（2 000千克/公顷），比上年增长0.5%。

产量稳中略降。2024年，因播种面积小幅下降，大豆产量2 065万吨，比上年减少19万吨，下降0.9%。大豆玉米带状复合种植在保持玉米基本不减产的同时，大豆平均单产85.7千克/亩（1 286千克/公顷），产量170多万吨（图6-1）。

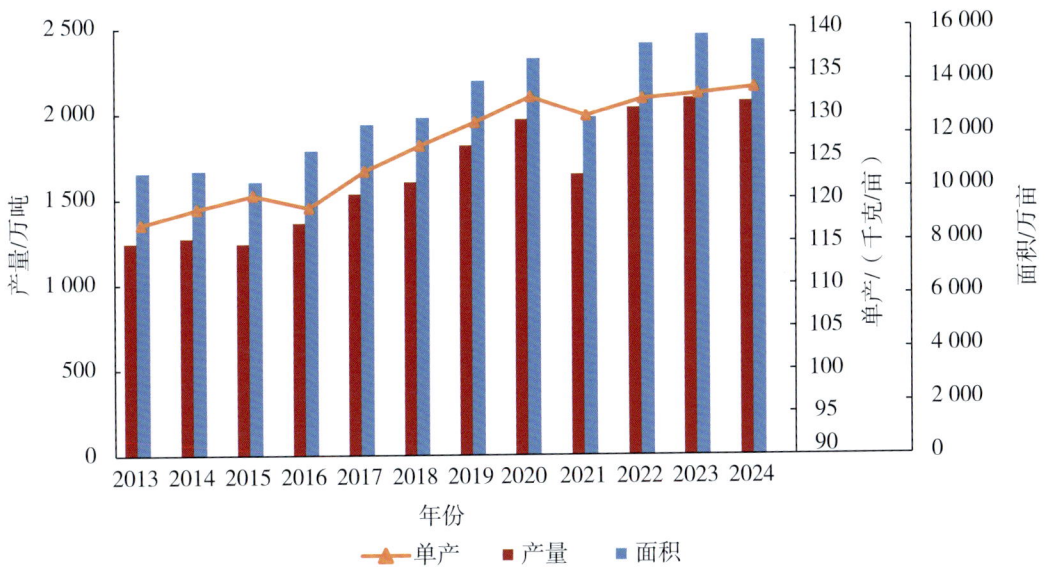

图6-1　2013—2024年中国大豆种植面积、单产及产量

（数据来源：国家统计局）

1.1.2　消费量持平略减

国内已基本形成国产大豆以食用为主、进口大豆以饲用油用为主的消费格局。2024年，大豆消费量10 884万吨，比上年减少10万吨，下降0.1%。其中，压榨消费量9 266万吨，占消费总量的85.1%，比上年减少0.1%，主要原因是生猪产能恢复间接增加大豆饲用需求量，但随着饲用豆粕减量替代行动的深入实施，豆粕在饲料中的占比下降0.5%，按照工业饲料产量3.15亿吨计算，相当于节约豆粕158万吨，使得大豆压榨消费量小幅降低；食用消费量1 260万吨，占消费总量的11.6%，与上年基本持平；种用消费量74万吨，占消费总量的0.7%，与上年基本持平；其他消费及损耗量284万吨，占消费总量的2.6%，比上年减少1.0%。

1.1.3　进口量创历史最高纪录

进口方面，国际大豆价格大幅下跌刺激进口高位增长，据海关总署数据，2024年大豆进口量10 503万吨，比上年增加642万吨，增长6.5%（图6-2）；进口额527.29亿美元，与上年相比减少10.9%。其中，进口转基因大豆10 410万吨，占比99.1%。从进口来源国看，2024年中国主要自巴西、美国、阿根廷、乌拉圭、加拿大、俄罗斯等国进口大豆，分别进口7 465万吨、2 213万吨、410万吨、203万吨、123万吨、61万吨，分别占进口总量的71.1%、21.1%、3.9%、1.9%、1.2%、0.6%。

其中，主要自巴西、美国、阿根廷进口转基因黄大豆，三国合计进口量占进口总量的96.0%，主要自俄罗斯进口非转基因黄大豆。

出口方面，2024年，大豆出口量7万吨，与上年相比基本持平；出口额0.71亿美元；主要出口韩国、日本、越南等国家。

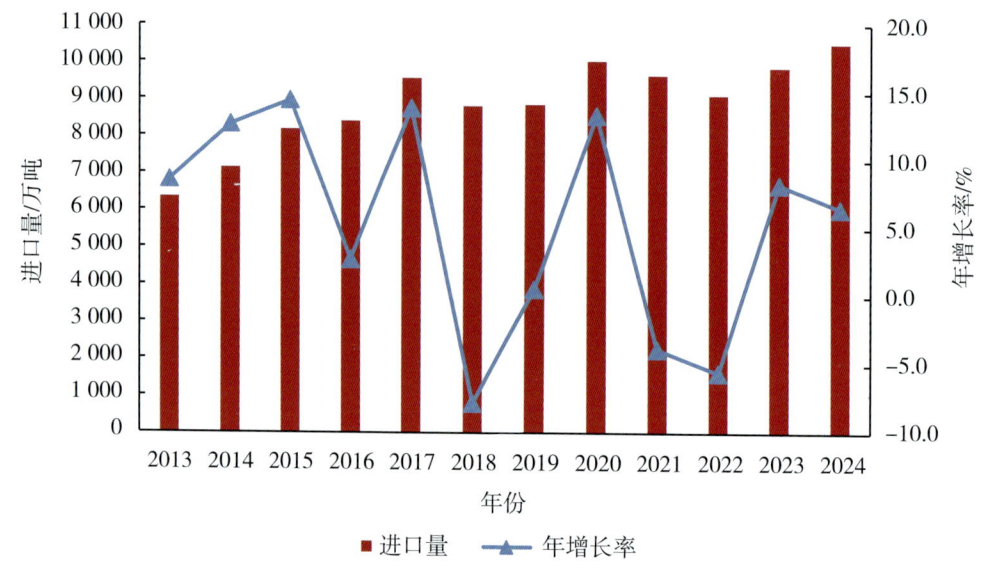

图6-2 2013—2024年中国大豆进口量及年增长率情况

（数据来源：海关总署）

1.1.4 价格整体下行

国产大豆市场价格下跌。2024年，产区大豆全年平均价格（采用"黑龙江国产食用大豆价格"表示）4.47元/千克，比上年下跌13.3%，新季国产大豆集中上市导致库存增加，10—12月产区月度价格同比降幅超过20%；销区大豆全年平均价格（采用"山东博兴入厂价格"表示）全年均价4.94元/千克，比上年下跌12.6%，除6月、7月外，其他月份销区月度价格同比降幅均超过10%。2024年国产大豆价格下行的主要原因在于：一是大豆供需总体宽松，终端需求疲软导致供应增量超过需求增量；二是国内大豆市场与国际市场联系紧密，全球大豆高位大幅增产，大豆进口量创历史新高，国际大豆价格下跌并传导至国内市场，引起国内大豆价格下跌；三是市场主体"买涨不买跌"，建库趋于谨慎，流通环节储粮水平偏低，对国内大豆价格形成较大的下行压力。

国际大豆期货价格波动下跌。受全球大豆丰产预期影响，2024年国际大豆价格整体下行，但巴西南部产区发生洪水、美国和南美产区天气条件变化等因素推动价格阶段性反弹，全年价格低位震荡运行。2024年美国芝加哥期货交易所（CBOT）大豆期货主力合约收盘均价每蒲式耳1 103美分（405.3美元/吨），比上年下跌

21.3%。受国际大豆价格下跌影响，进口大豆到岸税后价［采用"山东青岛港（日照港）交货价格"表示］全年均价为3.87元/千克，比上年下跌16.2%（图6-3）。国内外价差缩减明显，2024年进口大豆到岸税后价比国产大豆价格低1.1元/千克，5月下旬至8月下旬进口大豆到港成本走低，8月下旬后进口大豆到港成本逐渐反弹，11月进口大豆到岸税后价比国产大豆价格低0.46元/千克，为年度最低内外价差，较8月的最高内外价差1.39元/千克下降0.93元/千克。

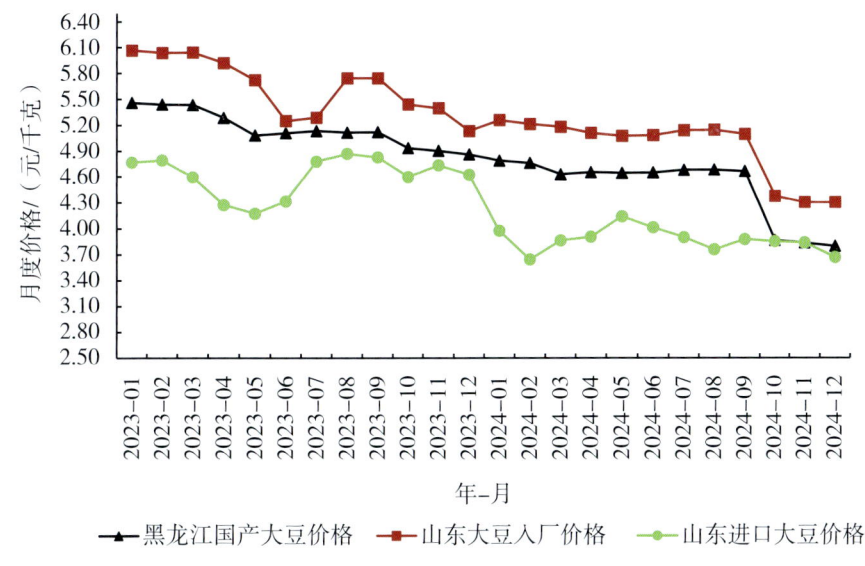

图6-3　2023—2024年国产大豆产销区月度价格

（数据来源：国家粮油信息中心）

1.2　未来10年市场走势判断

1.2.1　总体判断

生产持续增长。技术进步和政策支持驱动下，大豆生产具有面积增、单产升、产量增的发展特征。预计2025年大豆播种面积15 500万亩（1 033万公顷），比上年增长0.1%；单产137千克/亩（2 055千克/公顷），比上年增长2.8%；产量2 117万吨，比上年增长2.5%。2029年，播种面积16 733万亩（1 116万公顷），比基期增长7.8%；单产156千克/亩（2 340千克/公顷），比基期增长17.6%；产量2 610万吨，比基期增长26.8%。2034年，播种面积18 659万亩（1 244万公顷），比基期增长20.2%，年均增长1.9%；单产185千克/亩（2 775千克/公顷），比基期增长39.5%，年均增长3.4%；产量3 452万吨，比基期增长67.7%，年均增长5.3%。

消费总量小幅波动。在生猪产能调控基础上，长期内饲用豆粕减量替代推动压榨消费下降，食用、种用及其他消费稳中有增。预计2025年大豆消费量11 024

万吨,比上年增长1.3%,其中压榨消费量9 365万吨,比上年增长1.1%;食用消费量1 300万吨,比上年增长3.2%;种用消费量74万吨,与上年持平;其他消费及损耗量285万吨,比上年增长0.3%。2029年消费量10 789万吨,比基期减少0.8%,其中压榨消费量9 065万吨,比基期减少1.9%;食用消费量1 337万吨,比基期增长5.0%;种用消费量82万吨,比基期增长5.8%;其他消费及损耗量305万吨,比基期增长6.4%。2034年消费量10 850万吨,比基期减少0.3%,年均减少0.03%,其中压榨消费量9 049万吨,比基期减少2.1%,年均减少0.2%;食用消费量1 356万吨,比基期增长6.5%,年均增长0.6%;种用消费量94万吨,比基期增长21.0%,年均增长1.9%;其他消费及损耗量352万吨,比基期增长22.6%,年均增长2.1%。

进口量持续缩减,出口量稳中有升,自给率逐步提高。预计2025年大豆进口量9 700万吨,比上年减少7.6%,出口量15万吨,比上年增长1.1倍。2029年进口量8 528万吨,比基期较少13.2%,出口量20万吨,比基期增长1.3倍。2034年进口量7 903万吨,比基期减少19.6%,年均减少2.2%,出口量26万吨,比基期增长2倍,年均增长11.6%。

国内价格基本上维持稳定,国际价格长期波动上涨。国内方面,短期看国产大豆供大于求的宽松格局难以打破,但国储收购、加工补助等政策的支持使得2025年大豆价格低位维稳;长期看国产大豆供需关系将进一步改善,引导市场价格稳中有升。国际方面,长期内供应量波动幅度较小,需求可能因发展中国家经济增长而持续增加,预计呈波动上涨趋势。

1.2.2 生产展望

播种面积逐年增长。国家及各级地方政府持续采取综合措施稳定扩大大豆种植面积:一是政策支持力度不断加强,生产者补贴、粮豆轮作补贴、高油高产大豆补贴等激发农民种植积极性,国储收购、加工补贴等带动市场需求增加;二是品种结构不断优化,针对不同区位、气候等特征的高产优质品种开发和推广力度不断强化,带动大豆种植节本增效;三是大豆玉米带状复合种植继续高标准高质量推进,技术到位率提升、适用品种培育推广及资金保障力度加大等举措推动带状复合种植大范围实现"玉米不减产,多收一季豆",为巩固大豆扩种成果提供有力支撑;四是保障水平稳步提升,大豆完全成本保险和种植收入保险逐步实现全国全面覆盖,农民种豆收益更加稳定。预计2025年大豆播种面积15 500万亩(1 033万公顷),比上年增长0.1%。2029年播种面积16 733万亩(1 116万公顷),比基期增长7.8%。2034年播种面积18 659万亩(1 244万公顷),比基期增长20.2%,年均增长1.9%(图6-4)。

单产持续提升。因耕地和水资源约束,产能提升的主要途径是依靠农业技术进步提高单产。随着高标准农田建设、大豆振兴计划及粮油作物大面积单产提升等行动的深入推进，通过良田良种良机良法技术集成与优化，将逐步突破大豆单产的制约因素，进一步完善"多技术集成、大面积普及"的均衡增产格局。一是农田水利基础设施建设水平不断提升；二是高油高蛋白高产大豆等具有优良性状的品种选育推广成效不断凸显；三是耕、种、管、收关键环节的智能化农机应用能力不断增强；四是水肥一体化等关键技术和模式落地实施及不断优化。预计2025年大豆单产137千克/亩（2 055千克/公顷），比上年增长2.8%。2029年单产156千克/亩（2 340千克/公顷），比基期增长17.6%。2034年单产185千克/亩（2 775千克/公顷），比基期增长39.5%，年均增长3.4%（图6-4）。

产量显著提高。随着播种面积和单产水平的同步增加，大豆产量将显著提高。预计2025年大豆产量为2 117万吨，比上年增加52万吨，增长2.5%。2029年产量2 610万吨，比基期增长26.8%。2034年产量3 452万吨，比基期增长67.7%，年均增长5.3%（图6-4）。

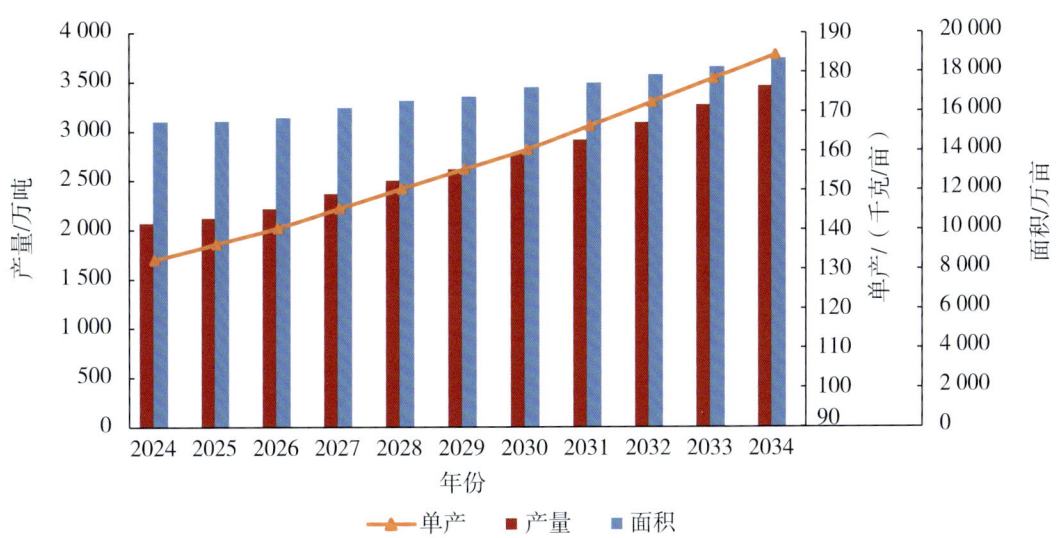

图6-4　2024—2034年中国大豆播种面积、单产及产量

（数据来源：2025—2034年数据为中国农业科学院农业信息研究所CAMES模型系统预测）

1.2.3　消费展望

消费总量稳中略降。中国大豆消费以压榨消费和食用消费为主。展望期内，压榨消费总体下降，食用消费增速放缓，消费总量总体呈平稳状态，后期有下降趋势。预计2025年大豆消费量11 024万吨，比上年增长1.3%。2029年消费量10 789万吨，比基期减少0.8%。2034年消费量10 850万吨，比基期减少0.3%，年均减少0.03%（图6-5）。

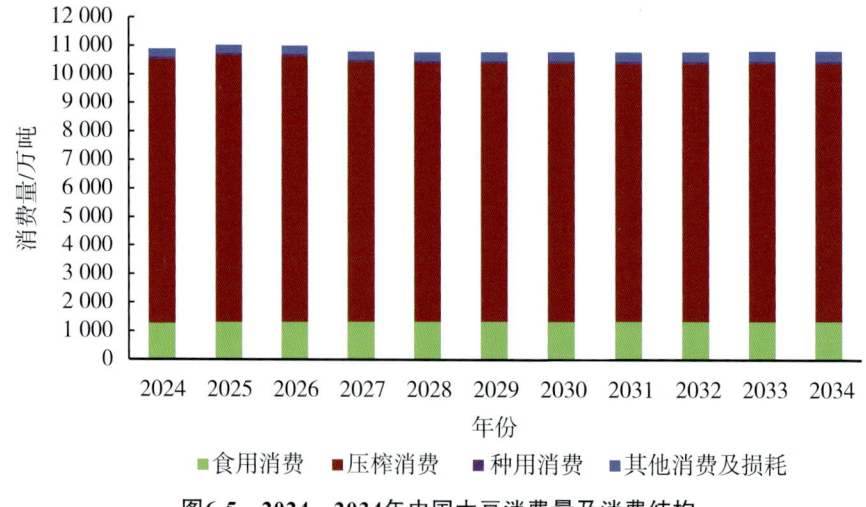

图6-5　2024—2034年中国大豆消费量及消费结构

（数据来源：2025—2034年数据为中国农业科学院农业信息研究所CAMES模型系统预测）

压榨消费总体下降。大豆压榨后形成的豆粕是以生猪为主的畜牧养殖业的重要饲料来源。生猪产能恢复、价格回升将在短期内带动大豆压榨消费量略升。但从长期来看，随着政策和市场调控供需维持相对平衡，畜禽养殖规模化发展、疫病安全防控水平提升，产能大幅波动的可能性降低，豆粕需求相对稳定；同时，随着饲用豆粕减量替代行动的深入实施，大豆压榨消费整体有下降趋势。预计2025年大豆压榨消费量9 365万吨，比上年增长1.1%。2029年9 065万吨，比基期减少1.9%；2034年9 049万吨，比基期减少2.1%，年均减少0.2%。

食用消费稳中略增。中国是世界上最大的大豆食用消费国，主要用于直接食用的传统豆制品，如豆腐、豆浆、千张、腐竹等市场已基本成熟。随着城乡居民收入水平提升和消费升级，人们对健康膳食的重视程度加强，豆制品在饮食结构中的比例将有所上升，但因人口总量逐渐减少、老龄化进程加快等的影响，食用消费涨幅受到限制，呈现稳中略增的态势。预计2025年大豆食用消费量1 300万吨，比上年增长3.2%。2029年1 337万吨，比基期增长5.0%。2034年1 356万吨，比基期增长6.5%，年均增长0.6%。

种用消费持平略增。大豆种用消费量主要由播种面积和技术进步等因素决定。展望期内，随着大豆各项支持政策的落实，农民种植积极性将提升，播种面积会稳步增长。但是，随着农业机械化普及提高农业生产效率和精确度、合理轮作改善土壤质量、技术模式优化提高土地利用率，单位面积用种量减少，总体上种用消费量持平略增。预计2025年大豆种用消费量74万吨，与上年持平。2029年82万吨，比基期增长5.8%。2034年种用消费量94万吨，比基期增长21.0%，年均增长1.9%。

其他消费量上升。大豆用途广泛，还可用于植物肉、功能肽、异黄酮、低聚糖、胰蛋白酶抑制剂等精深加工产品的制作。消费结构逐步转型升级，市场对发酵类、蛋白类、功能食品类、精细化工类等产品的需求持续扩大。广阔的市场前景和高回报率驱动大豆加工业经营主体数量快速增加，新兴豆制品研发更加积极，加工产能不断提升，原料大豆的消费呈增加趋势。大豆损耗量下降。传统栽培技术效率低，损耗高。关键种植环节的先进机械和技术覆盖面逐步扩大将有效降低种植环节的损耗，新型蛋白加工等前沿核心技术的研发将提高大豆加工副产品的利用率。此外，国家粮食产后节粮减损行动在农户储粮、产后服务、绿色仓储、标准引领、科技支撑、监测评估等方面不断推进，损耗量呈下降趋势。预计2025年大豆其他消费及损耗量285万吨，比上年增长0.3%。2029年305万吨，比基期增长6.4%。2034年352万吨，比基期增长22.6%，年均增长2.1%。

1.2.4 贸易展望

进口量呈减少趋势。我国进口大豆以压榨为主，主要满足豆粕消费和食用油消费。从进口量看，需求减少和供给增加的特征使得大豆进口量逐步减少。一方面，需求呈稳中有降趋势，人口基数下降和健康消费意识的增强使大豆食用油的需求呈下降趋势，政策调控使生猪产能基本稳定在合理区间内，叠加饲用豆粕减量替代效应使豆粕需求稳中略降。另一方面，国内供给增加，国产大豆产能持续提升，高油高产大豆播种面积将有所增长，更多的国产大豆会进入压榨领域。预计2025年中国大豆进口量为9 700万吨，比上年减少7.6%；2029年中国大豆进口量降至8 528万吨，比基期减少13.2%；2034年中国大豆进口量降至7 903万吨，比基期减少19.6%，年均减少2.2%（图6-6）。从结构上看，2025年中国政府针对美国多次加征

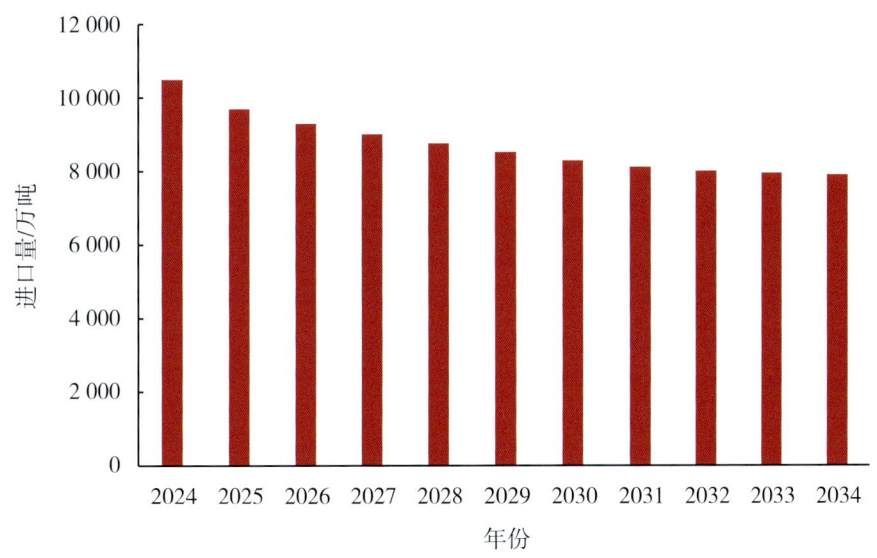

图6-6 2024—2034年中国大豆进口量

（数据来源：2025—2034年数据为中国农业科学院农业信息研究所CAMES模型系统预测）

关税手段推出一系列反制措施，短期内美豆进口成本增加，自美进口量缩减，国际价格波动传导至国内市场可能推高大豆及豆粕价格，养殖企业面临原料成本上升压力，但由于4月中下旬开始巴西大豆季节性到港量进入高峰期，加之储备调节等政策手段将会平抑价格波动；长期看进口结构将加速调整，进一步减少对美国大豆的进口依赖，增加南美国家及"一带一路"共建国家的进口比例，增强供应链韧性；同时依托品种改良、饲料配方优化等技术进步驱动全产业链升级，增强大豆贸易的自主性和抗风险能力。

出口量稳中有升。中国大豆出口量相对较小，以满足内需为主，主要向韩国、日本、东南亚等国家和地区出口非转基因黄大豆。展望期内，国产大豆产量提高和品质优化带动其国际市场竞争力增强，消费者对中国非转基因高蛋白大豆的认可和需求提升了国产大豆的出口潜力，出口量稳中有升，但整体占比仍偏低。预计2025年中国大豆出口量为15万吨，比上年增长1.1倍。2029年出口量为20万吨，比基期增长1.3倍。2034年出口量为26万吨，比基期增长2倍，年均增长11.6%。

1.2.5　价格展望

国内价格呈基本稳定状态。2025年市场价格以稳为主，预计销区入厂价在4~5元/千克波动。价格呈现以下特点：短期内在陈豆结转库存偏高、新豆供应预期不减的情况下，国产大豆供大于求的宽松格局难以打破，国产大豆市场将继续承受来自基本面的压力，限制国产大豆市场价格的上行空间，叠加进口大豆供应量稳价低的预期，国产大豆市场价格将继续低位运行；但在国储收购、大豆加工补助等政策的支撑下，国产大豆价格下行空间有限。展望后期，国产大豆供需关系进一步改善，技术进步和政策支持推动大豆产能持续增加，国产大豆精深加工消费量的增长为高蛋白大豆市场带来新的增长点，高油高产大豆品种推广和面积扩增有助于提高国产大豆用于压榨消费的比例，预计国产大豆价格长期呈稳中有升态势。

国际价格短期较低，长期呈波动上涨态势。2025年全球大豆市场供应充足，美国农业部（USDA）2025年1月预测全球大豆产量4.24亿吨，全球大豆国内消费量4.06亿吨，全球大豆出口总量1.82亿吨，期末库存仍保持高位，全球大豆库存用量比预计为21.85%，是近5年高点，过去60年来第三高点。供过于求的市场预期将限制大豆价格上涨，贸易局势变化可能引发价格波动，国际大豆市场价格走势总体以看跌为主。展望后期，因资源约束等影响，全球大豆种植面积基本保持稳定，供应量主要受主产国天气影响而有所波动，但技术进步提高了各主产国应对气候变化的能力，波动较为有限。发展中国家的经济增长和生活水平改善带动大豆需求持续增长，供需结构的变动直接影响国际大豆市场价格，在不考虑贸易政策变化等偶然因素的影响下，国际价格呈波动上涨趋势。

1.3 不确定性分析

1.3.1 气候因素

气候是影响大豆产量的重要因素。国际方面，中国大豆进口依存度较高，大豆主产国极端的气候变化可能增加大豆进口的源头风险，南美洲国家约20%、美国中西部约40%的大豆产量变化可用气候解释。美国气象预警中心（CPC）称2025年拉尼娜现象可能持续至4—6月，强度较弱，在3—5月转为中性的可能性为66%。拉尼娜现象可能导致阿根廷、非洲中部和美国东南部发生干旱，可能导致主产国核心农业区大豆减产，进而影响国际市场供应量和价格。国内方面，据全国农业技术推广服务中心预测，受冬春季气候条件等因素影响，2025年全国大豆病虫害总体中等发生，发生面积1.35亿亩次，重于上年，其中大豆根腐病、大豆食心虫在东北春大豆区，甜菜夜蛾在黄淮海大豆玉米复合种植区，烟粉虱在黄淮南部有偏重发生风险。长期来看，全球气候变化日益加剧，高温干旱、低温冷害、洪涝、台风等极端天气发生概率增大，农作物病虫害可能出现多发、频发、重发态势，粮食供应的不确定性进一步增加。

1.3.2 技术因素

大豆产能提升主要靠提单产。从技术角度看，主要有两个因素。一是品种对大豆生产的支撑能力不足。当前国内生物育种效率和精确改良与国外仍有较大差距，高产优质突破性品种选育难度大，资源优势尚未转化为基因优势和产业优势。高油大豆品种存在数量少、性状表现不稳定、适应性较差等问题，近年国家支持高油高产大豆的研发和推广，但存在育种周期长、技术难度大、资金投入高等问题，使品种更新速度存在较大的不确定性。二是不同主产区因生态条件差异使得机械化发展水平不同步。近年大豆耕种管收全程机械化程度快速发展，但北方产区高性能农机具核心技术有待突破，部分关键零件依靠进口，黄淮海地区大豆及带状复合种植专用收获机械普及率仍需提升，适宜南方山地丘陵地区的小型机械较少，一定程度上制约了大豆生产效率与单产提升。

1.3.3 国际因素

国际贸易环境变化也会使中国大豆产业发展面临巨大挑战。一是出口国贸易政策不稳定，世界大豆主产国可能会因自然环境、突发公共卫生事件或政治政策的影响而突然采取贸易限制措施，从而影响中国大豆供应链的稳定性；二是双边贸易政策因素，中国与世界大豆主要出口国之间的双边关系调整可能会引起国家之间的贸易合作机制变化、汇率波动、关税调整或非关税壁垒实施等，进而对大豆国际贸易的数量和价格产生影响；三是价格波动因素，中国是世界上最大的大豆进口国，但由于国际市场是卖方寡头垄断结构,进口国难以掌握定价权,面临着价格不稳定风险;四是进口集中度因素,中国大豆进口来源高度集中于巴西、美国、阿根廷三国,国际价格变化可能会使国内大豆市场面临更显著的波动。

2 食用油籽和食用植物油[①]

食用油籽和食用植物油是关系国计民生的重要农产品。我国是世界食用油籽和植物油消费及贸易大国。2024年,中国油料[②]种植面积2.14亿亩(1429万公顷),比上年增长2.6%,产量3979万吨,比上年增长3.0%,食用油籽消费量[③]1.68亿吨,进口量1.15亿吨,创历史新高。未来10年,中国油料产量继续保持稳中有增的趋势。预计2025年油料产量4050万吨,比上年增长1.8%。2029年油料产量4346万吨,比基期增长13.4%(基期为2022—2024年3年平均值,下同);食用油籽消费量1.66亿吨,比基期增长1.3%;进口量9098万吨,比基期下降14.6%。2034年油料产量4693万吨,比基期增长22.5%,年均增长2.0%;食用油籽消费量1.70亿吨,比基期增长3.5%,年均增长0.3%;进口量8453万吨,比基期下降20.7%,年均下降2.3%。

2024年,食用植物油产量3050万吨,比上年增长0.4%;食用植物油消费量[④]3735万吨,比上年增长1.3%,其中食用消费量3485万吨,比上年增长1.3%,人均消费量24.77千克;进口量716万吨,比上年减少26.8%;受油料油脂供给充裕和国际价格下跌等因素影响,国内主要食用植物油价格下跌。未来10年,预计2025年产量、消费量和进口量分别为3008万吨、3665万吨和843万吨,比上年下降1.4%、下降1.9%和增长17.7%;2029年产量、消费量和进口量分别为3084万吨、3668万吨和674万吨,比基期增长5.4%、下降1.0%和下降13.3%;2034年产量、消费量和进口量分别为3103万吨、3671万吨和540万吨,比基期增长6.1%、下降0.9%和下降30.6%,年均增长0.6%、下降0.1%和下降3.6%。

2.1 2024年市场形势回顾

2.1.1 油料种植面积和产量继续增长

种植面积增加。2024年,国家继续扩大油菜面积,支持发展特色油料。油料种植面积2.14亿亩(1429万公顷),比上年增长2.6%(图6-7)。其中,油菜种植面积1.20亿亩(799.3万公顷),比上年增长2.4%;花生种植面积7150万亩(476.7

---

① 本文不包含木本油籽、木本油脂。
② 未含大豆和木本油料,与统计部门口径相同,下同。
③ 食用油籽消费量为食用消费、榨油消费的数量总和。包含大豆,未含木本油籽,下同。
④ 食用植物油消费量包括居民食用消费、饲料掺兑用油、工业用油、损耗或浪费等,不同于居民食用植物油摄入量。

万公顷），比上年减少0.6%。

单产略增。2024年，油料平均单产185.6千克/亩（2 784.5千克/公顷），比上年增加0.3%（图6-7）。其中，油菜籽单产140.7千克/亩（2 110.4千克/公顷），比上年增加0.9%；花生单产266.6千克/亩（3 999.3千克/公顷），比上年减少0.2%。

产量增加。2024年，油料总产量3 979万吨，比上年增长3.0%，连续6年增长（图6-7）。其中，油菜籽产量为1 686.9万吨，比上年增长3.4%；花生产量为1 906.4万吨，比上年减少0.9%。

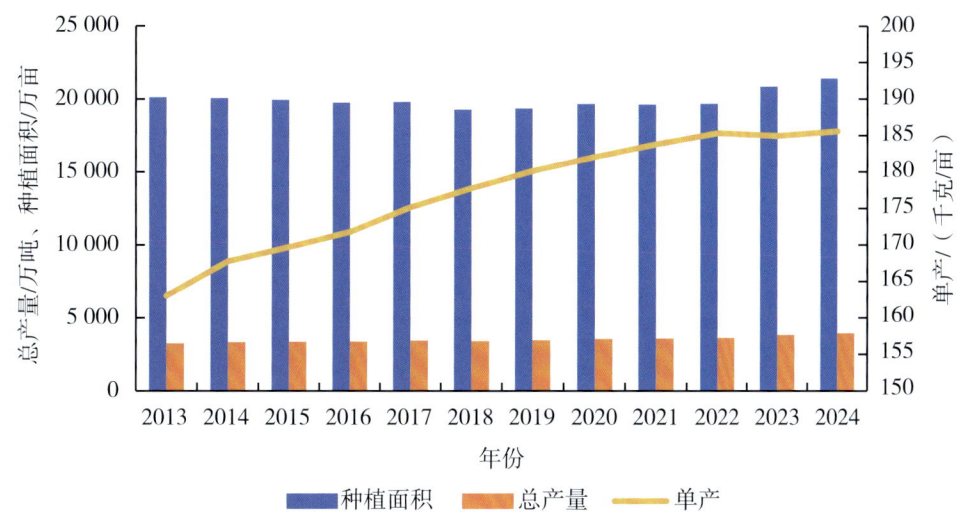

图6-7　2013—2024年中国油料种植面积、总产量和单产

（数据来源：《中国统计年鉴2024》，2024年数据为估计数）

2.1.2　食用植物油产量略增

食用植物油产量比上年略增。2024年，中国食用植物油产量3 050万吨，比上年增长0.4%。其中，国产食用油籽压榨量3 750万吨，产油1 179.9万吨，比上年增长3.9%，占产量的38.7%；进口食用油籽（大豆、油菜籽、油葵籽、亚麻籽等）压榨产油1 871万吨，比上年减少1.7%，占产量的61.3%。

从食用植物油供给①结构看，豆油1 636万吨，占供给总量的43.4%，较上年增加2.6个百分点；菜籽油925万吨，占24.6%，提高1.1个百分点；花生油400万吨，占10.6%，提高0.6个百分点；以上3种食用植物油产量占食用植物油产量的比例合计达78.6%，与上年相比提高4.3个百分点。

---

① 供给包含产量和进口量。

2.1.3 食用植物油消费小幅增加

食用植物油消费小幅增加。2024年，中国食用植物油消费量3 735万吨，比上年增长1.3%。其中，居民食用消费量3 485万吨，比上年增长1.3%，人均消费量24.77千克，比上年增加0.35千克；植物油饲用添加消费250万吨，比上年增加2%。从消费结构看，豆油、棕榈油消费占比下降，花生油占比提高。其中，豆油占食用植物油消费量的43.5%，比上年下降0.5个百分点；菜籽油占24.7%，与上年持平；花生油占10.5%，比上年提高1.8个百分点；棕榈油占7.5%，比上年下降2.9个百分点。上述4类食用植物油消费占消费量的86.2%，比上年下降1.6个百分点。随着城乡居民食物消费升级和营养健康意识增强，亚麻籽油、芝麻油等小宗特色植物油消费逐渐增加，食用植物油消费多元化趋势更加明显。

2.1.4 食用油籽进口量创历史新高，食用植物油进口量大幅下降

食用油籽进口量比上年明显增加。2024年，进口食用油籽（含大豆）1.15亿吨，比上年增长5.6%；进口额594.3亿美元，比上年下降11.1%。其中，进口大豆1.05亿吨，比上年增长5.7%；进口油菜籽639万吨，比上年增长16.3%；进口花生84万吨，比上年增长27.1%。受价格差异较大等因素影响，大豆和油菜籽进口创历史新高。特色油料不同品种进口增减分化。其中，进口芝麻118.3万吨，比上年增长29.5%；亚麻籽、葵花籽进口量分别为69.3万吨和14.9万吨，分别比上年下降43.2%和46.9%。

食用植物油进口量大幅下降。2024年，中国进口食用植物油716万吨，比上年下降26.8%；进口额74.2亿美元，比上年下降28.7%。进口量下降主要原因是国际棕榈油价格较高，抑制了进口。2024年，食用棕榈油（不含棕榈硬脂）进口量280万吨，比上年下降35.4%；菜籽油进口188万吨，比上年下降20.3%；葵花籽油、豆油和亚麻籽油进口量分别为109万吨、28.2万吨和0.8万吨，分别比上年下降28.3%、23.6%和66.7%；花生油进口量25.5万吨，比上年增加2.8%。

2.1.5 食用油籽价格下跌，食用植物油价格走势分化

食用油籽市场价格比上年下跌。2024年，国内油菜籽供应宽松，价格下跌。据农业农村部监测数据，油菜籽全年收购均价5.6元/千克，比上年下降13.0%；花生全年收购均价8.2元/千克，比上年下降11.7%。

食用植物油价格走势分化。受国内食用植物油供给宽松、需求相对偏弱影响以及国际价格下降影响，国内主要食用植物油价格下跌。2024年，湖北三级菜籽油[①]

---

① 湖北三级菜籽油指湖北省菜籽油厂生产的国标三级菜籽油，等级制定根据精炼程度划分，具体参见《菜籽油（含第1号修改单）》（GB/T 1536—2021）。

出厂价比上年下降7.1%，山东一级花生油①出厂价比上年下降8.7%，山东三级豆油②出厂价比上年下降6.7%。受国际棕榈油价格上涨影响，国内棕榈油价格明显上涨，天津24度棕榈油到港价③比上年上涨10.1%。

2.2 未来10年市场走势判断

2.2.1 总体判断

油料生产继续稳步增长。预计2025年中国油料产量4 050万吨，比上年增长1.8%。其中，油菜、花生种植面积和产量增加，特色油料产量小幅增加。展望未来10年，预计中国油料种植面积稳步扩增，品种改良、技术集成和大面积推广应用将带动油料单产继续增长，产量将大幅提高。预计2029年油料产量4 346万吨，比基期增长13.4%；2034年油料产量4 693万吨，比基期增长22.5%，年均增速2.0%。

消费量稳中略降。未来10年，受人口总量减少、城镇化率稳步提高以及健康中国系列规划深入推进影响，中国食用植物油消费量稳中微降。预计2025年食用植物油消费量3 665万吨，比上年下降1.9%；2029年消费量3 668万吨，比基期下降1.0%；2034年消费量3 671万吨，比基期下降0.9%，其中，居民食用消费量3 391万吨，比基期下降1.7%。未来10年，预计国内食用植物油消费量由增长转变为稳中有降，年均下降0.1%。其中，居民食用消费年均下降0.2%。

进口量明显减少。未来10年，中国将继续通过国际市场调剂余缺，满足国内食用油消费需求；同时稳步提升国内油料产量，自给率逐步提高。预计2029年和2034年食用油籽进口量分别为9 098万吨和8 453万吨，其中大豆进口量明显减少；同期，食用植物油进口量分别降至674万吨和540万吨。展望期末，食用植物油的自给率预计将达到41.9%，较基期提高11.5个百分点。

2.2.2 生产展望

种植面积稳步增加。未来一个时期，中国将稳步扩大油料种植规模，通过开发利用南方冬闲田扩种冬油菜，合理轮作发展北方春油菜；在黄淮海和北方地区轮作倒茬扩种花生；因地制宜发展油葵、芝麻等特色油料生产，油料作物播种面积将持续增加。2025年油菜播种面积预计将达到1.21亿亩（809万公顷），比上年增长1.3%；花生种植面积稳中有增，预计将达到7 215万亩（481万公顷），比上年增长0.9%。展望中后期，中国油料播种面积将继续增加。预计2029年油菜和花生种植

---

① 山东一级花生油指山东省花生油厂生产的国标一级花生油，等级制定根据精炼程度划分，具体参见《花生油（含第1号修改单）》（GB/T 1534—2017）。
② 山东三级豆油指山东省豆油厂生产的国标三级豆油，等级制定根据精炼程度划分，具体参见《大豆油（含第1号修改单）》（GB/T 1535—2017）。
③ 天津24度棕榈油到港价是指到达天津港口的24度以上融化不沉淀结冻的毛棕榈油。

面积将分别为1.27亿亩（849万公顷）和7 476万亩（498万公顷），比基期分别增长10.6%和4.9%；2034年分别为1.33亿亩（886万公顷）和7 802万亩（520万公顷），比基期分别增长15.3%和9.5%，年均增长1.4%和0.9%。

单产持续提升。2025年，中国继续实施油菜大面积单产提升行动，在油菜主产县整建制集成应用单产提升关键技术，油菜单产将进一步提高。未来10年，随着短生育期、高产高抗高油品种选育推广应用范围扩大、农田基础设施条件进一步改善、丘陵山区农机装备研发应用加快，良种良法有效结合，油料单产将继续提升。预计2025年油菜和花生单产将分别达到142.4千克/亩（2 135千克/公顷）和268千克/亩（4 019千克/公顷）；2029年将分别达到149.3千克/亩（2 240千克/公顷）和273.4千克/亩（4 100千克/公顷）；2034年将分别达到158.5千克/亩（2 377.8千克/公顷）和280.3千克/亩（4 204千克/公顷），比基期分别增长12.5%和5.8%，年均增长分别为1.2%和0.6%。

产量大幅增加。在种植面积稳步扩大和单产水平持续提升带动下，预计2025年中国油料产量将达到4 050万吨，首次超过4 000万吨。其中，油菜籽和花生产量将分别为1 728.5万吨和1 933.4万吨，比上年分别增长2.5%和1.4%。2029年油料产量将达到4 346万吨，比基期增长13.4%，其中，油菜籽、花生产量分别为1 903万吨和2 044万吨，分别比基期增长17.2%和8.3%；2034年油料产量将达到4 693万吨，比基期增长22.5%，年均增长2.0%。其中，油菜籽、花生产量将分别达到2 107万吨和2 187万吨，分别比基期增长29.7%和15.8%，年均增长2.6%和1.5%。

2.2.3 消费展望

2025年，中国植物油消费总量下降、结构更加优化。未来10年，受人口总量下降、健康中国战略和相关规划行动持续推进以及居民营养健康意识逐步增强影响，中国油籽和食用植物油消费增速继续放缓。预计2025年国内食用植物油消费量3 665万吨，较上年减少1.9%；2029年食用植物油消费量3 668万吨，比基期下降1.0%；2034年食用植物油消费量3 671万吨，比基期下降0.9%，年均下降0.1%。食用植物油的自给率水平将有明显提升，预计2035年将达到41.9%。

受食用植物油消费需求变化影响，预计2025年食用油籽消费量下降至1.67亿吨，与上年相比下降0.6%，其中，油菜籽和花生的消费量与上年相比分别下降6.0%和增长0.4%。2029年食用油籽消费量1.66亿吨，比基期增长1.3%；2034年食用油籽消费量1.70亿吨，比基期增长3.5%，年均增速0.3%。未来10年，油菜籽、花生消费量年均增速分别为1.5%、1.4%。2034年，国产油籽占食用油籽消费总量的比例预计为49.7%。

2.2.4 贸易展望

未来10年,中国将继续利用国际市场满足国内产需缺口和消费需求。预计食用油籽和食用植物油进口规模稳中有减,进口来源进一步呈多元化特征。2025年,受国内油料产量增加影响,预计食用油籽进口量1.04亿吨,比上年下降9.6%。其中,大豆进口量9 700万吨,比上年下降7.6%;油菜籽进口量400万吨,比上年下降37.4%;花生进口量66万吨,比上年下降22.7%;其他特色油籽进口量214万吨。预计2029年食用油籽进口量9 098万吨,比基期下降14.6%。2034年,食用油籽进口量8 453万吨,比基期下降20.7%,年均下降2.3%。

2025年,食用植物油进口量843万吨,棕榈油、葵花籽油进口预计恢复性增加。预计2029年食用植物油进口量降至674万吨,比基期下降13.3%。2034年,食用植物油进口量540万吨,比基期下降30.6%,年均下降3.6%。

2.2.5 价格展望

2025年,国产油料价格整体平稳,品种间略有差异。主要原因是国内油菜籽和花生生产稳中有增,国际市场油菜籽供给有所减少。长期来看,国产油籽和食用植物油自给率持续提升,产业供应能力、生产效率和风险规避能力不断提高,价格受国内成本和供需影响较大,预计总体呈稳中有涨趋势。

油菜籽。2025年,欧盟、加拿大油菜籽产量不同程度下降,全球油菜籽供给减少,且国内生产成本较高,预计国内油菜籽价格将小幅上涨,全国收购均价(与前述一致)在5.6~6.0元/千克。未来10年,油菜籽种植面积稳步提升,科技进步带动单产稳步提高、全产业链综合开发利用能力不断增强,油菜籽和菜籽油的自给率将大幅提升,同时受生产成本和健康消费需求支撑,国产油菜籽价格预计稳中走高。

花生。作为油食兼用品种,花生加工制品市场前景广阔,国内市场需求总体稳定,2025年预计价格保持平稳运行,全国收购均价在8.2元/千克左右。未来10年,中国花生产业向着高品质、高效率、高附加值的方向发展,预计市场价格以稳为主,波动幅度收窄。

特色油料。受国际市场供需形势和价格走势影响,预计2025年芝麻价格稳中有增、胡麻籽价格略有下跌;食用葵花籽价格受气候、产量和品质影响较大,预计总体高位运行;油用葵花籽受供给充裕,以及需求替代性较强影响,价格弱势运行。未来10年,受特色油料种植规模、生产成本、消费需求、精深加工发展以及国内外贸易环境影响,价格整体呈波动上涨趋势。

2.3 不确定性分析

未来10年,中国食用油籽和植物油供需及价格走势受极端气候、国际环境等因素影响较大。

2.3.1 极端气候因素

近年来全球极端气候多发、强度加大，成为影响油料油脂产品生产的重要因素，如大范围干旱、洪涝、低温等灾害对大豆、油菜籽、棕榈等主要油料作物产量和品质造成严重影响。受拉尼娜现象影响，2025年全球气候将继续呈现复杂多变的态势，将对全球油料油脂供给、贸易和价格产生不确定性影响。长期来看，我国极端天气多发频发，影响区域广、短时强度大、防范难度高，增加了油料生产面临的不确定性。

2.3.2 国际环境因素

一方面，国际形势稳定性存在不确定性。全球区域间地缘冲突不断发生，对主要油料油脂产品供应链产生较大影响。另一方面，国际贸易政策存在较大不确定性，部分国家为保护本国生产和市场稳定，频繁调整贸易政策和关税税率，对全球油料贸易流向以及价格走势产生影响。同时，棕榈油主产国生物燃料产业发展政策调整，将对全球油料和油脂市场及价格产生影响。未来国际经贸环境面临较大的不确定性，对全球油料油脂市场影响明显，进而影响我国食用油籽和食用植物油进出口贸易。

参考文献

鲍洁，张小允，许世卫，2023. 我国大豆消费影响因素分析及趋势预测［J］. 江苏农业科学，51（8）：240-248.

财政部，农业农村部，金融监管总局. 关于扩大大豆完全成本保险和种植收入保险政策实施范围的通知［EB/OL］.（2024-09-25）［2025-02-27］. https://www.gov.cn/zhengce/zhengceku/202409/content_6977249.htm.

丁艳明，2024. 近10年我国食用植物油消费特点及价格走势分析［J］. 粮食问题研究（6）：4-6.

杜蓉，朱丽娟，2017. 影响我国大豆价格变动的因素分析［J］. 中国油脂，42（6）：1-4，24.

杜志雄，高鸣，韩磊，2021. 供给侧进口端变化对中国粮食安全的影响研究［J］. 中国农村经济（1）：15-30.

方振，李谷成，2025. 我国油菜籽增产潜力与实现路径［J/OL］. 中国油脂：1-12［2025-04-01］. https://doi.org/10.19902/j.cnki.zgyz.1003-7969.230568.

冯海棠，王汉中，2024. 新形势下的我国食用植物油供给安全对策［J］. 中国油料作物学报，46（2）：221-227.

葛明，刘向昱，高远东，2025. 中国大豆进口市场布局多目标优化策略研究［J］. 农业经济问题（2）：126-144.

国家统计局. 国家统计局农村司副司长魏锋华解读粮食生产情况［EB/OL］.（2024-12-13）［2025-02-

27］.https://www.stats.gov.cn/sj/sjjd/202412/t20241213_1957743.html.

国家统计局. 中华人民共和国2024年国民经济和社会发展统计公报［EB/OL］.（2025-02-28）［2025-02-28］. https://www.stats.gov.cn/sj/zxfb/202502/t20250228_1958817.html.

焦玉平，2024. 当前中国粮食国际供应链的风险识别及防范策略［J］. 社会主义研究（6）：163-170.

金青哲，金俊，赵晨伟，等，2024. 我国植物油料油脂加工技术新进展［J］. 中国油脂，49（6）：1-5.

郎闯，李国泰，2024. 我国高油大豆产业发展：综合预判与远景战略［J］. 中国市场（19）：53-56.

李辉尚，李美琪，黄晓慧，等，2024. 农业强国战略背景下中国大豆供给安全：现实基础、潜力研判与策略选择［J］. 农业经济问题（7）：48-58.

廖伯寿，2024. 关于大食物安全战略背景下我国油料保障底线目标及对策的商榷［J］. 中国油料作物学报，46（1）：1-6.

刘凯，王欢，穆月英，2025. 中国大豆进口风险分散及进口来源结构优化：基于替代性与依赖性视角［J］. 中国油脂，50（2）：1-7，22.

农业农村部市场预警专家委员会，2023. 中国农业展望报告（2023—2032）［M］. 北京：中国农业科学技术出版社.

全国农业技术推广服务中心病虫害测报处. 2025年全国大豆重大病虫害发生趋势预报［EB/OL］.（2025-01-08）［2025-02-27］.https://www.natesc.org.cn/News/des?kind=&id=10859197-76d8-4719-8117-92f7de7c975b&CategoryId=11a63552-05c9-475e-a504-0392e64ead0b.

司伟，韩天富，2021."十四五"时期中国大豆增产潜力与实现路径［J］. 农业经济问题（7）：17-24.

魏艳骄，张慧艳，朱晶，2021. 新发展格局下中国大豆进口依赖性风险及市场布局优化分析［J］. 中国农村经济（12）：66-86.

严茂林，周觉，田恬，等，2024. 中国油料自给率及其影响因素研究［J］. 中国油脂：1-13［2025-04-01］.https://doi.org/10.19902/j.cnki.zgyz.1003-7969.240582.

张雯丽，2024. 2023年油料油脂市场形势分析及后期走势判断：农产品监测预警分析报告之六［J］. 农业农村部管理干部学院学报，15（2）：85-87.

张喜才，肖贵华，2025. 政策干预对大豆供应链安全管理影响研究［J］. 中国软科学（1）：20-33.

中共中央，国务院. 中共中央　国务院关于进一步深化农村改革　扎实推进乡村全面振兴的意见［EB/OL］.（2025-01-01）［2025-02-23］. https://www.gov.cn/zhengce/202502/content_7005158.htm.

第七章

棉 花

中国是棉花生产、消费和贸易大国，也是全球最大的纺织品服装出口国。2024年棉花种植面积4 257.4万亩（283.8万公顷），较上年增长1.8%，产量616.4万吨，增长9.7%；消费量769万吨，增长2.0%；进口量261.8万吨，增长33.8%。展望期内，预计种植面积波动略降，单产稳步提升，产量波动略增，品质持续改善，消费和进口呈下降趋势。预计2025年，种植面积4 338万亩（289万公顷），比上年增长1.9%，产量631万吨，增长2.4%；消费量750万吨，下降2.5%；进口量210万吨，下降19.8%。预计2029年，棉花种植面积4 146万亩（276万公顷），与基期（基期为2022—2024年3年平均值，下同）相比下降3.9%，产量613万吨，增长3.6%；消费量738万吨，下降3.0%；进口量154万吨，下降29.1%。预计2034年，种植面积4 083万亩（272万公顷），与基期相比下降5.3%，年均下降0.5%，产量623万吨，增长5.2%，年均增长0.5%；消费量733万吨，下降3.7%，年均下降0.4%；进口量134万吨，下降38.0%，年均下降4.7%。

1 2024年市场形势回顾

1.1 面积稳中有增，产量明显增长

种植面积稳中有增。2024年中国棉花种植面积4 257.4万亩（283.8万公顷），比上年增加75.2万亩，增长1.8%（图7-1）。其中，新疆受目标价格支撑，植棉预期收益稳定，棉农种植积极性较高，棉花面积明显增加。2024年新疆棉花种植面积为3 671.9万亩（244.8万公顷），增幅3.3%，占全国棉花种植面积的86.2%；黄河流域和长江流域棉区受种植效益下降、种植结构调整等因素影响，种植面积继续下降至246.3万亩（16.4万公顷）和302.1万亩（20.1万公顷），降幅分别为13.6%和1.6%。

单产大幅提升。根据国家统计局数据，2024年中国棉花单产为144.8千克/亩，比上年增加10.4千克，增长7.8%（图7-1）。分区域看，新疆春季大部分棉区热量充足、墒情适宜，棉花长势较好，夏季持续高温对棉花生长不利，但秋季气象条件利于棉花采收，单产达154.9千克/亩，较上年增长7.6%；黄河流域棉区前期高温干旱，后期降雨较多，棉花生产略受影响，单产为83.7千克/亩，较上年下降0.2%；长江流域棉区气候条件总体适宜，植棉技术提高和品种优化推动棉花单产稳中有增，为73.2千克/亩，较上年增长2.5%。

产量明显增长。2024年中国棉花总产量616.4万吨，比上年增加54.6万吨，增长9.7%（图7-1）。其中，新疆棉花总产量568.6万吨，比上年增长11.2%，占全国总产量的92.2%，比上年提高1.2个百分点；黄河流域棉花产量20.6万吨，比上年下降13.7%；长江流域棉花产量22.1万吨，比上年增长0.8%。

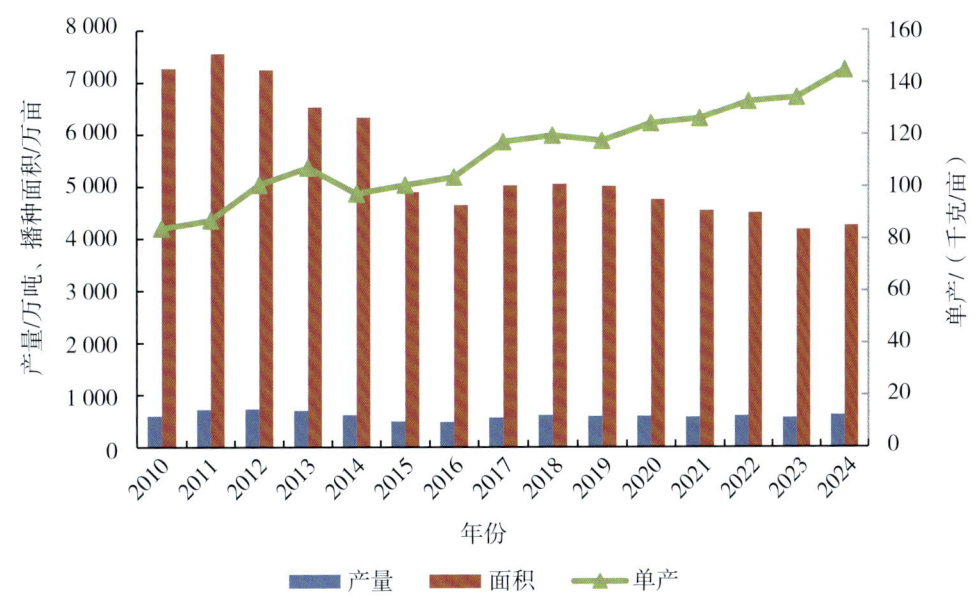

图7-1　2010—2024年中国棉花种植面积、产量和单产

（数据来源：国家统计局）

1.2　消费有所恢复

2024年，棉花消费量为769万吨，比上年增长2.0%。内需方面，在国家促消费政策逐步显效、新业态新模式引领的新型消费激发市场活力等因素支撑下，纺织品服装内销总体稳定，但受消费意愿不足、市场竞争加剧等因素影响，增速有所放缓。根据国家统计局数据，2024年全国限额以上单位服装鞋帽、针纺织品零售额14 690.5亿元，比上年增长0.3%，穿类实物商品网上零售额同比增长1.5%。纺纱量稳中略增，达2 277.9万吨，比上年增长1.3%。出口方面，在国际市场需求复苏偏弱、地区冲突加剧和贸易保护主义抬头叠加背景下，中国纺织服装出口仍展现较强韧性。据海关总署统计数据，全年中国纺织服装出口3 011.0亿美元，比去年同期增长2.8%，其中纺织品出口1 419.6亿美元，增长5.7%，服装出口1 591.4亿美元，增长0.3%。

1.3　进口大幅增加

2024年中国进口棉花261.8万吨，比上年增长33.8%（图7-2）。从进口来源国看，主要来自巴西和美国，进口量分别为110.2万吨和87.6万吨，分别占中国棉花进口量的42.1%和33.5%，巴西首次超过美国成为中国第一大棉花进口来源国。全年国家共发放棉花进口滑准税配额20万吨，发放数量与上年相比减少10万吨，且全部限定用于加工贸易，进口政策趋于收紧，但受国内外棉价格持续倒挂等综合因素影响，棉花进口量仍大幅增加。在进口方式上，一般贸易占据主导地位，进口量为130.6万吨，占总进口量的49.9%。

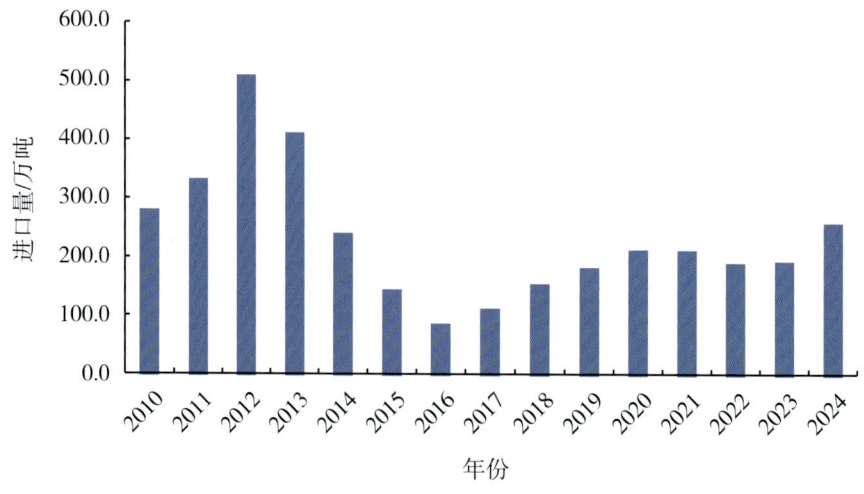

图7-2　2010—2024年中国棉花进口量

（数据来源：海关总署）

1.4 价格震荡下行

2024年国内棉花（3128B级）均价为15 988元/吨，较上年降4.4%。分月看，1—3月，国内纺织企业原料库存普遍偏低，棉花采购意愿强，推动国内棉花价格上涨至17 122元/吨，较1月涨2.6%。4月开始，纺织品服装订单不足，淡季特征明显，天气情况较好利于新棉生长，增产预期较强，供强需弱背景下棉花价格持续下跌至8月的14 957元/吨，较4月低12.0%。9月新棉上市以后，下游纺织市场处于"金九银十"的传统旺季，需求略有回升，原料库存水平处于低位，棉花价格有所回升，10月国内棉价15 528元/吨。11月以后随着需求转淡，棉花价格再次下跌，12月国内棉价为14 949元/吨（图7-3）。

从国内外棉价差看，2024年4月以来，国内棉花（3128B级）月均价始终高于1%关税下进口棉（FC Index M）折到岸价，价格持续倒挂，价差从4月的850元/吨扩大至7月的1 526元/吨，为年内最大价差。9月以后，国内外棉价差较前期有所收窄，12月国内棉花（3128B级）月均价比1%关税下折到岸价高948元/吨（图7-3）。

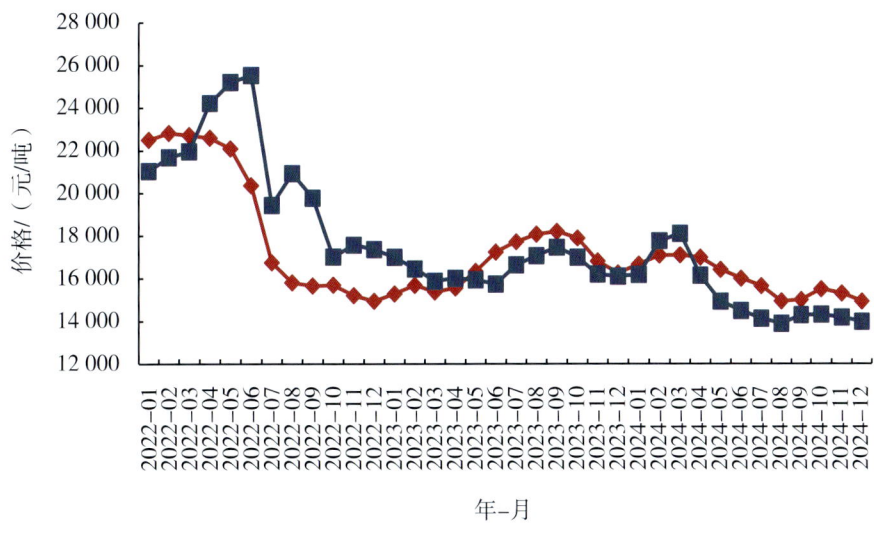

图7-3　2022年以来国内外棉花价格走势

（数据来源：中国棉花信息网）

2　未来10年市场走势判断

2.1　总体判断

棉花产量波动略增。预计2025年棉花产量631万吨，比上年增长2.4%；2029年613万吨，2034年623万吨，年均增长0.5%。展望期内，受劳动力和土地成本持续上升、水土资源条件约束趋紧、植棉比较效益低等多重因素影响，棉花种植面积波动略降，单产稳步提升，棉花生产适应纺织转型升级需要，品质持续改善。

棉花消费量呈下降趋势。预计2025年中国棉花消费量750万吨，比上年减少2.5%；2029年738万吨，2034年733万吨，年均降幅0.4%。展望期内，全球经济增速放缓、贸易保护主义抬头、国内劳动力成本攀升以及环保要求日益严格等多重因素交织，纺织品服装出口面临严峻挑战，棉花消费量呈现下滑趋势。

棉花贸易维持净进口格局，进口总量呈下降趋势。预计2025年棉花进口量210万吨，比上年减少19.8%；2029年154万吨，2034年134万吨，年均下降4.7%。展望期内，中国棉花产量波动略增，随着消费需求下降，产需缺口持续缩小，进口量将相应减少，棉花进口将呈多元化格局。

2.2　生产展望

棉花种植面积波动略降。2024年以来小麦、玉米和番茄等棉花竞争性农产品价格下跌幅度较大。受目标价格补贴支撑，虽然棉花价格也有下跌，但基本收益有保障，农民植棉积极性高，预计2025年新疆植棉面积有所增加，内地棉区植棉收益与其他经济作物相比仍存在较大差距，种植面积继续下降。预计2025年棉花种植面积4 338万亩（289万公顷），比上年增长1.9%。中长期看，受劳动力和土地成本持续上升、水土资源条件约束趋紧、植棉比较效益低等因素影响，棉花种植面积将继续下降。预计2029年种植面积4 146万亩（276万公顷），与基期相比减少3.9%；2034年4 083万亩（272万公顷），与基期相比减少5.3%，年均下降0.5%（图7-4）。

棉花单产稳步提升，品质持续改善。预计2025年棉花单产145.5千克/亩（2 182.5千克/公顷），比上年增长0.5%；2029年148.0千克/亩（2 219.3千克/公顷），与基期相比提高7.8%；2034年152.5千克/亩（2 287.2千克/公顷），与基期相比提高11.1%，年均增长1.1%（图7-4）。展望期内，以高标准农田建设为抓手，通过平整改良土壤、推广节水灌溉设施等措施改善棉田基础设施条件，增强棉田综合生产能力。通过优化品种、免耕机播、水肥一体、密植化控、机械采收等技术集成，棉花大面积提升单产行动将取得明显成效。棉花产业以高质量为导向，着力打造"中国棉花"品牌形象，开展高品质棉花种植带建设，棉花生产和加工标准体系逐步完善，棉花品质持续改善。

棉花产量波动略增。预计2025年中国棉花产量631万吨，比上年增长2.4%；2029年613万吨，与基期相比增长3.6%；2034年623万吨，与基期相比增长5.2%，年均增长0.5%（图7-4）。

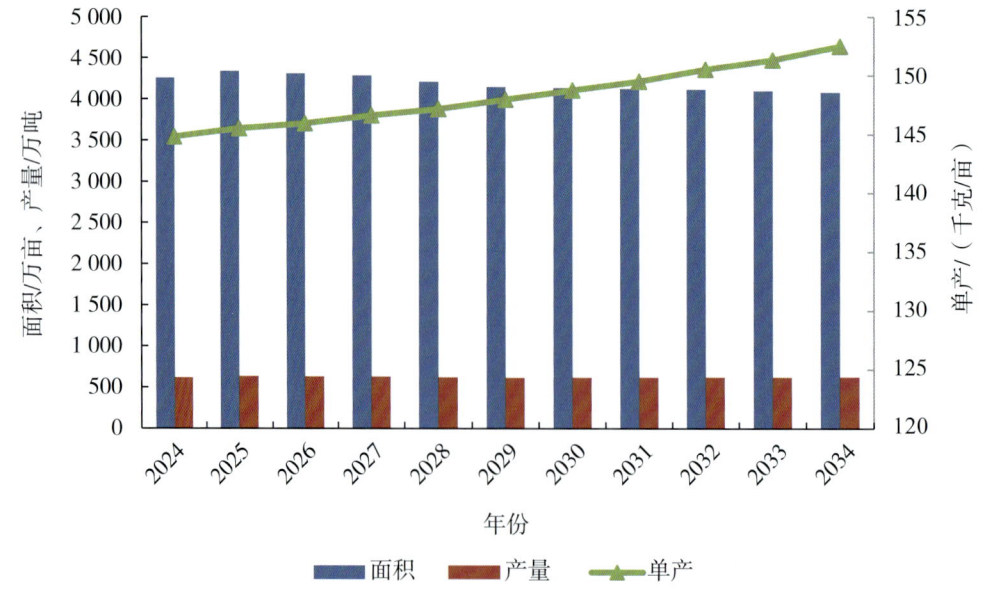

图7-4　2024—2034年中国棉花种植面积、产量和单产

（数据来源：2025—2034年数据为中国农业科学院农业信息研究所CAMES模型系统预测）

2.3 消费展望

棉花消费量呈下降趋势。预计2025年中国棉花消费量750万吨，比上年减少2.5%；2029年738万吨，与基期相比下降3.0%；2034年733万吨，与基期相比下降3.7%，年均下降0.4%（图7-5）。2025年，国内一揽子增量政策推动经济持续回升向好，纺织品服装消费将出现明显复苏，但国际经济增长动力仍显不足，叠加地缘政治持续扰动，纺织品服装外贸形势更趋严峻，终端消费需求难有明显起色。中长期看，在世界经济增速放缓、贸易保护主义抬头、国内劳动力成本上升和环保要求趋严等多重压力下，中国纺织业失去成本优势，纺织加工产业向海外转移步伐将明显加快，纺织品服装出口面临下滑局面；随着纺织技术进步，非棉纤维的低成本优势和功能化特性不断强化，在棉纺织行业的应用数量和种类持续扩大，对原棉消费形成明显替代；进口棉纱价格优势明显，替代部分国内棉花需求。但由于中国拥有全世界最为完备的纺织服装制造产业体系和超大规模市场优势，棉花产业仍具备较强韧性和发展潜力，有望通过科技创新和产业升级，提升产品附加值，拓展高端市场，缓解消费下降压力。展望期内，中国有望继续保持全球最大棉花消费国和纺织品服装出口国地位。

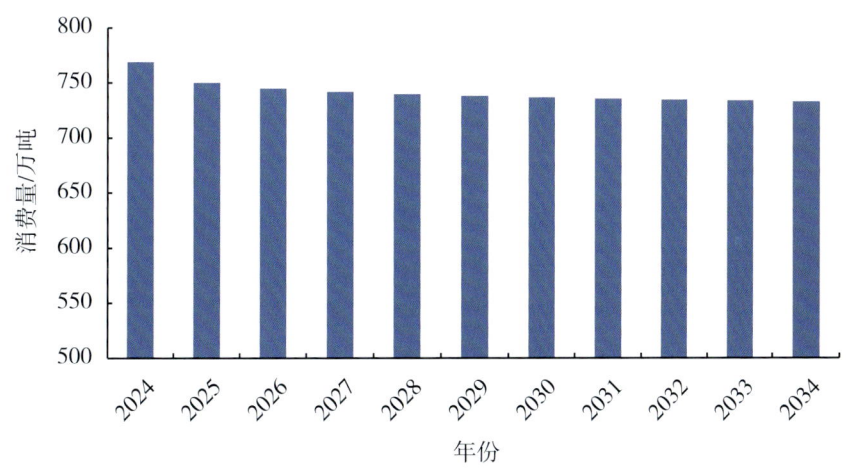

图7-5　2024—2034年中国棉花消费量

（数据来源：2025—2034年数据为中国农业科学院农业信息研究所CAMES模型系统预测）

2.4 贸易展望

棉花贸易保持净进口格局，进口量呈下降趋势。预计2025年棉花进口量210万吨，比上年减少19.8%；2029年154万吨，与基期相比下降29.1%；2034年134万吨，与基期相比下降38.0%，年均下降4.7%（图7-6）。展望期内，中国棉花产量稳中略增，消费需求呈下降趋势，产需缺口持续缩小，进口量将相应减少。2025年中国政府针对美国多次加征关税手段推出一系列反制措施，短期内自美进口棉花可能明显减少，但可通过其他国家补足缺口。随着纺织产业的转型升级，棉花进口依然以高品质棉花为主。中长期来看，中国将继续拓展亚洲、非洲等国家的棉花进口渠道，以提升供应链的稳定性和可靠性，棉花进口将呈现多元化趋势。棉花出口规模预计不会有显著变化，出口市场仍将主要集中在亚洲邻近国家和地区。

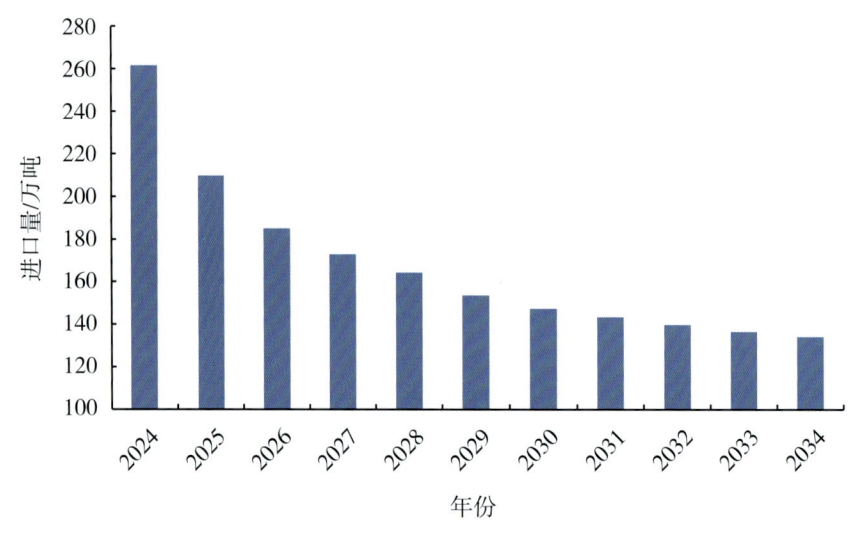

图7-6　2024—2034年中国棉花进口量

（数据来源：2025—2034年数据为中国农业科学院农业信息研究所CAMES模型系统预测）

2.5　价格展望

国际方面，2025年全球棉花供给较为宽松，美国农业部（USDA）2025年2月预测全球棉花产量2 623万吨，消费量2 525万吨，库存消费比67.6%，处于近5年最高水平，产需格局持续宽松，棉花价格缺乏上涨支撑。国内方面，2025年棉花产量继续增加，纺织品服装出口形势面临较大的不确定性，棉花价格预计将维持低位运行。长期看，棉花价格主要受市场供求基本面影响，同时，人造纤维的替代和消费者偏好的变化将限制棉价的上涨空间，预计棉花价格将呈现下行趋势。同时，棉花具有显著的金融属性，国际经济形势、贸易状况以及资本市场的投机行为可能会加剧棉花价格的阶段性波动风险。

3　不确定性分析

3.1　气候因素

近年来，全球气候变化风险加剧，极端天气事件发生频率增多、强度增加，对农业生产力和生态系统产生不利影响，给我国农业生产安全带来极大挑战。棉花作为生长周期较长的大田作物，不同生长阶段对光照、温度和降水量都较为敏感，其产量受到复杂气候变化的显著影响。新疆作为核心产区，棉花产量已占到全国总产量的90%以上，黄河流域和长江流域传统棉区因劳动力成本高、机械化水平低，种植面积持续萎缩，进一步加剧生产集中风险。主产区棉花生长关键期若遭受不利气候条件，将对中国棉花供应和市场稳定产生影响。

3.2 化纤替代和消费者偏好因素

展望期内，中国化纤工业新成果新技术不断涌现，技术创新呈现高性能化、智能化和可持续化，功能性、差异化化纤产品持续更新迭代。非棉纤维凭借其低成本优势和日益增强的功能化特性，替代棉花的趋势将愈发明显。此外，随着消费者对环保、舒适及功能性服饰需求的日益增长，化纤产品的市场份额预计将进一步提升，从而在一定程度上压缩棉花的消费空间。

3.3 国际贸易环境因素

世界经济和贸易环境复杂多变，局部冲突和动荡频发，单边主义、贸易保护主义明显上升，全球经济复苏不确定性明显增加。中国棉花产业对外依存度高，国际经贸环境的不确定性将是影响中国棉花供求关系和价格走向的重要因素。美元走势及美国宏观政策不确定性进一步加剧全球贸易风险，特别是中美新一轮经贸摩擦的走向将对我国棉花和纺织品服装发展带来明显影响。上述因素将对中国棉花产业的发展和价格稳定性带来深远影响，增加市场波动风险。

参考文献

龙瑶，宋玉兰，2023.中国棉花补贴政策：历史演变与未来趋势[J].中国棉花，50（7）：1-7.
彭虹，2023.中国棉花进口与国内外市场价格传导效应研究[J].价格理论与实践（10）：132-136.
王晴，孙戈兵，2024.中国棉花产业链韧性评价[J].中国棉花，51（10）：1-8，14.
信耀玉，肖海峰，2024.目标价格补贴政策对新疆棉花生产的影响分析[J].山西农经（24）：91-95.
原瑞玲，王芸娟，翟雪玲，2024.2023年棉花市场形势分析及后期走势判断[J].农业农村部管理干部学院学报，15（2）：81-84.

第八章

糖　料

糖料是制糖工业的原料，是关系国计民生的重要战略物资，被广泛应用到日常饮食、制药、调味及部分化工产品生产中，食糖产业发展及市场供需情况对保障国民经济正常运行具有重要影响。2024年[①]，中国糖料作物种植面积2 220万亩（148.74万公顷），比上年增长4.6%；糖料产量11 466万吨，其中甘蔗产量10 517万吨，甜菜945万吨。食糖产量1 117万吨，比上年增长25.4%；消费量1 550万吨，比上年增长0.98%。进口量607万吨，比上年增加14.7%；国内糖价上涨5.4%，国内外价差呈缩小态势。展望未来10年，食糖产量总体保持稳定增长，消费量缓慢增长，进口量呈下降趋势。预计2025年，食糖产量1 100万吨，比上年下降1.5%；消费量1 570万吨，比上年增长1.3%；进口量580万吨，比上年下降4.4%。预计2029年，预计食糖产量和消费量分别为1 156万吨和1 628万吨，与基期（基期为2022—2024年3年平均值，下同）相比年均增长分别为3.2%和1.1%；进口量533万吨，年均下降0.9%。2034年，预计食糖产量和消费量分别为1 190万吨和1 657万吨，年均增长分别为1.9%和0.7%；进口量519万吨，年均下降0.7%。

1 2024年市场形势回顾

1.1 糖料种植面积、产量增加

2024年，中国糖料作物种植面积为2 220万亩（148.74万公顷），比上年增长4.6%；糖料产量11 466万吨，其中甘蔗产量10 517万吨，甜菜产量945万吨。食糖产量1 117万吨，比上年增长25.4%；甘蔗糖产量989.2万吨，比上年提高11.8%，占食糖产量的88.6%；甜菜糖产量127.8万吨，比上年提高5.4%，占食糖产量的11.4%。

从甘蔗糖生产情况看，2024年中国甘蔗种植面积为1 978万亩，比上年增长0.6%；单产5 317千克/亩，比上年提高60千克/亩；甘蔗平均糖分含量13.9%、产糖率12.1%，受持续性干旱影响，比上年分别下降0.5%和0.6%个百分点；甘蔗糖产量989.2万吨，比上年提高11.8%，占食糖产量的88.6%。广西作为中国甘蔗糖最重要的产区，2024年甘蔗糖产量618.1万吨，占中国甘蔗糖总产量的70%，比上年增加91.1万吨；累计甘蔗入榨量5 118万吨，比上年增加995.9万吨；平均糖分含量13.8%，产糖率12%，比上年均减少0.7%。

从甜菜糖生产情况看，2024年中国甜菜种植面积242万亩，比上年增长0.8%；单产3 905千克/亩，受春季气温偏低和立枯病大面积发生影响，比上年下降4.8%；甜菜平均糖分含量15.1%，比上年下降0.3个百分点；甜菜糖产量127.8万吨，比上年提高5.4%。内蒙古作为中国甜菜制糖的主产区，2024年，甜菜糖产量为53.5万吨，比上年减少4.8万吨；平均甜菜含糖量为15.7%，与上年基本持平；产糖率13.2%，

---

① 为便于与其他大宗农产品统一年度统计单位，2024年度相关数据，由往年的市场年度变更为日历年度展开分析，即由2023年的10月至2024年9月变更为2024年1—12月。

比上年提高了0.21个百分点。

1.2 食糖消费量持平略增，民用消费占比有所下降

随着社会消费信心有效提振和经济明显回升，2024年中国食糖消费相较于上一年呈持平略增趋势。从总量看，2024年食糖消费总量1 550万吨，与上年相比增加15万吨，增幅0.98%，年人均食糖消费量11千克。与此同时，食糖消费增加推动销售进度加快，中国累计销糖率96.41%，比上年加快1.34个百分点，其中甘蔗糖销糖率96.28%，甜菜糖销糖率97.47%，食糖工业库存下降19.22%。从消费结构上看，食糖消费总量中民用消费占比45.2%、工业消费占比54.8%。受经济持续稳定增长、居民消费能力提升的影响，从近10年的趋势变化来看，工业消费占比总体下降、民用消费占比总体提升，已经处于较为平衡稳定的状态。

1.3 食糖进口大幅增长，出口大幅下降

2024年，国内外食糖价格倒挂严重，受国内外价差驱动，加之配额内进口量及轮库进口需求量增加，中国食糖进口量大幅提高，出口大幅下降。2024年，中国进口食糖607万吨，比上年增加14.7%；出口16万吨，比上年减少23.8%。进口方面，巴西是中国最大的食糖进口来源国，占进口总量的近90%，韩国、萨尔瓦多、尼加拉瓜和泰国分别位列第二至第五位。此外，随着糖类进口的多元化，加之利润驱动，中国进口糖浆及固体混合物（预混糖粉）[①]呈高速增长趋势。2024年中国进口糖浆及固体混合物（预混糖粉）237.65万吨，创历史新高，比上一年增加29.8%。其中，泰国是中国最大的糖浆和白砂糖预混粉进口来源国，占进口总量的90%以上，越南、马来西亚、缅甸和澳大利亚分别居第二至第五位。

1.4 国内国际糖价均下跌，国际糖价跌幅高于国内，国内外价差扩大

国内糖价下跌。受国际食糖价格传导、大量进口糖浆及预混糖粉和国内食糖产量恢复性增长的影响，2024年中国食糖年度均价为6 303.5元/吨，比上年跌4.95%。1—4月国内食糖市场供应较为充足，但受春节备货需求拉动、国际糖价传导、市场购销氛围积极等影响，国内糖价从6 459元/吨略涨至6 522元/吨，涨幅0.98%；5月以后，因国内食糖产量恢复性增长、食糖进口价跌量增、糖浆及白砂糖预混粉大量进口等因素导致国内食糖价格连续下跌，尽管10月以后由于新榨季新糖尚未大量入市、陈糖结转库存偏低、市场供应量少，支撑国内糖价小幅上涨，但是11月以后因新糖集中上市，糖价上行动力不足，12月国内糖价已跌至5 998元/吨（图8-1）。

---

① 进口糖浆及固体混合物（预混糖粉）的统计包括5项分类：其他固体糖及未添加香料或着色剂的糖浆、人造蜜及焦糖；甘蔗糖或甜菜糖水溶液；甘蔗糖、甜菜糖与其他糖的简单固体混合物，蔗糖含量超过50%；含香料或着色剂的蔗糖含量超过50%的甘蔗糖、甜菜糖与其他食品原料的简单固体混合物；含香料或着色剂的甘蔗糖或甜菜糖水溶液。

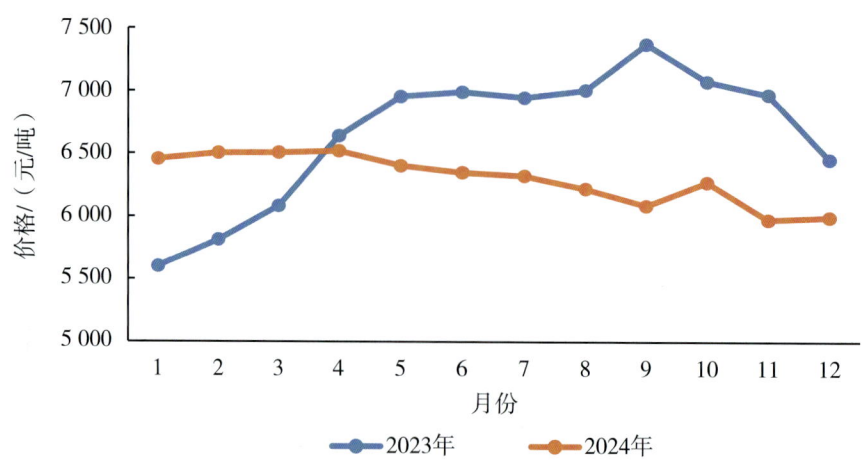

图8-1 2023—2024年国内糖价月度变化情况

（数据来源：农业农村部农产品供需分析系统）

国际糖价[①]大幅下跌，跌幅高于国内。2024年，食糖生产大国巴西的出口量创历史新高，全球食糖供应增加，加之市场整体供应预期趋于宽松、市场对食糖供应前景保持乐观，国际食糖年度均价为3 256.63元/吨（20.66美分/磅），比上年跌14.1%。总体来看，全年国际糖价呈波动下降趋势。其中，1—5月受巴西食糖大幅增产和出口保持高位的影响，全球食糖供应充足，国际糖价从22.46美分/磅跌至18.87美分/磅；5月以后，受干旱天气影响，市场普遍预计巴西食糖产量下降，国际糖价应声上扬，但随着巴西食糖生产和出口维持高位，北半球干旱天气得到改善，国际糖价跌至18.31美分/磅；8月以后，受南美洲食糖产区干旱天气和部分地区火灾的影响，国际糖价回升至22.27美分/磅；11—12月，北半球主产国陆续开榨、巴西食糖产量超出预期，国际糖价持续下跌，12月国际糖价跌至20.53美分/磅（图8-2）。

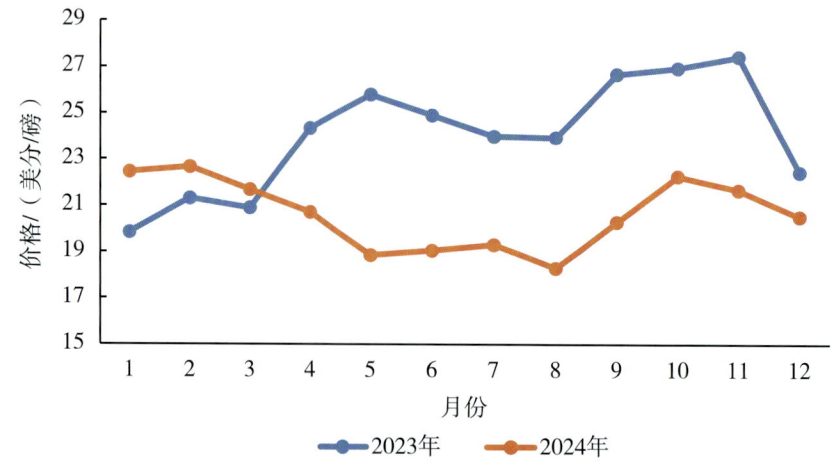

图8-2 2023—2024年国际糖价月度变化情况

（数据来源：农业农村部农产品供需分析系统）

① 国际价格为配额内15%关税的巴西原糖到珠江三角洲的到岸税后价。

2 未来10年市场走势判断

2.1 总体判断

糖料种植面积波动增长。短期看，受国内外糖价保持低位运行和糖料种植成本居高不下的影响，糖料种植面积下降；长期看，随着糖料种植技术的改进和规模化生产，产糖率和生产效率逐步提高，预计糖料产量平稳增长。预计2025年糖料种植面积2 177万亩，比上年下降1.9%；2029年糖料种植面积2 246万亩，比基期增长3.3%；2034年糖料种植面积2 249万亩，比基期增长3.4%。

食糖产量先减后增，长期看稳中趋增。受糖料种植面积下降影响，预计2025年全国食糖产量1 100万吨，比上年减少1.5%。长期看，糖料种植面积稳中有增，且种植技术和生产效率不断提升，预计2029年食糖产量1 156万吨，比基期增长21.9%，年均增长3.2%；2034年食糖产量1 190万吨，比基期增长25.4%，年均增长1.9%。

食糖消费平稳增长。受全球人口不断增长的影响，全球食糖需求增加。经济的发展和居民收入水平不断提高使人们对甜味食品的需求不断增加。食品工业快速发展，食糖在食品加工中的应用越来越广泛。预计2025年全国食糖消费量1 570万吨，比上年增长1.3%；2029年食糖消费量1 628万吨，比基期增长5.6%，年均增长率1.1%；2034年食糖消费量1 657万吨，比基期增长7.5%，年均增长0.7%。

国内糖价震荡运行。短期看，国内糖料成本及价格不断上涨，助推食糖价格震荡区间上抬。长期看，国内外糖价依旧保持高度正相关关系，受国际食糖供求形势、宏观经济政策等多种因素影响，国际糖价不确定性较强，国内食糖价格阶段性波动风险上升。

2.2 生产展望

糖料种植面积波动下降，长期趋稳。预计2025年中国糖料种植面积为2 177万亩，比上年下降1.9%。随着国家以县为单位开展甘蔗机械化生产整建制推进试点，优化机收作业补贴政策，加快提升机收水平，加大糖料蔗良种良法补贴力度，糖料蔗生产能力逐步提高，中国糖料蔗面积保持平稳态势。展望期内，中国糖料种植面积趋于稳定，虽然糖料种植面积扩张难度大，但各类甘蔗生产补贴政策不断完善、甘蔗机收水平不断提升，有利于糖料种植面积长期保持稳定。预计2025年糖料种植面积2 177万亩，比上年下降1.9%；2029年糖料种植面积2 246万亩，比基期增长3.3%；2034年糖料种植面积2 249万亩，比基期增长3.4%。

糖料单产稳中有增。展望期内，国家将积极培育和推广良种，加大科技创新力度，试点"二步法"制糖，实施机收蔗收购奖补，提高机械化作业水平，将进一步保障糖业安全、促进糖农增收致富。各糖料主产区高度重视糖料生产，在品种推广、生产补贴、机械化收割等方面不断加大政策支持力度。例如，广西进一步推广糖料蔗脱毒、健康种苗，力争2025年糖料蔗平均糖分达到14%以上，稳步提高甘蔗单产。预计2025年中国糖料单产达5 184千克/亩，比上年增长0.4%。其中，甘蔗单产5 334千克/亩，比上年增长0.3%；甜菜单产3 936千克/亩，比上年增长0.8%。

食糖产量小幅下降，长期看稳中趋增。据中国气象局预测，2025年广西出现干旱的概率大，不利于甘蔗生长发育，预计广西甘蔗产量小幅下降。而云南、广东、海南等甘蔗糖主产区产量预计与上年持平。综合来看，预计2025年中国糖料蔗种植面积将小幅下降，甘蔗糖总产量小幅下降。受甜菜比较效益低的影响，北方玉米、大豆与甜菜持续争地，预计2025年甜菜种植面积小幅下降，甜菜糖总产量下降。预计全国食糖产量1 100万吨，比上年下降1.5%。长期来看，受机械化收割水平和甘蔗甜菜种植技术水平提升影响，预计2029年食糖总产量1 156万吨，年均增长率3.2%；2034年食糖产量1 190万吨，年均增长1.9%。

2.3 消费展望

食糖消费量稳中有涨。随着经济不断发展，居民收入水平不断提高，人们对甜味食品的需求不断增加。同时，食品工业快速发展，食糖在食品加工中的应用越来越广泛。预计2025年中国食糖消费量为1 570万吨，比上年增长1.3%。随着居民收入不断提高和食品加工工业的稳定发展，居民食品需求不断增加，中国食糖消费量逐渐增加。展望期内，随着人们膳食结构的改变和营养健康意识的增强，中国食糖消费呈低速增长态势。预计2029年食糖消费总量1 628万吨，比基期增长5.6%，年均增长1.1%；2034年食糖消费总量1 657万吨，比基期增长7.5%，年均增长0.7%。

2.4 贸易展望

食糖进口量小幅下降，出口持续维持小规模态势。随着关税配额管理、进口许可证发放等措施的实施，食糖进口量将呈缓慢下降趋势。预计2025年中国食糖进口量580万吨，比上年下降4.4%。展望期内，中国食糖将会采取更加科学有效的调控措施，进口节奏进一步得到有效调节。在国内食糖产量稳中趋增和消费低速增长的情况下，食糖进口小幅下降。预计2029年食糖进口量533万吨，比基期下降4.3%，年均下降0.9%；2034年食糖进口量519万吨，比基期下降7%，年均下降0.7%。出口方面，受限于国内食糖产量无法满足市场需求，预计出口持续维持小规模态势。预计2025年中国食糖出口量16万吨，与上年持平；2029年食糖出口量23万吨，年均增长6%；2034年食糖出口量30万吨，年均增长6.9%。

2.5 价格展望

食糖价格与甘蔗、甜菜收购价紧密相连。2025年广西继续执行糖料蔗二次联动政策，糖厂和蔗农建立利益共享机制，因此，2025年农民进厂甘蔗的首付价将普遍提高至560元/吨。云南省为保证甘蔗产量，继续实行糖蔗价格联动机制，将在2024年确定的联动基价6 200元/吨的基础上继续提高甘蔗收购价。内蒙古、新疆等甜菜主产区通过参照生产成本、收益等情况，确定甜菜收购价，保障农民和糖企利益。

国内糖价震荡运行。短期内，虽然国内甘蔗、甜菜产量预计有所恢复，但随着宏观经济向好，居民消费需求稳步提升，国内依旧存在供需缺口；同时全球食糖产需格局趋于宽松，国内外价差将成为驱动食糖进口的重要因素，预计2025年国内糖价或因低价糖进口影响有下行压力，预计2025年中国食糖均价在5 500～6 200元/吨区间震荡。展望期内，受国内食糖需求稳定增长影响，国内糖价震荡区间上抬；同时受国际食糖供求形势、宏观经济政策、能源价格以及汇率等诸多因素波动的影响，国际糖价不确定性较强，预计将震荡运行。

3 不确定性分析

3.1 甘蔗机械化收割技术因素

机收是当前中国甘蔗机械化生产的短板，目前机收比例仍然较低，受限于糖厂压榨工艺和机收甘蔗的适配性，还普遍存在含杂率高、宿根破头率高、损失率高等技术瓶颈。以广西为例，2024年，广西甘蔗机收面积约61.2万亩，仅占广西甘蔗种植面积的5.13%。正常情况下，甘蔗联合收割机每年的收获能力可达1.7万吨以上。2024年，广西每台甘蔗联合收获机平均收获甘蔗304吨，作业面积68亩，闲置现象严重。甘蔗机收水平低与糖厂工艺、立地条件、配套农艺、蔗农机收收益等多方面因素相关。未来，糖厂加工工艺改进进度、轻简型收获机和割堆机具研发进度将关系甘蔗收割效率提升、增产幅度和成本控制等，未来将进一步提高食糖生产能力，这给未来食糖生产增加了不确定性。

3.2 气候因素

中国糖料以甘蔗为主，其产量、含糖量易受天气因素影响，干旱天气会破坏甘蔗正常代谢过程，使其生长减缓、植株矮小，产量和品质显著下降；低温霜冻会影响甘蔗糖分，降温幅度越大，低温持续时间越长以及冻后持续时间越长对甘蔗原料质量的影响越大。广西作为糖料蔗主产区，2025年初低温阴雨天气，给甘蔗含糖量、砍运入榨造成一定影响。短期内，根据中国气象局预测，厄尔尼诺现象发展态势仍在持续，预计全球大部分地区温度将高于正常水平，影响糖料生产；中长期，厄尔尼诺、拉尼娜等现象周期性发生，导致食糖产量出现较大波动，影响全球产业链稳定运行，从而给中国的食糖贸易和价格带来不确定性风险。

3.3 贸易环境因素

受全球宏观经济形势、地缘政治等因素影响，巴西、印度、泰国等全球食糖主产国和出口国为保障国内食糖市场的稳定，可能会出台相关的政策措施，如进出口限制、补贴政策等，这些政策的变化会对国际糖价产生影响，也将给我国食糖进口和产业发展带来诸多不确定性。例如，印度在甘蔗收购价方面，中央政府制定甘蔗公平性报酬价格、地方政府制定甘蔗指导价格，同时根据市场情况调整出口关税政策，影响全球食糖供求及贸易；泰国制定出口管制政策对食糖出口加以约束，贸易流通量存在不确定性。全球食糖需求结构分化和食糖替代品技术快速发展，也为食糖价格带来不确定性。东南亚、非洲等地区消费升级推动食糖需求增长，但甜味剂等替代品技术突破了对传统食糖消费形成的挤压，给国际食糖需求带来不确定性。此外，汇率波动也会影响国际糖价，巴西等产糖国的货币汇率变化会影响其食糖的出口成本和价格竞争力，进而给国际食糖贸易和价格带来不确定性。

参考文献

何志婵，郭婉玲，2025.食糖产业高质量发展的对策研究[J].农业经济（2）：41-43.

黄楚尧，蒋洪涛，段真珍，等，2022.气象因素对广西甘蔗生长的影响及应对措施[J].特种经济动植物，25（4）：18-21.

李莉，2024.糖料蔗生产全程机械化实现食糖产业系统性"降本增效"[J].农机市场（6）：61-63.

刘晓雪，曹付珍，李凯，等，2021.全球蔗糖产业竞争力比较及中国提升路径探讨：基于巴西、澳大利亚、泰国、印度的比较分析[J].价格理论与实践（12）：12-17，138.

刘晓雪，李维，蒙威宇，2024.全球食糖生产布局特征及主产国产量演变探究[J].甘蔗糖业，53（5）：49-65.

刘晓雪，蒙威宇，谢由之，2024.甜菜生产大幅波动的原因探究：基于199份农户调查问卷[J].中国糖料，46（2）：92-102.

刘芷妍，罗丽平，2024.广西糖料蔗收购价演变及未来趋势探析[J].甘蔗糖业，53（1）：74-84.

吕金蔚，2022.我国食糖贸易政策沿革及调整建议[J].农业经济（6）：129-130.

农业农村部市场预警专家委员会，2023.中国农业展望报告（2023—2032）[M].北京：中国农业科学技术出版社.

农业农村部农产品市场分析预警团队，2024.中国农业展望报告（2024—2033）[M].北京：中国农业科学技术出版社.

施显帅，刘征，李富宁，等，2023.广西蔗糖产业规模化经营策略探究[J].广西糖业，43（6）：49-53.

第九章

蔬　菜

蔬菜是重要的"菜篮子"产品,也是重要的贸易顺差农产品。作为世界上最大的蔬菜生产国,中国蔬菜产业持续稳定发展,近年来种植面积及产量稳中有增,品种丰富,质量安全可靠,消费结构调优,长期保持净出口和贸易顺差。2024年,蔬菜供需基本平衡,产量82 992万吨,比上年增长0.1%,其中商品产量[①]62 693万吨,比上年增长0.5%;消费量61 230万吨,比上年增长0.3%;出口量1 497万吨,进口量40万吨,分别比上年增长12.8%、12.9%;价格处于近5年偏高水平,批发均价5.20元/千克,较上年上涨2.4%。未来10年,蔬菜种子种苗、设施装备、冷链物流体系、信息技术等发展将成为蔬菜产业转型升级的重要推动力。预计2025年蔬菜产量83 110万吨,比上年增长0.1%,其中商品产量62 906万吨,比上年增长0.3%;消费量61 319万吨,比上年增长2.0%;出口量1 512万吨,进口量41万吨,分别增长1.0%、2.5%;价格较2024年稳中有降。预计2029年产量83 515万吨,较基期(基期为2022—2024年3年平均值,下同)增长1.9%,其中商品产量63 747万吨,较基期增长3.2%;消费量61 737万吨,较基期增长2.7%;出口量1 644万吨,进口量50万吨,分别较基期增长23.3%、38.9%;价格较基期小幅上涨。预计2034年产量83 875万吨,展望期间年均增长0.2%,其中商品产量64 460万吨,年均增长0.4%;消费量62 145万吨,年均增长0.3%;贸易保持"大出小进"格局,进出口量小幅增加,出口量1 724万吨,进口量57万吨,年均增长率分别为2.6%和4.7%;受土地、劳动力、生产资料等成本上涨因素影响,蔬菜价格稳中有涨。

1 蔬菜

1.1 2024年市场形势回顾

1.1.1 面积、产量持续增长

2024年,蔬菜在田面积月度间比上年增长1%左右,生产基数较高,种植面积持平略增,约3.48亿亩(2 322万公顷),比上年增长1.5%。产量基本持平,约82 992万吨,比上年增长0.1%。全年商品产量62 693万吨,比上年增长0.5%。但存在季节性供给不平衡状况,其中,7—9月供给偏紧,主要受不利天气影响:一是夏季南方产区遭遇持续降雨和局部高温,影响露地蔬菜换茬衔接,部分品种商品量下降;二是9月东北、内蒙古中西部、华北北部等地区降温幅度较大,且受较长时间连续降雨的影响,菜田积水严重,不利于采收,产量和商品化率都有所下降,导致冷凉地区部分品种提前退市;而其他月份天气总体良好,有利于蔬菜生长发育,市场总体供应相对充足。

---

① 商品产量是指经过运输、贮藏、批发、零售等诸多环节中的一个或多个环节后,可由消费者购买的蔬菜量。

1.1.2 消费需求稳中有升

近年来，我国城乡居民健康饮食偏好增强，膳食结构不断优化，主食消费量趋降，居民更加愿意从蔬菜、水果中获取营养素。2024年蔬菜消费量约61 230万吨，比上年增长0.3%。随着线上集采、社区团购、社交电商等基于互联网的流通新业态发展壮大，冷链流通稳步发展，蔬菜流通渠道进一步拓宽，流通效率有所提升，鲜食消费26 968万吨，比上年增长2.8%，占蔬菜消费量的44.0%。预制菜产业的迅速发展也带动着蔬菜加工业发展，鲜切、半成菜等蔬菜加工企业逐渐增多，已有的企业生产规模逐渐扩大，干制品蔬菜、脱水蔬菜、速冻蔬菜、调味品蔬菜等加工蔬菜的需求增加，加工消费14 183万吨，比上年增长1.3%，占消费量的23.2%。饲用等其他消费6 766万吨，比上年增长1.7%。

1.1.3 蔬菜贸易量额同增

中国蔬菜贸易量[①]保持增长和贸易顺差态势。2024年蔬菜贸易量额同增，顺差继续扩大。蔬菜出口量1 497万吨，比上年增长12.8%；出口额186.61亿美元，比上年增长3.1%。主要出口国家或地区及占比：越南占出口量的13.4%，日本占10.4%，韩国占9.1%，马来西亚占9.0%。主要出口品类：大蒜及其制品，占蔬菜出口总量的17.5%；番茄及其制品，占9.6%；洋葱及其制品，占8.4%。进口量40万吨，比上年增长12.9%；进口额10.53亿美元，比上年增长6.5%。主要进口来源国家或地区及占比：印度占进口量的47.8%，缅甸占13.6%，越南占8.4%。主要进口品类：辣椒及其制品，占进口总量的57.9%；豌豆，占7.9%；马铃薯及其制品，占6.9%。其中，蔬菜种子进口额2.59亿美元，占蔬菜进口总额的24.6%，主要品种有菠菜、洋葱、胡萝卜、西蓝花等，主要来自智利、泰国、法国、美国、意大利等。蔬菜贸易顺差176.08亿美元，比上年增长2.9%（图9-1、图9-2）。

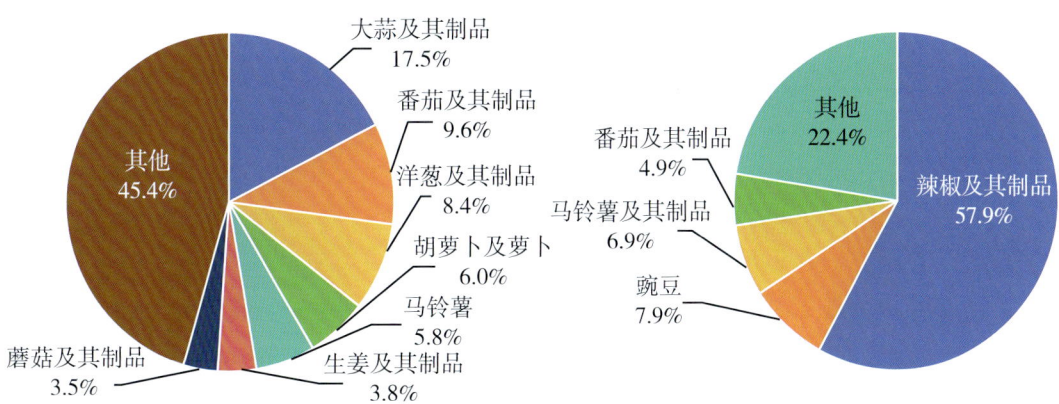

图9-1　2024年中国主要蔬菜分品种出口量占比　　图9-2　2024年中国主要蔬菜分品种进口量占比

（数据来源：海关总署）　　　　　　　　　　　　　（数据来源：海关总署）

---

① 蔬菜贸易量数据范围以农业农村部口径为准，包括：鲜冷冻蔬菜、干蔬菜、加工保藏蔬菜和蔬菜种子。

1.1.4 价格波动较明显

蔬菜价格高位运行，波动较为明显。2024年农业农村部重点监测的28种蔬菜全国平均批发价格5.20元/千克，比上年上涨2.4%。从年内波动看，整体运行以遵循季节性规律为主，呈"V"形波动，但是夏秋菜价明显偏高，偏离趋势呈"前低后高"特征，8—10月菜价持续处于历史高位。具体看，2月在寒冷天气及节日带动影响下，价格出现季节性高点，3月后天气回暖，市场供应量增加，价格连续下行，6月达到季节性低点。随后夏季强降雨、雷暴大风等强对流天气频发，降雨导致田间道路泥泞，蔬菜田间采收、运输困难，且部分蔬菜品种水淹后品质受损，损耗增加，7月开始蔬菜价格上涨，到9月达最高点。之后天气转好，蔬菜供应量逐步增加，价格明显回落，到12月跌至5.05元/千克，略高于往年同期水平（图9-3）。

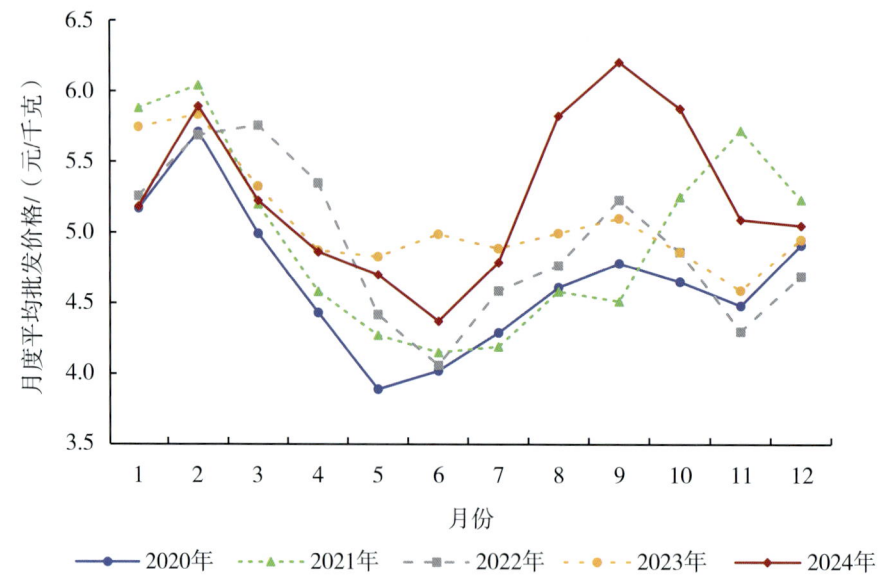

图9-3　2020—2024年农业农村部重点监测的全国28种蔬菜月度平均批发价格

（数据来源：农业农村部农产品批发市场监测信息网）

1.2　未来10年市场走势判断

1.2.1　总体判断

蔬菜种植面积基本稳定，产量保持高位态势。未来10年，蔬菜种植面积长期稳定在3.5亿亩（2 333万公顷）左右，蔬菜生产布局和品种结构进一步调优、产量趋稳、增速放缓，商品率提高。设施蔬菜面积保持增长，蔬菜新增在田面积增速放缓。预计2025年蔬菜产量83 110万吨，比上年微涨0.1%，2029年产量将达83 515万吨，比基期增长1.9%，2034年产量83 875万吨，比基期增长2.3%。未来10年，年均增速放缓，约0.2%，商品率由2025年的75.7%逐渐增至2034年的76.9%。

蔬菜消费平稳增长。未来10年，健康膳食趋势明显，推动高品质蔬菜消费增长。即食食品需求上升，拉动即食蔬菜和易加工品类消费，特色蔬菜需求增加。预计2025年达61 319万吨，比上年增长0.1%。鲜食消费比例从2025年的44.2%增至2034年的45.0%，加工消费比例提高，损耗下降。预计2029年消费量达61 737万吨，2034年达62 145万吨，年均增长0.3%。冷链运输比例提高，进一步降低损耗。

蔬菜贸易保持"大出小进"的顺差格局。出口方面，受种植成本、气候资源优势等因素影响，蔬菜出口保持较高份额，大蒜、蘑菇、番茄等优势品种集中出口，日本、韩国、美国以及东盟和欧盟等仍为主要出口市场。预计2025年出口量1 512万吨，2029年1 644万吨，2034年1 724万吨，年均增长2.6%。进口方面，规模较小，主要用于加工，主要进口品类为干辣椒，来自印度、越南等；种子进口保持一定规模，主要来自泰国、丹麦、智利、美国、日本等。预计2025年进口量41万吨，2029年50万吨，2034年57万吨，年均增长4.7%。

蔬菜价格波动上涨。短期看，蔬菜价格存在"大小年"现象，2025年蔬菜价格预计4.80~5.00元/千克，较上年小幅回落。长期看，蔬菜价格呈波动上涨趋势，受成本上升及消费升级推动，同时随着城乡居民对健康膳食和高品质蔬菜需求增强，优质、特色蔬菜价格将有上行空间，品牌化、绿色化、加工化趋势进一步推动价格上涨。

1.2.2 生产展望

蔬菜生产结构优化、供应充足。蔬菜行业正处于转型发展的关键期，由数量增长到质量提高的转换期，优化生产结构、提升设施农业水平、推动技术创新，蔬菜产业将在未来10年实现产量和品质的双重提升，同时保障市场供应的稳定性与可持续性。近年来，国家和地方各级政府积极鼓励调优蔬菜产业布局，南菜北运蔬菜和冷凉地区蔬菜生产增加，保障蔬菜周年均衡供给。受主产区基础设施条件稳定，蔬菜种植收益仍相对较高等因素影响，预计2025年蔬菜种植面积为3.46亿亩，与上年持平；蔬菜产量83 110万吨，比上年增长0.1%。中长期看，蔬菜种植面积长期稳定在3.5亿亩（2 333万公顷）左右。提升设施农业水平是确保"菜篮子"产品稳定供应的关键举措，也是高效利用土地资源、缓解粮菜用地矛盾的有效途径。《全国现代设施农业建设规划（2023—2030年）》提出未来要加强设施蔬菜发展，预计到2030年设施蔬菜种植面积将增长30%左右，而相应节约部分露地蔬菜面积。在面积趋稳的前提下，良种推广、绿色防控、智能水肥一体化等技术的应用，以及神经网络、机器视觉、图像识别等人工智能技术在蔬菜精准生长管理、病虫害检测和智能采收中的深度融合，将成为提升蔬菜产量和品质的关键驱动力。预计2029年蔬菜产量将达83 515万吨，比基期增长1.9%；2034年产量83 875万吨，比基期增长2.3%，年均增长0.2%，商品产量占比由2025年的75.7%逐渐增至2034年的76.9%（图9-4）。

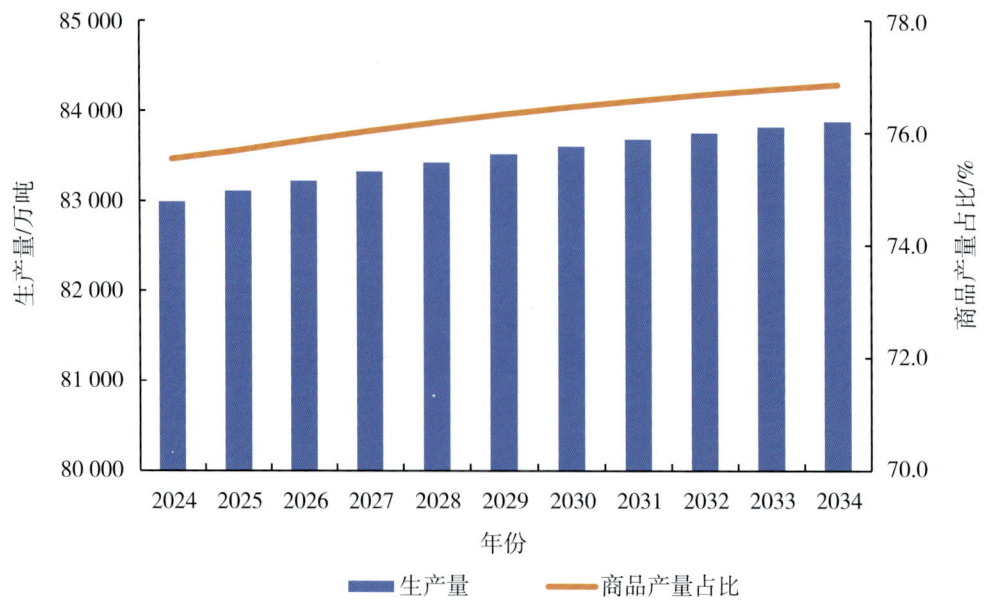

图9-4　2024—2034年中国蔬菜生产量和商品产量占比变化趋势

（数据来源：2025—2034年数据为中国农业科学院农业信息研究所CAMES模型系统预测）

1.2.3　消费展望

蔬菜消费平稳增长。随着蔬菜供应丰富化、生鲜食品采购易得性提高、电商业务快捷化等趋势越加明显，消费者对于蔬菜的多元化需求得到更好的满足。未来10年，预计蔬菜消费增长潜力继续增大：一是消费需求升级，高品质、绿色、安全消费意识增强，推动优质蔬菜需求增长，新鲜直达、特色多样化成为重要驱动因素；二是健康理念普及，健康膳食理念深入人心，饮食结构优化，蔬菜在饮食中的占比进一步提高；三是社会结构变化，出生率下降、人口老龄化、小规模家庭和双收入家庭增加，推动即食食品需求增长，进而拉动即食蔬菜和易加工蔬菜品类消费，蔬菜加工消费比例提高，冷链运输技术普及，蔬菜损耗率下降，供应链效率提升；四是特色蔬菜需求上升，调味品和馅料类特色蔬菜（如辣椒、大蒜、生姜、莲藕）需求将显著增加。各类消费比例进一步调整，加工消费比例将有所提高，同时随着冷链运输的比例提高，蔬菜损耗比例也将有所降低。预计2025年蔬菜消费量61 319万吨，比上年增长0.1%；2029年蔬菜消费量将达61 737万吨，比基期增长2.7%；2034年蔬菜消费量62 145万吨，比基期增长3.3%，年均增长0.3%。具体消费方式上，鲜食消费占消费量的比例将从2025年的44.2%增至2034年的45.0%，提升0.8个百分点；蔬菜加工规模将逐步扩大，展望期末加工消费17 431万吨，较基期增长2.3%；饲用、种用等其他消费略有增加，损耗下降（图9-5）。

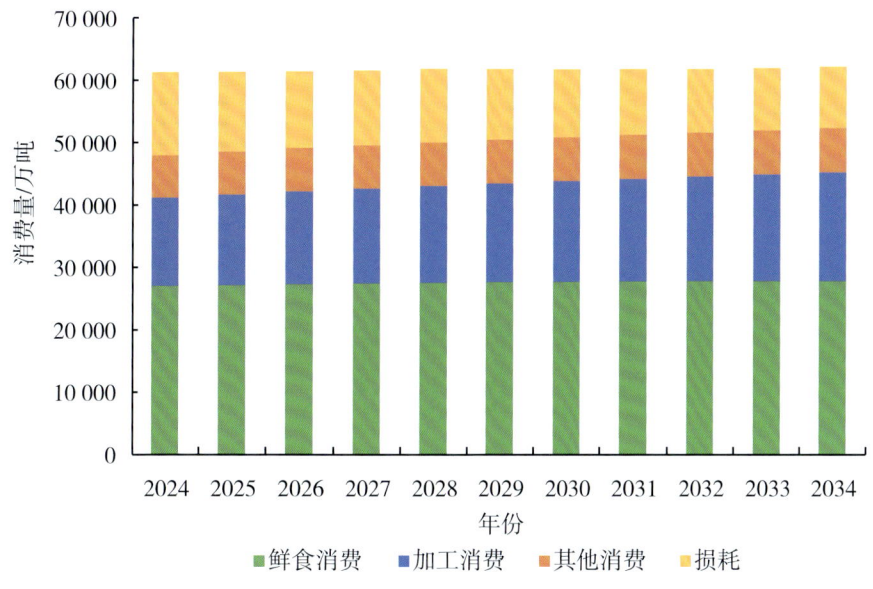

图9-5　2024—2034年中国蔬菜消费量变化趋势

（数据来源：2025—2034年数据为中国农业科学院农业信息研究所CAMES模型系统预测）

1.2.4　贸易展望

蔬菜贸易保持"大出小进"的顺差格局。未来10年，将继续保持净出口优势，贸易对象、品类呈多元化发展趋势。出口方面，贸易环境愈加复杂，中国的蔬菜出口将面临更严峻的市场竞争局面。未来10年，蔬菜贸易将以稳规模优结构为主，稳定出口对蔬菜产业增收的支撑作用，大蒜、蘑菇、番茄、生姜、辣椒等种类将保持出口优势，出口国家和地区进一步多样化。预计2025年出口量1 512万吨，比上年增长1.0%；2029年出口量1 644万吨，比基期增长23.3%；2034年出口量1 724万吨，比基期增长29.3%，年均增长2.6%。进口方面，蔬菜进口总体规模相对较小，主要进口蔬菜品类包括干辣椒和番茄（加工）以及蔬菜种子等，主要用于种用、加工及调节特色品种，以印度、越南、日本和泰国等为主要来源地。随着国内蔬菜消费升级，对于高品质、有特色的各国蔬菜种类需求将继续增加，拉动进口增长。预计2025年进口量41万吨，比上年增长2.5%；2029年进口量50万吨，比基期增长38.9%；2034年进口量57万吨，比基期增长58.3%，年均增长4.7%（图9-6）。

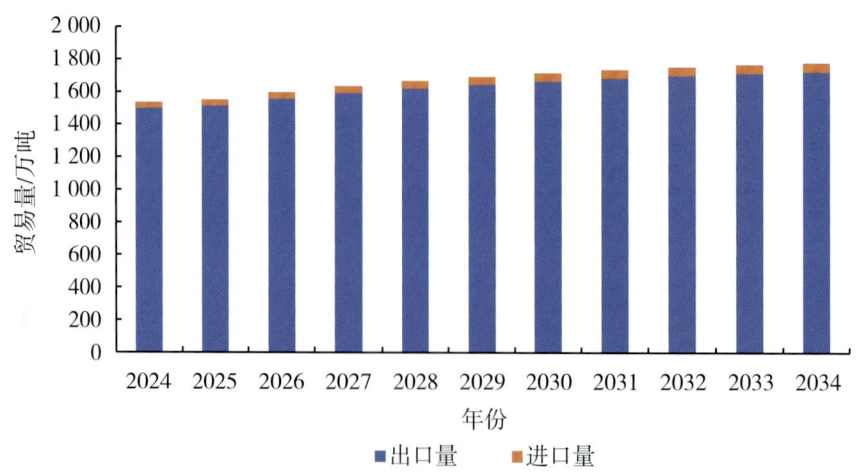

图9-6　2024—2034年中国蔬菜贸易量变化趋势

（数据来源：2025—2034年数据为中国农业科学院农业信息研究所CAMES模型系统预测）

1.2.5　价格展望

蔬菜价格季节性波动，长期看以涨为主。短期看，2025年蔬菜价格较上年有所回落，预计为4.80～5.00元/千克。主要是2024年下半年蔬菜价格高位运行，市场预期较好，扩种意愿增强，预计种植面积小幅增加，蔬菜供应充足，不利天气可能多发，导致蔬菜区域性、阶段性、结构性的价格暴涨暴跌仍会出现，但由于生产基础稳健，且蔬菜品种之间存在较强的替代性，预计年内价格异常波动持续时间不会太长。长期看，蔬菜价格呈波动上涨趋势。由于蔬菜生产总体稳定，蔬菜供给整体呈宽松状态，蔬菜价格在季节性、周期性波动基础上，受土地流转、劳动人工、水肥农资、设施改造等成本上涨拉动，蔬菜价格年际间也将呈现波动性上涨态势。展望期间，中国蔬菜产业将更加依赖于技术支撑，种子种苗、设施生产、数智化改造、信息化机械装备、"互联网+"等创新要素将不断推进蔬菜产业高质量发展，也将促进机器换人和降低人力投入。此外，蔬菜产业继续向品牌化、绿色化、加工化发展，多业态并进，随着城乡居民对健康膳食、高品质蔬菜的需求增强，优质蔬菜、特色蔬菜将受到消费者的欢迎，蔬菜价格在各类溢价水平上也将有一定上行空间。

1.3　不确定性分析

1.3.1　自然灾害

自然灾害仍是蔬菜产业发展面临的最大不确定性因素，涉及生产、流通等多个环节。在生产环节，极端天气如洪涝、干旱、冰雹、霜冻等，可能会直接影响蔬菜种植环境，导致减产甚至绝收，而且自然灾害还可能导致蔬菜产地转换和茬口轮换推迟或中断，打乱生产计划，影响市场供应。此外，气候变化可能引发病虫害的暴发或变异，增加防治难度，影响蔬菜产量和品质。在流通环节，洪水、台风等灾害可能破坏交通基础设施，或者导致短期道路封锁等，导致蔬菜运输受阻，影响新鲜蔬菜的及时供应，而且不利的自然条件有可能增加蔬菜在途保险费用、增加损耗，从而影响市场供应。

1.3.2 贸易环境

当前，世界经贸格局复杂多变，国际供应链加速重构，贸易环境面临严峻挑战，给蔬菜出口带来不确定性。一是贸易壁垒增多，如技术壁垒、关税壁垒和绿色壁垒等，对蔬菜出口形成直接限制，尤其是出口日本、韩国以及部分欧美发达国家和地区的高品质蔬菜，容易受到相关影响。二是地缘政治的不确定性，可能导致贸易通道受阻或中断，尤其是对保鲜要求较高的蔬菜品种影响更为显著。三是贸易摩擦与汇率波动，增加了贸易成本和价格风险，影响市场竞争力。四是国际标准差异，不同国家对蔬菜质量、安全、包装等方面的要求不一，增加了出口难度。此外，随着"一带一路"倡议深入推进，中国蔬菜出口可能迎来新市场和新机遇，但同时也需要适应共建国家多样化的市场需求和标准。

2 马铃薯

马铃薯生态适应能力强、用途范围广、市场潜力大，马铃薯产业发展对于践行大食物观、保障国家粮食安全、推进乡村全面振兴具有重要意义。2024年，中国马铃薯产量9 883万吨，比上年增长3.9%；消费量9 252万吨，比上年减少2.2%；出口量86.56万吨，比上年增长55.6%，进口量2.75万吨，比上年减少34.4%；贸易顺差5.08亿美元，比上年增长26.1%。马铃薯市场价格总体低迷，全年批发均价为2.38元/千克，比上年下跌21.8%。预计2025年马铃薯产量和消费量分别为9 667万吨和9 304万吨，分别比上年减少2.2%和增长0.6%；出口量和进口量分别为90万吨和2.50万吨，分别增长3.4%和减少9.1%；市场均价将高于上年。预计2029年马铃薯产量10 011万吨，消费量9 996万吨，出口量105万吨，进口量2.00万吨。预计2034年马铃薯产量和消费量分别为10 572万吨和10 410万吨，比基期（基期为2022—2024年3年平均值，下同）年均增速分别为0.9%和1.0%；出口量114万吨，年均增长5.4%；进口量1.88万吨，年均减少7.8%；马铃薯市场价格总体呈现波动性上涨趋势。

2.1 2024年市场形势回顾

2.1.1 产量有所增加

2024年，马铃薯种植面积8 489万亩（566万公顷），比上年增长4.8%；单产1 164千克/亩（17 463千克/公顷），比上年减少0.9%；产量9 883万吨，比上年增长

3.9%。从种植面积来看,一方面,春季马铃薯种植面积增加。山东枣庄、泰安,河南开封、南阳,湖北恩施、荆门等地是中国春季马铃薯主产区。2023年马铃薯种植获益丰厚,薯农生产积极性高涨,导致各大春薯主产区生产者纷纷扩种。另一方面,秋季马铃薯种植面积增加。甘肃定西、天水,内蒙古乌兰察布、呼伦贝尔,黑龙江齐齐哈尔、牡丹江等地是中国秋季马铃薯主产区。2023年秋季马铃薯市场行情较好,刺激了2024年秋季马铃薯生产农户增加种植面积。从单产来看,2024年6月多个春薯主产区遭遇连续阴雨天气,8—9月内蒙古乌兰察布、河北承德等地降雨偏多,当时正值马铃薯收获关键期,连续降雨导致马铃薯采挖受阻,发芽、破损、腐烂等变质现象偏重发生,降低了单产水平。总的看,虽然2024年马铃薯单产水平与上年相比出现下降,但是种植面积增幅更大,2024年马铃薯产量比上年仍然增加。

2.1.2 消费数量减少

马铃薯消费以食用消费为主,其他为加工消费、种用消费、饲用消费和损耗。2024年,马铃薯消费量9 252万吨,比上年减少2.2%。具体来看,食用消费量3 856万吨,减少6.3%。马铃薯与耐贮类蔬菜之间消费替代作用较强。2024年圆白菜、白萝卜、胡萝卜等耐贮类蔬菜价格低迷,强化了对马铃薯的消费替代,减少了马铃薯食用消费需求。加工消费量2 996万吨,增长0.8%。2024年中国马铃薯加工产业加快发展,马铃薯加工消费量进一步增加。种用消费量随着种植面积扩大而增加,为858万吨,增长4.9%。2024年玉米、大豆等饲料作物价格低迷,压缩了马铃薯饲用消费需求,马铃薯饲用消费量524万吨,减少5.8%。马铃薯损耗量随着产量提高而增加,为979万吨,增长2.1%。

2.1.3 贸易顺差扩大

中国马铃薯国际贸易的主要类型包括种用马铃薯、鲜或冷藏的马铃薯、制作或保藏的冷冻马铃薯、制作或保藏的未冷冻马铃薯等。据海关总署统计,2024年,中国出口马铃薯86.56万吨,比上年增长55.6%;出口额5.67亿美元,增长17.9%。鲜或冷藏的马铃薯是中国马铃薯出口的主要类型,出口量、出口额分别为62.53万吨、2.39亿美元,分别占马铃薯出口量、出口额的72.2%和42.1%。进口马铃薯2.75万吨,减少34.4%;进口额0.59亿美元,减少24.3%。制作或保藏的冷冻马铃薯是主要进口类型,进口量、进口额分别为2.54万吨、0.40亿美元,分别占马铃薯进口量、进口额的92.2%和67.6%。贸易顺差5.08亿美元,增长26.1%。

从出口目的地来看,中国马铃薯主要出口马来西亚、越南、泰国、菲律宾和日本等国家。对上述5个出口目的地的出口量、出口额分别占马铃薯出口量、出口额的67.5%和64.2%。其中,马来西亚是中国最大的马铃薯出口目的地,对马来西亚的出口量和出口额分别占马铃薯出口量和出口额的25.2%和12.8%。从进口来源地看,进口主要来自美国、土耳其、比利时、荷兰和法国等国家。从上述5个进口来源地的进口量、进口额分别占马铃薯进口量、进口额的92.6%和70.8%。其中，美国是中国最大的马铃薯进口来源国，从美国的进口量和进口额占马铃薯进口量和进口额的39.6%和32.6%。

2.1.4 市场价格总体低迷

据农业农村部监测，2024年马铃薯全年批发均价为2.38元/千克，比上年下跌21.8%，处于近10年来偏低位次。总的看，2024年马铃薯市场行情比较低迷，马铃薯月度批发均价始终低于上年同期（图9-7）。分阶段来看，2024年1—4月马铃薯批发均价为2.57元/千克，比上年同期低19.6%。此阶段马铃薯市场交易主体为2023年产季库存薯，2023年秋季马铃薯产量较往年偏大，而且薯农看涨后期走势，纷纷囤薯入库，捂货惜售，很多马铃薯延至2024年销售，导致2024年初库存薯市场供应数量偏多。5—8月马铃薯批发均价为2.31元/千克，比上年同期低30.3%。此阶段马铃薯市场交易主体为2024年产季春季马铃薯，受春季马铃薯生产面积扩大影响，春季马铃薯产量处于近年来高位，马铃薯市场供给偏多，推动马铃薯市场价格继续同比下跌。9—12月马铃薯批发均价为2.25元/千克，比上年同期低13.3%。此阶段马铃薯市场交易主体为2024年秋季马铃薯，在秋季马铃薯数量增加和品质下降共同作用下，马铃薯市场价格延续同比下跌趋势。

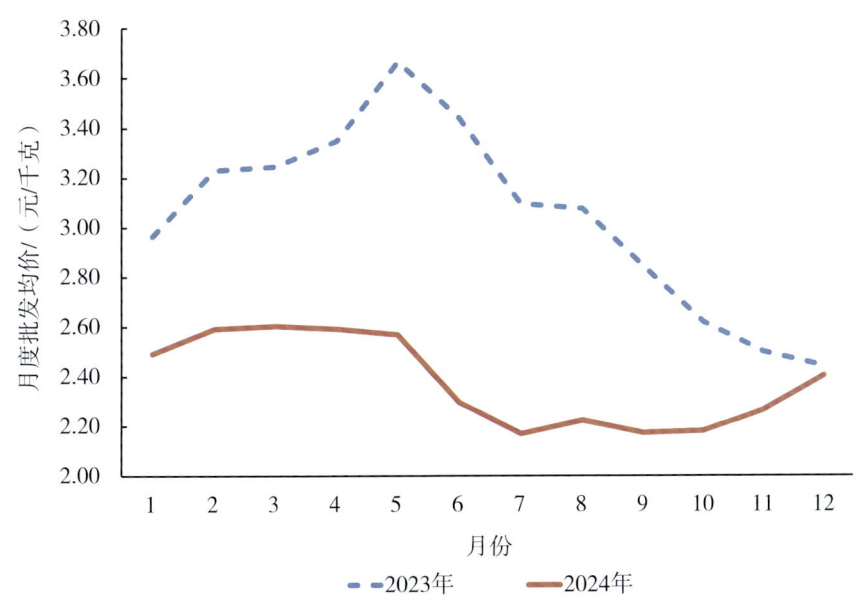

图9-7 2023—2024年中国马铃薯月度批发均价

（数据来源：农业农村部农产品批发市场监测信息网）

2.2 未来10年市场走势判断

2.2.1 总体判断

未来10年，中国马铃薯产量和消费量均呈现总体增长趋势，出口量增加，进口量减少。预计2025年马铃薯产量9 667万吨，比上年减少2.2%；消费量9 304万吨，比上年增长0.6%；出口量90万吨，比上年增长3.4%；进口量2.50万吨，比上年减少9.1%；市场均价将高于上年。预计2029年马铃薯产量10 011万吨，比基期增长3.1%；消费量9 996万吨，比基期增长6.1%；出口量105万吨，比基期增长56.4%；进口量2.00万吨，比基期减少52.9%。预计2034年马铃薯产量10 572万吨，比基期增长8.8%，年均增长0.9%；消费量10 410万吨，比基期增长10.5%，年均增长1.0%；出口量114万吨，比基期增长69.3%，年均增长5.4%；进口量1.88万吨，比基期减少55.8%，年均减少7.8%；马铃薯市场价格总体呈现波动性上涨趋势。

2.2.2 生产展望

种植面积先减后增。受2024年马铃薯市场行情总体低迷影响，2025年薯农生产积极性下降，马铃薯种植面积将减少。预计2025年中国马铃薯种植面积8 250万亩（550万公顷），比上年减少2.8%。从长期来看，马铃薯是中国很多地区，尤其是脱贫地区的特色优势产业和富民产业，也是调整优化种植结构，促进农民增收致富的重要作物，发展潜力仍然很大，种植面积呈增加趋势。预计2029年马铃薯种植面积为8 475万亩（565万公顷），比基期增长2.3%；2034年为8 700万亩（580万公顷），比基期增长5.0%，年均增长0.5%（图9-8）。

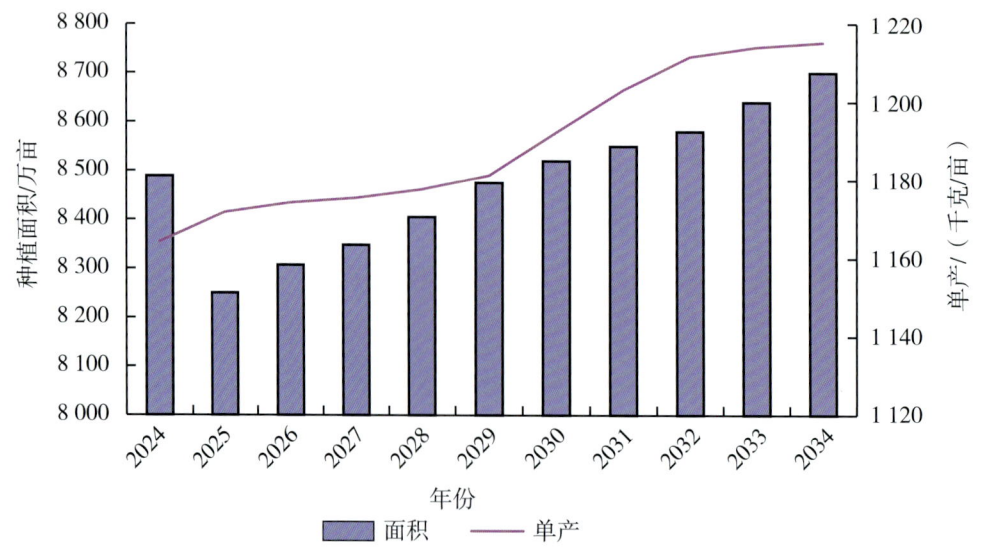

图9-8　2024—2034年中国马铃薯种植面积和单产变化趋势

（数据来源：2025—2034年数据为中国农业科学院农业信息研究所CAMES模型系统预测）

单产水平不断提高。当前,中国马铃薯单产水平同欧美等发达国家和地区差距较大,仍有较大提升空间。未来时期,随着脱毒种薯应用广泛普及、马铃薯高产优质栽培技术加快推广以及生产专业化水平持续提高,中国马铃薯单产呈不断提高态势。预计2025年为1 172千克/亩(17 576千克/公顷),比上年增长0.6%;2029年为1 181千克/亩(17 718千克/公顷),比基期增长0.8%;2034年为1 215千克/亩(18 228千克/公顷),比基期增长3.7%,年均增长0.4%(图9-8)。

产量先降后升。2025年,受种植面积减少影响,预计产量为9 667万吨,比上年减少2.2%。长期来看,在种植面积增加和单产水平提高的共同作用下,马铃薯产量将稳步提升,预计2029年为10 011万吨,比基期增长3.1%;2034年为10 572万吨,比基期增长8.8%,年均增长0.9%。

2.2.3 消费展望

消费量总体呈增加态势。预计2025年为9 304万吨,比上年增长0.6%;2029年为9 996万吨,比基期增长6.1%;2034年为10 410万吨,比基期增长10.5%,年均增长1.0%。

食用消费稳步增加。中国已经全面建成小康社会,城乡居民总体进入一个比较殷实的生活状态,消费由吃得饱向吃得好、吃得健康转变,呈现品质消费、绿色消费、个性消费新趋势。马铃薯营养均衡全面,富含维生素、膳食纤维和矿物质元素。随着居民健康膳食营养理念的普及以及对马铃薯营养功能的认可,马铃薯食用消费量将进一步提高。预计2025年为3 909万吨,比上年增长1.4%;2029年为4 371万吨,比基期增长7.8%;2034年为4 501万吨,比基期增长11.1%,年均增长1.1%(图9-9)。

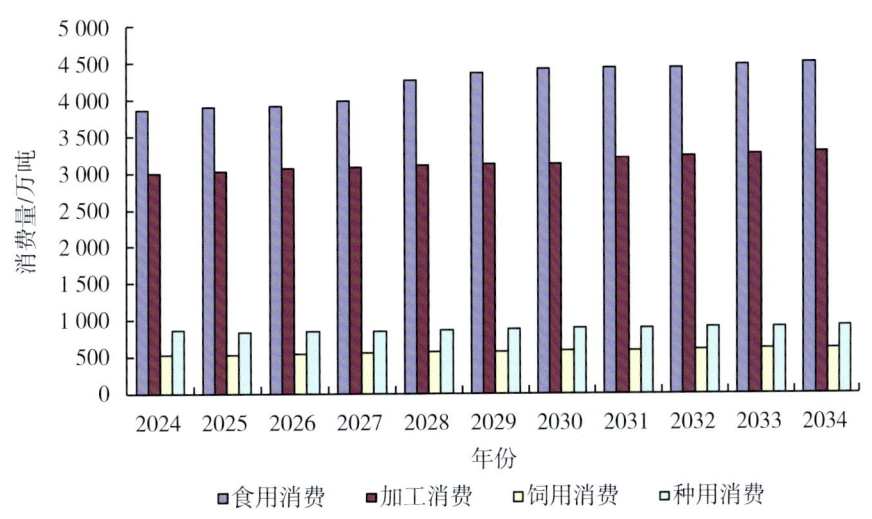

图9-9　2024—2034年中国马铃薯消费量变化趋势

(数据来源:2025—2034年数据为中国农业科学院农业信息研究所CAMES模型系统预测)

加工消费持续增加。马铃薯加工产品类型非常丰富，能够广泛用于食品、造纸、染织、医药、建筑、宠物饲料、降解材料等行业，然而当前中国马铃薯加工制品仍以淀粉、粉丝、粉条等传统产品为主，产业链条较短，市场开拓力度不够。未来10年，随着中国马铃薯加工产业不断发展，马铃薯加工消费量将持续增加。预计2025年为3 028万吨，比上年增长1.1%；2029年为3 120万吨，比基期增长5.1%；2034年为3 288万吨，比基期增长10.7%，年均增长1.0%（图9-9）。

种用消费和饲用消费总体均增加。2025年，受种植面积缩减影响，预计马铃薯种用消费为839万吨，比上年减少2.3%。长期来看，种用消费随种植面积扩大而增加，预计2029年为871万吨，比基期增长3.5%；2034年为921万吨，比基期增长9.4%，年均增长0.9%。随着城乡人口结构变动和居民生活水平提高，人们对畜禽类高蛋白食品消费需求增加，将提高马铃薯饲用消费数量，预计2025年为534万吨，比上年增长1.9%；2029年为572万吨，比基期增长5.5%；2034年为612万吨，比基期增长12.7%，年均增长1.2%（图9-9）。

2.2.4 贸易展望

出口方面，中国马铃薯主要出口类型是鲜或冷藏的马铃薯。中国马铃薯主要出口东南亚和日本等周边地区和国家，无论在价格还是品质方面，中国马铃薯均具有显著的贸易竞争优势。未来10年，随着中国马铃薯产业加快发展，出口规模将继续扩大。预计2025年为90万吨，比上年增长3.4%；2029年为105万吨，比基期增长56.4%；2034年为114万吨，比基期增长69.3%，年均增长5.4%（图9-10）。

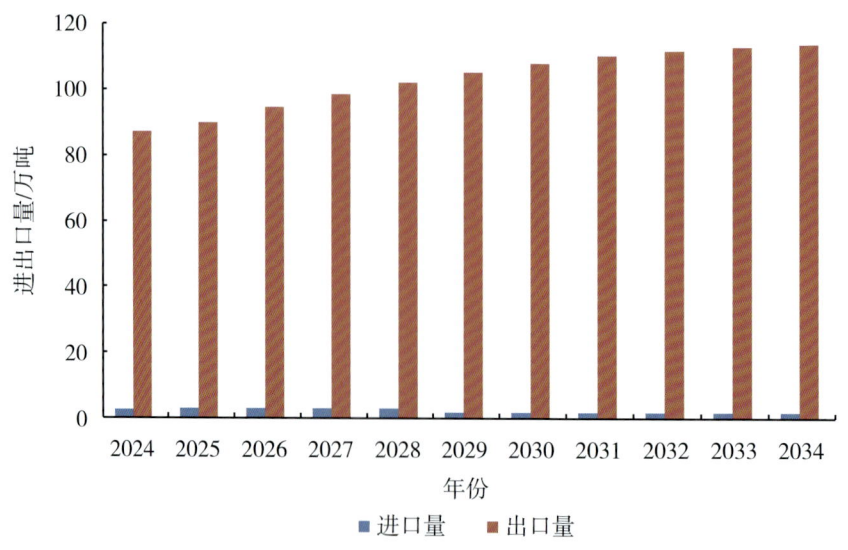

图9-10　2024—2034年中国马铃薯贸易量变化趋势

（数据来源：2025—2034年数据为中国农业科学院农业信息研究所CAMES模型系统预测）

进口方面，中国马铃薯主要进口类型是制作或保藏的冷冻马铃薯，用作马铃薯加工产品的原料，主要来自欧美国家。未来10年，中国将积极推进马铃薯产业开发，选育、推广适宜加工的马铃薯新品种，优化加工专用型马铃薯生产布局，薯条、薯片、淀粉等加工专用薯生产规模将进一步扩大，进口替代效应愈发明显，马铃薯进口规模将呈总体缩减态势，预计进口量2万～3万吨（图9-10）。

2.2.5 价格展望

近期来看，2025年1—4月，马铃薯市场交易类型主要为2024年产季库存薯。2024年中国各大马铃薯主产区普遍增产，导致库存薯数量高于往年，市场供应比较充足。预计此阶段马铃薯市场价格低于2024年同期水平，跌幅2%～5%。2025年5—12月，马铃薯市场交易类型主要为当年产季马铃薯。2024年马铃薯市场行情持续低迷，马铃薯经济效益下滑，挫伤了薯农2025年生产积极性，导致马铃薯产量减少，此阶段薯价将同比上涨，涨幅5%～10%。

长期来看，一方面，随着土地、水、劳动力等资源日益稀缺以及生态环境约束愈发趋紧，中国马铃薯生产成本不断提高，将推动马铃薯市场价格上涨。同时，中国马铃薯产业高质量发展步伐加快，马铃薯品质进一步提升，也将拉高马铃薯市场价格。另一方面，受消费替代品价格变化、农业气象条件改变以及突发公共事件发生等因素影响，马铃薯市场价格也会发生波动。总的看，展望期内，马铃薯市场价格呈现波动性上涨趋势。

2.3 不确定性分析

2.3.1 气候因素

中国很多马铃薯主产区位于西北、西南山区，干旱、洪涝、冰雹等自然灾害频发，而且当地农业基础设施相对薄弱，马铃薯生产受自然灾害影响较大。中国气象局气候变化中心发布《中国气候变化蓝皮书（2024）》显示，全球气候系统变暖趋势仍在持续，中国是全球气候变化的敏感区和影响显著区。未来时期，气候变暖将导致极端天气气候事件频率和强度增加，高温、干旱、暴雨洪涝、强台风等极端天气发生风险进一步加大，会对中国马铃薯产业发展产生较大影响。

2.3.2 技术因素

中国马铃薯全程现代化生产技术和装备水平同欧美发达国家和地区差距不小，具有较大的提升空间。一方面，部分地区种薯质量偏低，种薯质量是决定马铃薯产量水平的关键因素，然而目前湖北、云南和贵州等地脱毒种薯普及率尚不足50%；另一方面，不少地区受经济利益驱使，连年种植马铃薯，忽视轮作倒茬，导致黑痣病、疮痂病、粉痂病等土传病害偏重发生，马铃薯产量和质量下降。未来时期，脱毒种薯应用范围、病害防治技术水平以及耕地用养结合模式推广情况等都会对中国马铃薯产业发展产生重要影响。

2.3.3 贸易因素

中国马铃薯贸易市场集中度比较高，出口市场主要集中在东南亚和日本等周边地区和国家，进口主要来自欧美国家。较高的市场集中度导致贸易风险无法有效分散，国内外贸易政策走向会对中国马铃薯产业发展带来较大不确定性。未来时期，中国-东盟自由贸易区建设情况、区域全面经济伙伴关系协定实施进展以及中美经贸摩擦态势等都会对中国马铃薯产业发展造成较大影响，尤其是2025年中国对原产于欧盟的进口马铃薯淀粉反倾销政策将到期，到期后是否延续该政策值得关注。

参考文献

陈萌山，王小虎，2015.中国马铃薯主食产业化发展与展望[J].农业经济问题（12）：4-11.

高琨，田晓红，谭斌，等，2021.马铃薯食品加工现状及展望[J].中国粮油学报，36（8）：161-168.

黄凤玲，2017.中国马铃薯贸易及竞争力分析[J].中国马铃薯（3）：178-185.

李慧颖，王孟伟，白丽，2024.中国辛辣类蔬菜出口贸易空间关联与溢出效应：基于RCEP框架下的实证[J].中国农业资源与区划，45（2）：136-145.

罗其友，伦闰琪，高明杰，等，2022.2021—2025年我国马铃薯产业高质量发展战略路径[J].中国农业资源与区划，43（3）：37-45.

农业农村部，国家发展改革委，财政部，等.农业农村部　国家发展改革委　财政部　自然资源部关于印发《全国现代设施农业建设规划（2023—2030年）》的通知[EB/OL]．（2023-06-09）[2025-01-03].https://www.gov.cn/zhengce/zhengceku/202306/content_6887551.htm.

屈冬玉，谢开云，金黎平，2005.中国马铃薯产业发展与食物安全[J].中国农业科学，38（2）：358-362.

沈辰，赵凤，孙家波，等，2022.我国蔬菜市场调控的思考与建议[J].中国蔬菜（10）：14-19.DOI：10.19928/j.cnki.1000-6346.2022.1035.

田亚军，张正佳，迟亮，等，2023.我国农产品冷链物流发展现状、问题与建议[J].中国食物与营养，29（5）：28-31.

王秀丽，陈萌山，2020.马铃薯发展历程的回溯与展望[J].农业经济问题（5）：123-130.

王秀丽，王小虎，2018.瑞典、挪威与俄罗斯3国马铃薯的生产消费及对中国推进马铃薯主食产业化的启示[J].世界农业（3）：31-36.

徐建飞，金黎平，2017.马铃薯遗传育种研究：现状与展望[J].中国农业科学，50（6）：990-1015.

薛亮，张真和，柴立平，等，2021.关于"十四五"期间我国蔬菜产业发展的若干问题[J].中国蔬菜（4）：5-11.

杨亚东，杜娅婷，杜歆仪，等，2022.中国马铃薯农户种植意愿及其空间差异[J].中国农业资源与区划，43（2）：220-230.

杨亚东，胡韵菲，栗欣如，等，2017. 中国马铃薯种植空间格局演变及其驱动因素分析[J]. 农业技术经济（8）：39-47.

周向阳，沈辰，张晶，等，2023. 2022年马铃薯市场形势回顾和2023年展望[J]. 中国蔬菜（2）：91-94.

周向阳，张晶，程国栋，等，2024. 2023年马铃薯市场形势回顾和2024年展望[J]. 中国蔬菜（3）：19-22.

周向阳，张晶，徐美，等，2023. 2023年上半年中国马铃薯市场形势回顾和后期展望[J]. 农业展望，19（7）：9-12.

周向阳，赵令卓，张晶，等，2024. 2024年上半年中国马铃薯市场形势回顾和后期展望[J]. 农业展望，20（7）：3-6.

第十章

水 果

中国是全球最大的水果生产国和消费国，水果产业已发展成为仅次于粮食、蔬菜的第三大种植业，对推进乡村全面振兴和农民增收致富具有重要意义。2024年中国水果供给充足，产量3.35亿吨，比上年增长2.2%；消费量3.28亿吨，增长2.4%；水果及制品进口量867.97万吨，出口量658.85万吨，分别增长3.4%和31.1%，贸易逆差109.14亿美元，比上年收窄3.75亿美元；全国6种水果平均批发价格年均价7.24元/千克，比上年下跌2.0%。展望期内，水果产业高质量发展步伐加快，水果产量和消费量持续增长，进、出口规模继续扩大。预计2025年，水果产量3.38亿吨，比上年增长1.0%；消费量3.34亿吨，增长1.9%；进口量（折鲜）1 406万吨，出口量（折鲜）1 218万吨，分别增长6.9%和6.0%。2029年，水果产量3.43亿吨，比基期（基期为2022—2024年3年平均值，下同）增长5.5%；消费量3.40亿吨，增长7.1%；进口量（折鲜）1 881万吨，出口量（折鲜）1 573万吨，分别增长57.1%和68.7%。2034年，水果产量3.47亿吨，比基期增长6.7%，年均增长0.6%；消费量3.45亿吨，比基期增长8.4%，年均增长0.8%；进口量（折鲜）2 421万吨，出口量（折鲜）2 165万吨，分别比基期增长102.2%和132.2%，年均增长7.3%和8.8%。

1 2024年市场形势回顾

1.1 产量小幅增加，供给总体充足

2024年中国水果产量3.35亿吨，比上年增长2.2%，供给总体充足。园林水果面积为1.87亿亩（1 248万公顷），比上年小幅减少，瓜果类面积3 225万亩（215万公顷），比上年略有增加。水果主产区气象条件总体适宜，园林水果产量2.45亿吨，比上年增长2.3%；瓜果类产量9 020万吨，比上年增长2.0%。分品种看，苹果产量5 064万吨，比上年增长2.1%，其中陕西产业布局结构优化和挂果面积增加，苹果产量1 422万吨，比上年增长3.4%；甘肃、新疆、云南苹果产量增加明显。梨果主产区极端灾害天气较少，整体丰产且品质有所提升，产量2 025万吨，比上年增长2.0%，其中排名第一的河北产区果园加快更新换代、品种改良和管理优化，产量小幅增加。柑橘类水果产量6 600万吨，增长2.6%，其中排名第一的广西产区果实膨大期雨水充足，转色期日照时间长，有利于果实产量和质量提升，柑橘产量2 004万吨，比上年增长5.7%。

1.2 消费稳中略增，线上消费发展较快

2024年中国水果消费量3.28亿吨，比上年增长2.4%。随着居民饮食结构不断优化，水果消费继续增加，加之电商、社区团购、直播带货、外卖等线上渠道快速发展，使居民家庭线上消费愈加便利，水果直接消费量1.63亿吨，增长1.2%，占水果消费量的49.7%。新兴业态发展进一步拓宽了水果消费空间，果切、果茶、果干、

水果类零食等创新的产品形态和消费场景成为新的消费热点。2024年水果加工消费量5 021万吨，比上年增长9.5%，占水果消费量的15.3%。由于水果的易腐特性，以及在采购、商品化处理、贮存、运输、批发、分销等一系列环节中的条件不足和操作不当等原因，水果其他消费及损耗量1.14亿吨。

1.3 进出口量增加，贸易逆差收窄

2024年中国水果及制品进口量867.97万吨，进口额194.50亿美元，分别比上年增长3.4%和6.0%；出口量658.85万吨，出口额85.36亿美元，分别比上年增长31.1%和20.9%（表10-1）。贸易逆差109.14亿美元，比上年收窄3.75亿美元。东盟是我国水果及制品主要贸易伙伴，2024年进、出口东盟的水果及制品分别占进、出口总额的62.8%和42.8%。

表10-1 2024年中国水果及制品进出口数量、金额及同比变化

类别	进口量		进口额		出口量		出口额	
	万吨	同比/%	亿美元	同比/%	万吨	同比/%	亿美元	同比/%
水果及制品	867.97	3.4	194.50	6.0	658.85	31.1	85.36	20.9
鲜、冷冻水果	748.42	2.4	173.98	5.3	490.66	30.4	54.75	19.4
果汁	72.83	17.7	10.80	16.5	63.88	90.8	10.29	80.1
水果罐头	4.94	9.9	0.67	18.8	53.41	11.9	6.54	3.7

数据来源：海关总署。

中国水果贸易以鲜、冷冻水果为主，2024年进口和出口均不同程度增加。2024年中国鲜、冷冻水果进口量和进口额分别是748.42万吨和173.98亿美元，分别比上年增长2.4%和5.3%（表10-1）。进口额最大的两类水果是榴梿和樱桃，进口额分别是69.94亿美元和36.54亿美元，分别比上年增长4.1%和37.5%，两者占鲜冷冻水果进口额的61.2%。2024年中国鲜、冷冻水果出口量和出口额分别是490.66万吨和54.76亿美元，分别比上年增长30.4%和19.4%（表10-1）。出口额最大的4类水果是柑橘、苹果、葡萄、梨，出口额分别是15.37亿美元、10.46亿美元、9.28亿美元、6.05亿美元，分别比上年增长23.1%、7.8%、14.0%、12.9%，四者占鲜冷冻水果出口额的75.2%。

中国水果制品贸易以果汁为主，2024年中国果汁进口量和进口额分别是72.83万吨和10.80亿美元，分别比上年增长17.7%和16.5%，进口以柑橘汁和椰子汁为主，两者占果汁进口额的45.0%。2024年中国果汁出口增幅明显，出口量和出口额分别是63.88万吨和10.29亿美元，分别比上年增长90.8%和80.1%，出口以苹果汁为主，占果汁出口额的80.3%（表10-1）。2024年中国水果罐头进口量和进口额分别

是4.94万吨和0.67亿美元，分别比上年增长9.9%和18.8%；出口量和出口额分别是53.41万吨和6.54亿美元，分别比上年增长11.9%和3.7%。

1.4 价格同比下降，相对高位运行

根据农业农村部全国农产品批发市场监测统计数据，2024年全国6种水果（富士苹果、巨峰葡萄、西瓜、鸭梨、菠萝、香蕉）平均批发价格为7.24元/千克，比上年下跌2.0%，是仅次于上年的历史第二高（图10-1）。

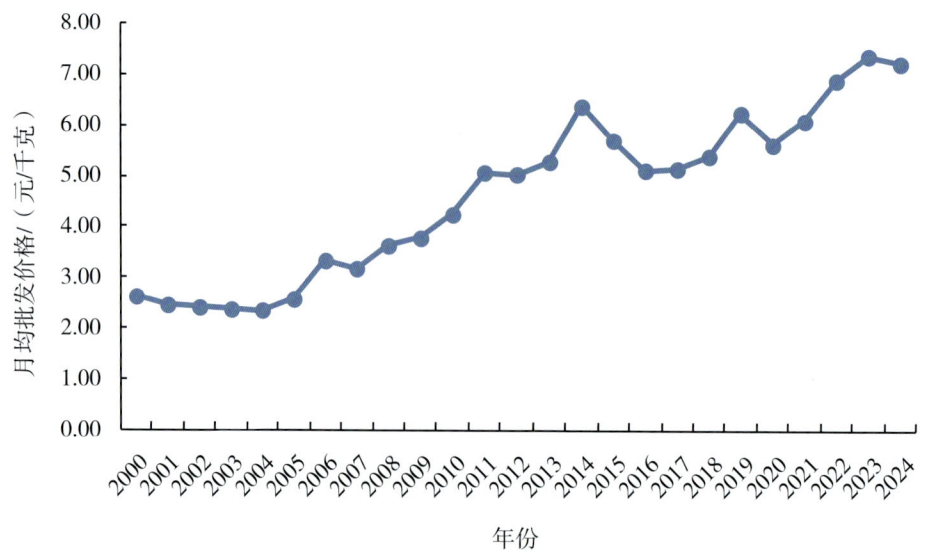

图10-1　2000—2024年中国6种水果平均批发价格情况

（数据来源：农业农村部全国农产品批发市场监测统计）

2024年水果批发月均价在7.13～7.39元/千克区间，环比涨跌幅均在3%以内，波动较为平缓。分月度看，受冬春应季水果供应相对偏紧、成本较高以及春节、清明等节日消费拉动，1—3月水果价格季节性上涨，由7.14元/千克上涨至年内最高价7.39元/千克，涨幅3.5%；4—7月，由于西瓜、甜瓜、桃等时令鲜果大量上市，苹果、梨等大宗水果清库存力度加大，水果市场供给充足，价格呈季节性下跌走势，跌至7月的7.13元/千克，跌幅3.5%；8月，受北方降雨、冰雹等不利天气影响，西瓜产地损耗较大，市场供应量下降，价格回涨明显，带动水果价格上涨至7.31元/千克，涨幅2.5%；9—11月，由于新季梨、苹果、柑橘等水果丰收上市，供给充足，加之市场需求相对疲弱，水果价格持续走低，跌至11月的7.13元/千克，跌幅2.4%；12月，随着水果供应品类再次下降，市场以苹果、柑橘、梨、香蕉等大宗水果供应为主，加之圣诞、元旦等节日消费拉动，水果价格小幅上涨至7.16元/千克，涨幅0.5%（图10-2）。

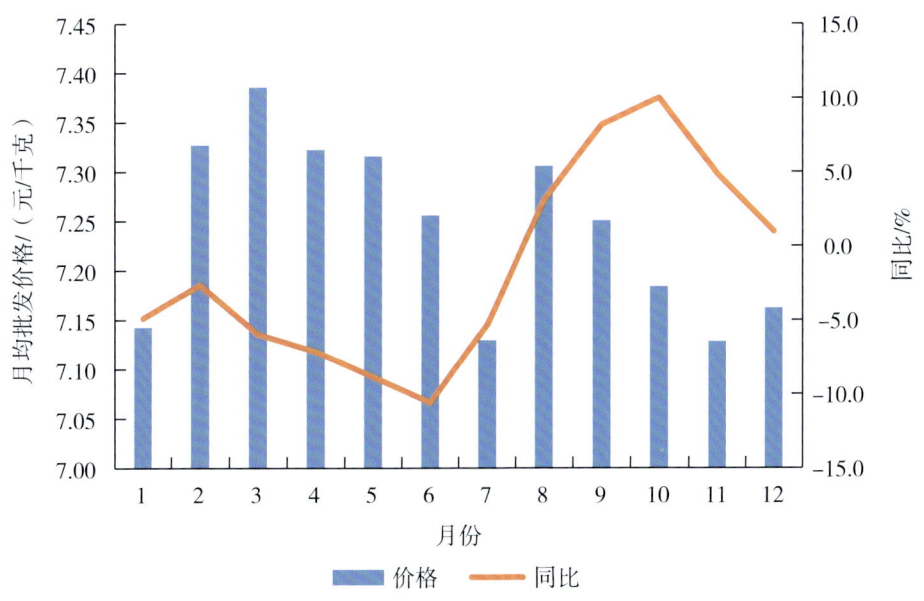

图10-2　2024年中国6种水果平均批发价格及变化情况

（数据来源：农业农村部全国农产品批发市场监测统计）

2　未来10年市场走势判断

2.1　总体判断

水果产量稳中有增。未来10年，水果种植面积相对稳定，单产继续提高，产量增加、增速放缓。预计2025年水果产量3.38亿吨，比上年增长1.0%，2029年3.43亿吨，2034年3.47亿吨，与基期相比年均增长0.6%。

水果消费稳中有增。未来10年，水果直接消费量持续增加，加工消费占比不断提高，其他消费及损耗占比逐渐降低。预计2025年水果消费量3.34亿吨，比上年增长1.9%，2029年3.40亿吨，2034年3.45亿吨，与基期相比年均增长0.8%。

水果进出口规模扩大。未来10年，水果进出口量均呈现增长趋势，贸易逆差格局持续存在。预计2025年水果进口量（折鲜）1 406万吨，出口量1 218万吨，分别比上年增长6.9%和6.0%，2029年进口量（折鲜）1 881万吨，出口量1 573万吨，2034年进口量2 421万吨，出口量2 165万吨，与基期相比年均增长分别为7.3%和8.8%。

水果价格呈波动上涨趋势。未来10年，水果产业保持供给宽松局面，价格季节性波动趋势减弱。受要素投入增加、生产流通成本上涨以及果品质量提升影响，水果价格波动上涨。

2.2 生产展望

未来10年,中国水果种植面积将保持相对稳定,单产小幅提升,产量稳定增长,但增速放缓。2025年1月中共中央、国务院印发《乡村全面振兴规划(2024—2027年)》,提出以农产品主产区和特色农产品优势区为重点,打造现代乡村产业走廊。水果已成为地方促进农民增收的重要依托产业,随着乡村全面振兴和特色产业发展,水果产业将加快提档升级和高质量发展步伐,品种结构、区域结构继续调整优化,生产标准化、规模化、数字化、品牌化水平得到显著提升。

种植面积相对稳定。预计2025年园林水果面积1.87亿亩(1 249万公顷),与上年基本持平,展望期间基本稳定在1.86亿亩(1 240万公顷)左右;瓜果类面积3 210万亩(214万公顷),比上年减少0.5%,展望期间保持基本稳定。受较高比较收益拉动,市场主体种植水果的积极性较高,尤其是一些特色、优势品种种植面积在不断扩大,但受水土资源短缺的刚性约束,水果种植面积继续扩大的空间有限。陕西、山东、河北等部分水果大省,受劳动力不足约束和市场多元化需求影响,须适度调减过时过剩产能,推进水果产业高质量发展。

单产水平提高,品质提升。预计2025年园林水果平均单产1 320千克/亩(19 800千克/公顷),比上年增长1.1%,2029年1 340千克/亩(20 100千克/公顷),2034年1 360千克/亩(20 400千克/公顷),与基期相比年均增长0.9%;瓜果类水果平均单产2 830千克/亩(42 450千克/公顷),比上年增长1.2%,2029年2 870千克/亩(43 050千克/公顷),2034年2 930千克/亩(43 950千克/公顷),与基期相比年均增长0.7%。未来果业发展继续强化创新驱动,科技水平进一步提升,在品种、砧木、种苗繁育、机械装备、果园管理等多方面推进科技创新,支撑单产水平提高。与此同时,为满足市场多元化消费需求,水果产业逐步提档升级,优势果业愈加向优势产区集聚,老旧果园加快改造,标准化绿色生产体系逐渐构建,新"三品一标"提升行动深入落实,优质、品牌、特色果品占比提升,水果品质进一步提高。

产量稳中有增。预计2025年水果产量3.38亿吨,比上年增长1.0%,其中,园林水果产量2.47亿吨,增长1.1%;瓜果类产量9 084万吨,增长0.7%。2029年水果产量3.43亿吨,其中,园林水果产量2.51亿吨,瓜果类产量9 213万吨。2034年水果产量3.47亿吨,与基期相比年均增长0.6%,其中,园林水果产量2.53亿吨,年均增长0.6%,瓜果类产量9 405万吨,年均增长0.7%(图10-3)。基于单产水平的提高,展望期间水果产量持续增长,增速较过去10年有所减缓。

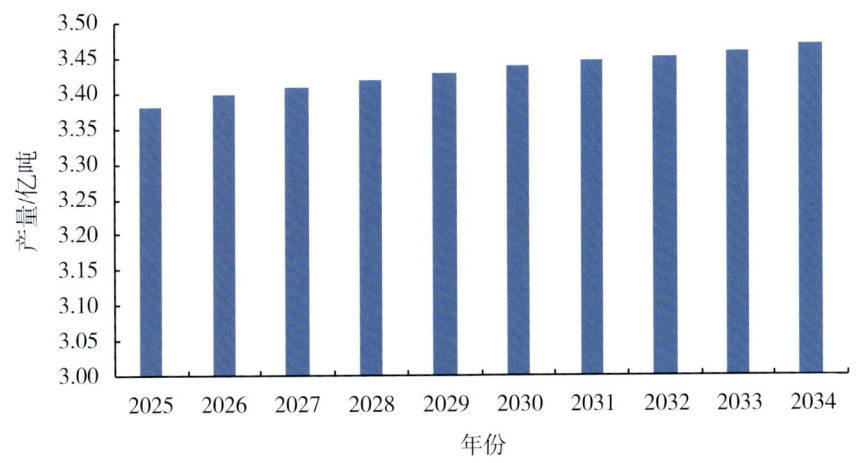

图10-3 2025—2034年中国水果产量展望

（数据来源：2025—2034年数据为中国农业科学院农业信息研究所CAMES模型系统预测）

2.3 消费展望

未来10年，中国水果消费量持续增加，加工消费占比提升，产后损耗率降低。随着居民收入水平的提高，水果消费需求逐步从原来营养补充的功能性消费，走向追求产地、品种等品质消费。预计2025年中国水果消费量3.34亿吨，比上年增长1.9%，2029年3.40亿吨，2034年3.45亿吨，与基期相比年均增长0.8%（图10-4）。

水果直接消费量持续增加。预计2025年水果直接消费量1.65亿吨，比上年增长1.5%，2029年1.68亿吨，2034年1.71亿吨，与基期相比年均增长0.7%（图10-4）。一方面，随着水果品种多元化、熟期结构优化以及冷链贮藏设施条件的改善，水果供应周期进一步拉长，苹果、梨等鲜果基本实现了周年供应和消费。另一方面，国家骨干冷链物流基地建设、县乡村寄递物流配送体系进一步完善助推农村消费潜力释放，线上线下渠道为进口和国产特色水果流通提供了便利，中高端、优质品牌果品消费需求提升，特色小品类水果的市场份额不断扩大。预计2034年人均水果直接消费量达123千克，与基期相比年均增长0.8%。

加工消费占比不断提高。预计2025年水果加工消费量5 404万吨，比上年增长7.6%，占水果消费量的16.2%，2029年6 262万吨，2034年6 993万吨，与基期相比年均增长4.3%，占水果消费量的20.3%（图10-4）。随着水果加工技艺提升和品类多元化，市场对水果制品的需求进一步提高，加工消费成为水果消费的重要增长点，其中，果干、果泥、冻干果片等适合零食化、便捷化消费场景，果切、水果酸奶、水果捞等外卖消费增长迅速，果酱、果汁作为新茶饮原料迎来快速增长。

损耗占水果产量比例逐渐降低。近年来，国家发展改革委、农业农村部、商务部等部门相继组织实施国家物流枢纽、冷链物流、供应链示范等工程项目，推动农产品仓储保鲜冷链物流不断完善，未来农产品产地仓储保鲜、商品化处理和初加工能力进一步增强，水果从产地到终端市场的流通环节更加稳定可控，有效降低水果损耗。预计2034年水果其他消费及损耗1.04亿吨，与基期相比年均降幅0.8%，占水果产量的比例由基期的34.6%降至2034年的30.0%（图10-4）。

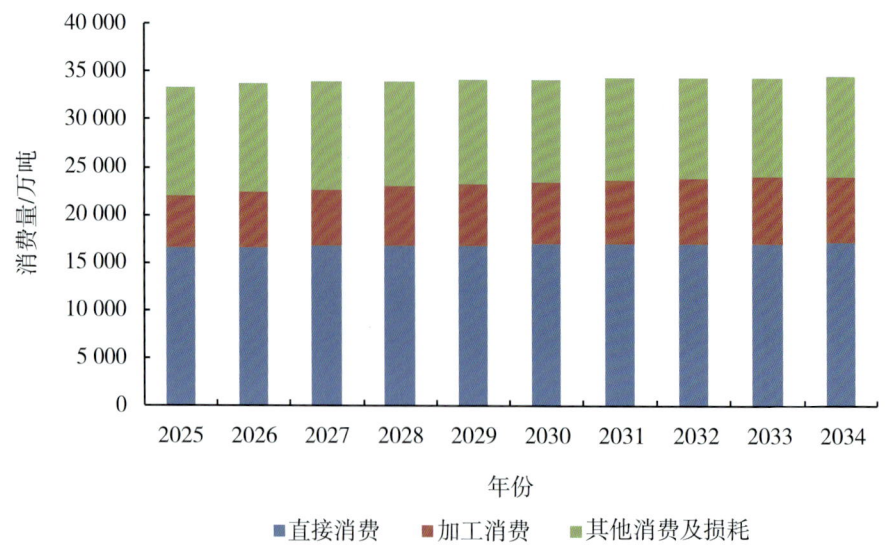

图10-4　2025—2034年中国水果消费展望

（数据来源：2025—2034年数据为中国农业科学院农业信息研究所CAMES模型系统预测）

2.4　贸易展望

未来10年，中国水果进出口量均呈现增长趋势，贸易逆差格局持续存在。截至2025年1月，中国已与30个国家和地区签署了23个自由贸易协定（FTA），自贸伙伴遍及亚洲、欧洲、非洲、大洋洲和美洲五大洲，《区域全面经济伙伴关系协定》（RCEP）的深入实施极大地促进了区域贸易，未来中国还将进一步扩展朋友圈，进一步激发双边贸易投资合作潜力，促进水果贸易的开展。

进口继续增长。预计2025年中国水果（折鲜）进口量1 406万吨，比上年增长6.9%，2029年1 881万吨，2034年2 421万吨，与基期相比年均增长7.3%。展望期内，鲜、冷冻水果仍是进口果品的主体，受国内消费者消费偏好影响，高品质果汁、果泥、水果罐头等制品进口预计有较快增长。

出口继续增长。预计2025年中国水果（折鲜）出口量1 218万吨，比上年增长6.0%，2029年1 573万吨，2034年2 165万吨，与基期相比年均增长8.8%。中国温带水果品种丰富，供给充足，随着水果产业加快推进高质量发展，中国果品生产规模化、标准化、品牌化较快提升，加之健全的仓储冷链物流体系，中国果品企业和果品品牌将更具竞争优势，出口规模将较快增长。

2.5 价格展望

随着经济复苏和消费回暖,预计2025年水果市场产销两旺,水果价格呈现以稳为主、先涨后跌、季节性波动走势。预计全国6种水果(富士苹果、巨峰葡萄、西瓜、鸭梨、菠萝、香蕉)年均价在6~8元/千克区间波动。1—5月水果上市量较少,以库存水果、进口水果、设施水果等供应为主,价格处于高位;6—10月,随着瓜类水果大量上市和新产季苹果、梨成熟上市,水果价格下降;11—12月水果供应量和品类逐步下降,在年底节假日消费拉动下,价格小幅回弹。

展望期间,水果市场价格整体呈波动上涨趋势。首先,要素投入增加、生产流通成本上涨以及果品质量提升,支撑价格上涨,但随着科技创新推动水果单产继续提升,贸易便利化增加水果进口量和品种,水果供给充足,水果市场总体供大于求的供需关系仍将持续,水果价格上涨空间有限。其次,水果价格季节性波动趋势减弱。随着品种技术改良和种植结构优化,水果成熟期更加细分,以及冷贮保鲜水平提高和设施果业的发展,使得各类水果上市期衔接更加顺畅。最后,水果优质优价特征明显。随着消费者对高品质、差异化和个性化需求的增加,高质量、新奇特水果、适合采摘观赏和加工产品类型丰富的水果消费将进一步增加,水果价格持续上涨,但产能过剩、同质化的普通水果价格将呈下降态势,水果价格两极分化加剧。

3 不确定性分析

3.1 气候因素

水果产业极易受到气候变化和全球变暖的影响,适应或减轻气候变化影响是水果产业面临的重要挑战之一。未来10年,全球气候变化将以气温持续上升和极端天气事件频发为主要特征,不仅对产量和品质产生直接影响,还会对种植结构、种植方式、市场需求产生间接影响。洪涝、冰雹、霜冻等天气可能直接破坏果园基础设施,影响果树开花授粉及果实发育,造成产量波动与品质下降;气温升高和降水模式变化可能加重病虫害发生程度和扩大传播范围,增加生产成本和质量风险。气候带迁移使得区域种植布局调整,优势产区可能因气候变化面临适种性挑战。为应对气象不确定性,物联网和大数据技术将被广泛应用,冷链物流等基础设施进一步完善。气象灾害可能导致局部地区减产,市场供需失衡引发部分品种短期价格波动加剧。

3.2 国际贸易因素

当前国际关系复杂多变,贸易摩擦、绿色贸易壁垒等贸易保护主义的抬头可能加剧水果贸易的不确定性。关税、非关税措施以及市场准入限制等会增加水果出口成本,影响中国水果产业国际竞争力;部分市场对碳足迹等要求愈趋严格,中国水果出口需要更多有关环境保护等方面的检验、测试、认证和鉴定，增加了出口成本和不确定性；贸易摩擦、关税调整等国际贸易环境的不稳定性可能导致供应链中断或延迟，影响中国水果产业的及时供货和市场响应能力。

3.3 产业转型升级进程因素

未来10年，水果产业高质量发展进入关键阶段，转型升级面临一系列不确定性。水果生产经营规模化、集约化、绿色化、数字化、智慧化将是产业发展的关键，但不同产区、不同果品、不同环节的升级进程步伐难以一致，影响整个产业的协同发展。结构性供大于求的供需关系仍会带来较大的市场风险，如当某一产品获得市场认可后，价格往往先出现暴涨，而后引发生产端盲目扩种，但相匹配更高要求的生产技术、管理水平却未能跟上，容易出现产量激增、品质下滑、价格暴跌甚至是滞销卖难情况，给市场平稳运行和产业健康发展带来不利影响。

参考文献

侯煜庐，赵俊晔，2023. 中国居民水果线上线下消费倾向和行为及影响因素的实证分析：基于2972份微观调查数据[J]. 农业展望，19（11）：95-101.

农业农村部，国家发展改革委，财政部，等. 农业农村部　国家发展改革委　财政部　自然资源部关于印发《全国现代设施农业建设规划（2023—2030年）》的通知[EB/OL].（2023-06-09）[2023-08-29]. https://www.moa.gov.cn/nybgb/2023/202308/202308/t20230829_6435329.htm.

农业农村部农产品市场分析预警团队，2024. 中国农业展望报告（2024—2033）[M]. 北京：中国农业科学技术出版社.

中共中央，国务院. 中共中央　国务院印发《乡村全面振兴规划（2024—2027年）》[EB/OL].（2025-01-22）.[2025-01-22].https://www.gov.cn/zhengce/202501/content_7000493.htm.

第十一章

肉 类

1 肉类

肉类产品是重要的"菜篮子"产品，对促进农民增收和保障经济平稳运行发挥着重要作用。2024年肉类产量稳中有增，消费量小幅减少。2024年肉类产量9 770万吨[1]，比上年增长0.2%，消费量10 199万吨，比上年减少0.7%。肉类进口量明显减少，出口量大幅增加，进口量533万吨，比上年减少11.6%，出口量104万吨，比上年增长25.3%。肉产品市场仍处于供大于求的局面，肉类加权均价[2]（集市价格，下同）持续下跌，跌幅明显收窄，CAMES价格指数[3]比上年下降0.35个百分点。未来10年，肉类产量保持稳中略增态势，其中猪肉产量短期增长后稳中略降，但禽肉产量持续增加，牛羊肉产量先降后增，肉类消费量先减后增，肉类产品进口减少后缓增，出口保持增长。预计2025年肉类产量9 846万吨，比上年略增0.8%，消费量10 111万吨，比上年减少0.9%，进口量374万吨，比上年减少29.8%，出口量109万吨，比上年增长5.0%。2029年，产量9 910万吨，比基期增长3.1%，消费量10 165万吨，比基期增长0.5%，进口量377万吨，比基期减少35.3%，出口量122万吨，比基期增长38.2%。2034年，产量9 954万吨，比基期增长3.5%，年均增长0.3%，消费量10 238万吨，比基期增长1.3%，年均增长0.1%，进口量414万吨，比基期减少29.0%，年均减少3.4%，出口量130万吨，比基期增长47.5%，年均增长4.0%。

1.1 2024年市场形势回顾

1.1.1 肉类生产总体稳定

畜禽出栏量"两增两减"。2024年肉类产业布局持续调整，肉牛、家禽出栏量增加，肉牛出栏5 099万头，比上年增加75万头，家禽出栏173.4亿只，比上年增加5.1亿只；生猪、羊出栏量减少，生猪出栏70 256万头，比上年减少2 406万头，羊出栏32 359万只，比上年减少1 505万只。

肉类产量略有增长。2024年，肉类生产保持增长势头，生产效率持续提升，猪肉、禽肉、牛羊肉等产能总体保持稳定，肉类产量达到9 770万吨，比上年增长0.2%。肉类生产结构优化调整，猪肉产量占肉类产量比重下降到58.4%，禽肉、牛肉产量占比分别提高至27.2%、8.0%。具体来看，生猪产能调减至较合理区域，猪肉产量小幅下降，产量5 706万吨，比上年减少88万吨；禽肉产量缓速增长，产量2 660万吨，比上年增加97万吨；牛肉产量779万吨，比上年增加26万吨；羊肉产量518万吨，比上年减少13万吨（图11-1）。

---

[1] 2024年肉类产量是根据国家统计局公布的猪牛羊禽肉产量推算得出。
[2] 肉类加权均价根据猪肉、禽肉、牛肉、羊肉集贸市场价格按产量加权平均计算。
[3] 肉类CAMES价格指数根据猪肉、禽肉、牛肉、羊肉集贸市场名义价格计算，以猪肉、禽肉、牛肉、羊肉产量为权重，以2011—2013年为基期。

图11-1　2015—2024年中国肉类产量和增长率

（数据来源：国家统计局）

1.1.2　肉类消费略有减少

肉类消费小幅减少。2024年肉类产品市场有效需求不足，肉类消费稳中有减。2024年肉类消费量10 199万吨，比上年减少0.7%，肉类人均消费量72.49千克，比上年减少0.5%。其中，肉类直接消费量稳中略减，直接消费量8 152万吨，比上年减少0.3%；加工消费量1 641万吨，比上年略增0.6%。

肉类消费结构继续变化。各品种肉类产品消费变化呈现出分化特征，主要表现为禽肉、牛肉消费量保持增长但增速放缓，猪肉、羊肉消费量有所减少。2024年禽肉、牛肉消费量分别为2 667万吨、1 066万吨，比上年分别增长2.9%、3.8%，增幅分别下降1.7个百分点、0.2个百分点；猪肉、羊肉消费量分别为5 801万吨、555万吨，比上年分别减少2.3%、3.3%。消费者健康饮食观念增强，消费升级趋势明显，肉类市场消费结构持续变化，主要表现为消费者对高蛋白、低脂肪的肉类产品偏好增强，禽肉、牛肉消费量占比有所提高；同时，品牌化、精细化的肉类产品市场份额有所增长，能够更好地满足消费者多元化、品质化的需求。

1.1.3　肉类净进口有所减少

肉类进口有所减少。2024年肉类进口量持续减少，进口量533万吨，比上年减少11.6%。猪肉、禽肉、羊肉产品进口均有不同程度的减少，其中猪肉产品进口量减幅最大，主要是由于国内猪肉市场供应阶段性宽松，进口107万吨，比上年减少30.8%；其次是禽肉产品，进口量99万吨，比上年减少24.6%；羊肉进口量37万吨，比上年减少15.5%。在国内外价差依然明显等因素影响下，牛肉产品进口保持增长，进口量287万吨，比上年增长5.0%。从进口肉类品种来看，牛肉产品为最主要的肉类进口产品，占进口总量的53.8%，其次是猪肉、禽肉产品，分别占进口总量的20.1%、18.6%，羊肉产品占比最小，为6.9%（图11-2）。

肉类出口明显增加。2024年肉类出口104万吨，比上年增长25.3%。其中，禽肉产品出口量大幅增长，出口92万吨，比上年增加25万吨；猪肉产品出口量小幅增长，出口12万吨，比上年增加0.5万吨（图11-2）。

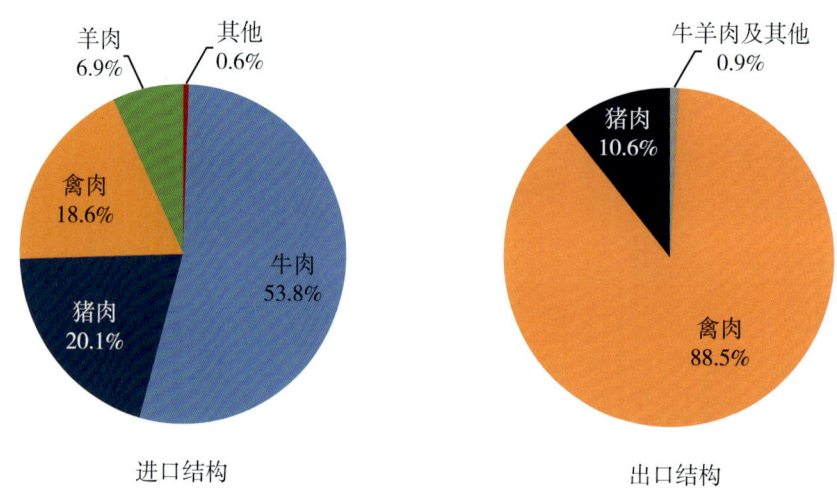

图11-2 2024年中国肉类进出口结构

（数据来源：海关总署）

1.1.4 肉类价格持续下跌

肉类价格小幅下跌。2024年肉类市场供需总体保持宽松格局，价格连续4年下跌。2024年肉类加权均价32.53元/千克，比上年下跌1.2%；CAMES价格指数为118.8点，比上年下降0.35个百分点（图11-3）。分品种价格以跌为主。牛肉、羊肉、禽肉价格均有所下降，仅猪肉价格有所上涨。具体来看，受国内需求增速放缓、进口持续增加等多重因素影响，牛肉价格出现明显下跌，2024年牛肉集市平均价格71.95元/千克，比上年下跌14.6%，羊肉集市平均价格72.53元/千克，比上年下跌8.9%，均为近5年最低水平；禽肉集市平均价格23.67元/千克，比上年下跌1.9%，月度间价格波幅较小；在生猪产能稳步调减、猪肉产品进口减少等因素影响下，猪肉价格有所上涨，猪肉集市平均价格27.65元/千克，比上年上涨7.4%。

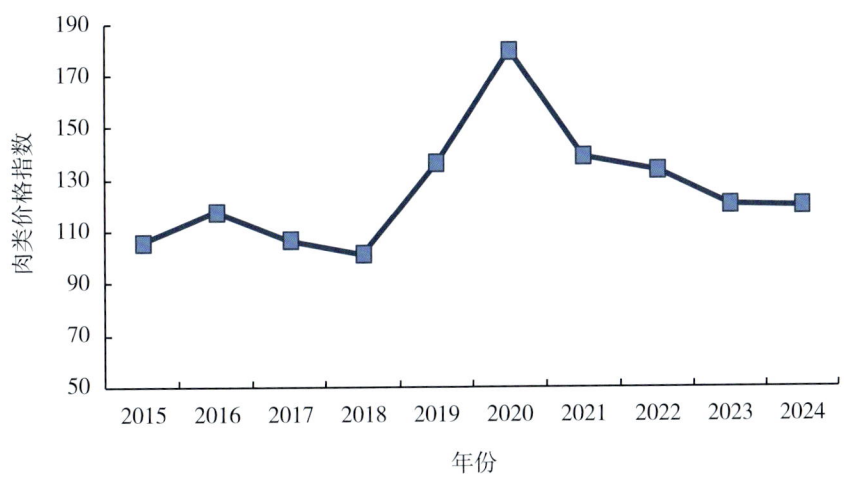

图11-3　2015—2024年中国肉类CAMES价格指数情况

（数据来源：根据国家统计局、农业农村部畜牧兽医局监测数据测算）

1.2　未来10年市场走势判断

1.2.1　总体判断

展望期内，随着畜禽优良品种的加快培育以及养殖技术水平的稳步提高，肉类产品稳定安全供给能力增强，肉类产量将呈稳中有增态势。预计2025年肉类产量9 846万吨，比上年略增0.8%；2029年为9 910万吨，比基期增长3.1%；2034年为9 954万吨，比基期增长3.5%，年均增长0.3%。肉类消费量先减后增。预计2025年肉类消费量10 111万吨，比上年下降0.9%；2029年为10 165万吨，比基期增长0.5%；2034年为10 238万吨，比基期增长1.3%，年均增长0.1%。肉类产品自给率总体保持在较高水平，进口减少后缓增，预计2025年肉类产品进口374万吨，比上年下降29.8%，2029年为377万吨，比基期下降35.3%，2034年为414万吨，比基期下降29.0%，年均下降3.4%；肉类产品国际市场竞争力稳步增强，出口保持增长，预计2025年肉类产品出口109万吨，2029年为122万吨，2034年为130万吨，年均增长4.0%。

1.2.2　生产展望

肉类产量呈稳中有增态势。2025年，肉类产量将稳中略增，产量9 846万吨，比上年略增0.8%，其中猪肉、禽肉产量小幅增长，牛肉、羊肉产量有所下降。具体来看，由于2024年5月以来，能繁母猪存栏量震荡增长，加之生猪养殖效率提高，2025年猪肉产量将稳中有增，肉禽产能充足，禽肉产量将小幅上涨；由于2024年牛羊养殖效益下降，2025年牛羊产能优化调整，牛羊肉产量将有所下降。长期来看，随着我国畜禽良种供应能力持续提高，以及畜牧业逐步向标准化规模养殖转型升级，畜牧业将实现健康稳定发展，肉类产品稳定安全供给能力提升，肉类产量将呈稳中有增态势，预计2029年肉类产量9 910万吨，比基期增长3.1%；2034年为9 954万吨，比基期增长3.5%，年均增长0.3%（图11-4）。

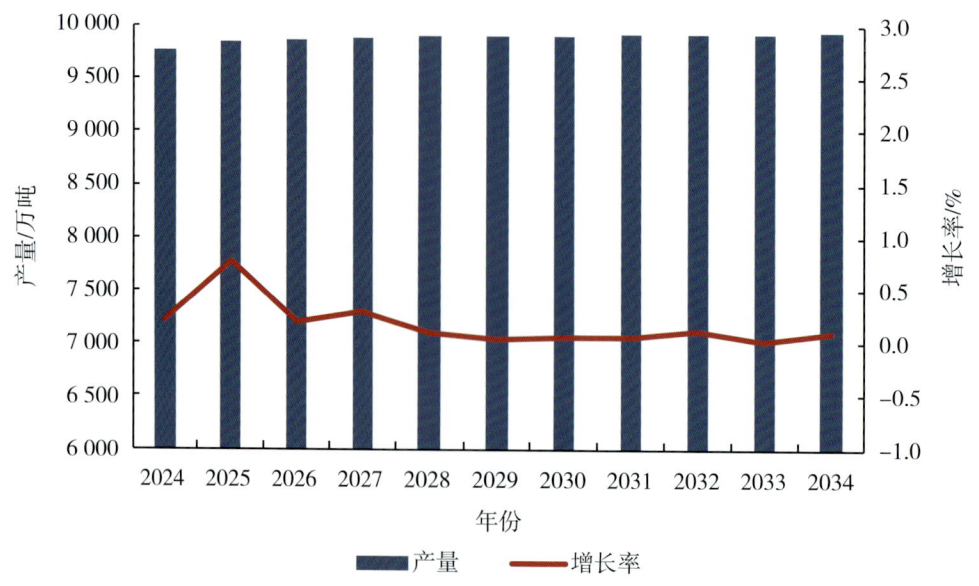

图11-4　2024—2034年中国肉类产量变化趋势

（数据来源：2025—2034年数据为中国农业科学院农业信息研究所CAMES模型系统预测）

1.2.3　消费展望

肉类消费量先减后增。2025年，牛羊肉消费量均减少，猪肉消费量稳中略增，禽肉消费增速放缓，预计肉类消费量小幅下降，消费量10 111万吨，比上年下降0.9%。长期来看，随着居民收入水平的提高，消费需求将平稳增长，预计肉类消费量呈稳步恢复态势，但展望期内人口负增长以及老龄化社会程度加深，肉类消费量增速趋缓。预计2029年肉类消费量为10 165万吨，比基期增长0.5%；2034年为10 238万吨，比基期增长1.3%，年均增长0.1%（图11-5）。

加工消费保持增长。2025年，肉类加工制品市场需求整体呈稳定增长态势，肉类加工消费量小幅增长，预计肉类加工消费量1 662万吨，比上年增长1.3%。长期来看，随着肉类精深加工技术的创新发展以及物流运输的配套完善，高品质、高附加值、多样化的肉类加工制品可以更加及时、有效地满足消费者需求，肉类加工制品消费量将稳步增长。未来10年，肉类加工消费量将以年均1.2%的速度增长，2029年增至1 706万吨，2034年增至1 756万吨。

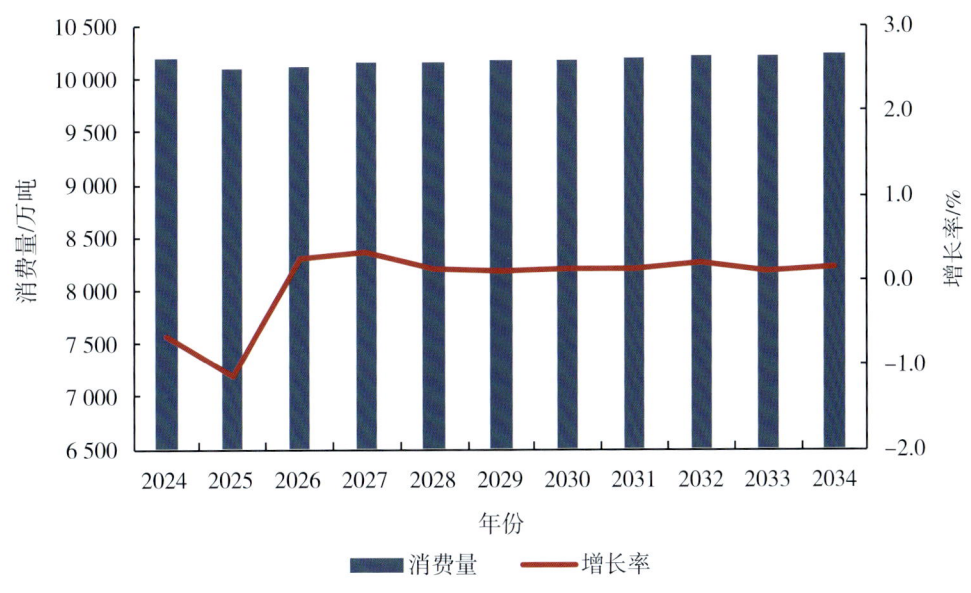

图11-5　2024—2034年中国肉类消费量变化趋势

（数据来源：2025—2034年数据为中国农业科学院农业信息研究所CAMES模型系统预测）

1.2.4　贸易展望

进口量先减少后缓升。2025年，由于国内肉类产品市场供应较为充足，以及牛羊肉国内外价差明显缩小，肉类产品进口大幅减少，预计肉类产品进口374万吨，比上年减少29.8%。长期来看，随着国内肉类产品供给能力稳步增强，肉类产品自给率稳步提高，肉类产品进口量将继续下降，但肉类产业发展面临国内资源环境约束趋紧、养殖成本刚性上涨等问题，肉类产品自给率提高至较高水平后趋稳，进口量呈现缓慢回升态势。预计2029年肉类进口377万吨，比基期减少35.3%；2034年为414万吨，比基期减少29.0%，年均减少3.4%。出口量保持增长。随着肉类产品的品质和附加值不断提升，肉类产品出口渠道和国际市场空间将进一步拓展，出口量将持续增长。预计2025年肉类出口109万吨，比上年增长5.0%；2029年出口122万吨，比基期增长38.2%；2034年出口130万吨，比基期增长47.5%，年均增长4.0%。

1.2.5　价格展望

肉类价格波动幅度收窄。短期来看，2025年肉类市场供给相对充足，消费需求提振有限，预计肉类市场价格总体呈稳中偏弱运行态势，肉类加权均价33元/千克左右，品种间价格走势分化。其中，猪肉市场供给有望增加以及消费增幅有限，预计猪肉价格小幅下跌；禽肉市场供给宽松，价格整体将呈偏弱态势；肉牛羊产能调整，牛羊肉价格有望止跌回稳。长期来看，随着畜禽养殖技术的进步以及养殖装备智能化、绿色化水平的提高，畜牧业标准化规模养殖转型升级进程加快，肉类产品稳定安全供给能力增强，肉类产品市场供需将趋向平衡，市场价格波动趋稳，预计肉类CAMES价格指数与上年相比波动幅度小于8个百分点。

2 猪肉

"猪粮安天下"这句古训阐释了生猪在农业生产和人民生活中的重要地位。为避免生猪及猪肉价格的大幅涨跌，2024年中国生猪产能合理调减，全国生猪出栏量和猪肉产量有所下降，消费量稳中有减。全年出栏生猪7.03亿头，比上年下降3.3%；猪肉产量5 706万吨、消费量5 801万吨，比上年分别下降1.5%、2.3%；受国内外猪肉价差处于历史较低水平等多种因素综合影响，中国2024年猪肉进口量107万吨，比上年下降30.8%。年末能繁母猪存栏量4 048万头，比上年同期下降1.6%，基础产能处于合理区间。猪肉年度均价27.65元/千克，比上年上涨7.4%，猪粮比价提高，生猪养殖扭亏为盈。未来10年，猪肉产量短期增长后稳中略降，消费量总体呈下降趋势。预计2025年，猪肉产量5 750万吨，消费量5 816万吨，价格回落至26～27元/千克。2029年，产量5 592万吨，与基期（基期为2022—2024年3年平均值，下同）相比年均下降0.3%，消费量5 632万吨，年均下降0.6%，进口量50万吨，年均下降19.3%。2034年，产量5 452万吨，消费量5 492万吨，进口量50万吨，10年间的年均下降幅度分别为0.4%、0.6%和10.2%。

2.1 2024年市场形势回顾

2.1.1 猪肉产量小幅下降

2024年猪肉产量5 706万吨，比上年下降1.5%。其中，一季度内春节前生猪出栏量和屠宰量较高，猪肉产量1 584万吨，为全年内季度产量最大值，同比下降0.4%；二季度产量1 397万吨，同比下降3.1%，同比减幅最大；三、四季度产量依次为1 259万吨和1 466万吨，同比分别下降0.8%和下降1.8%。生猪出栏量7.03亿头，比上年下降3.3%，其中二、三季度仍然是养殖主体出栏积极性偏弱的时期；4个季度生猪出栏量分别为1.95亿头、1.69亿头、1.56亿头和1.82亿头，同比分别下降2.2%、4.0%、3.3%和3.8%。生猪补栏和二次育肥意愿持续增强，4个季度末生猪存栏同比减幅逐季收窄，4个季度生猪存栏量分别为4.09亿头、4.15亿头、4.27亿头、4.27亿头，同比分别下降5.4%、4.6%、3.5%、1.6%。能繁母猪存栏量在1—4月持续下降，从4 067万头下降至3 986万头，5月以后震荡增长，全年能繁母猪存栏量持续低于上年同期，年末能繁母猪存栏量4 078万头，比上年同期下降1.6%，基础产能持续处于合理区间。

2.1.2 消费量有所下降

猪肉消费量有所下降，主要是受人口总量有所下降、牛羊肉价格下行等因素综合影响。2024年猪肉消费量5 801万吨，较上年下降2.3%，人均直接消费量31.79千克，比上年下降0.7%，其中居民家庭人均猪肉消费量28.1千克，比上年下降7.8%，主要是因为居民肉类消费多样化、膳食结构均衡化特征增强；同时家庭消费占直接消费的比例下降，主要和餐饮行业总体增长有关。从猪肉消费结构看，猪肉直接消费量4 474万吨，比上年下降1.1%，其中二、三季度直接消费量同比降幅明显，主要是因为正值传统消费淡季；四季度受暖冬天气影响，灌肠、腌腊制作时期较正常年份偏短，猪肉直接消费同比下降。猪肉加工消费量1 053万吨，比上年下降6.6%，主要是因为冷鲜猪肉市场较好，进入冷冻肉库存的数量明显减少。

2.1.3 猪肉进口大幅下降

受国内外猪肉价差位于历史较低水平、对欧盟进口猪肉进行反倾销调查、猪肉消费下降，以及菲律宾、智利、日本等国大幅增加猪肉进口量等因素的综合影响，中国2024年猪肉进口量大幅下降，出口量增加。全年猪肉进口量107.31万吨，比上年下降30.8%，进口额21.53亿美元，比上年下降39.1%。进口猪肉主要来自西班牙、巴西、加拿大、荷兰、智利、美国等18个国家。其中，从巴西、西班牙、加拿大和荷兰进口的猪肉分别占进口总量的27.7%、22.1%、7.1%和7.1%。全年猪肉出口总量（含活猪折算猪肉）12.37万吨，比上年增长4.1%；其中，活猪出口量114.93万头，比上年增长2.7%，猪肉直接出口量2.77万吨，比上年增长3.4%。

2.1.4 猪肉价格上涨

据农业农村部监测，2024年猪肉集贸市场均价为27.65元/千克，比上年上涨7.4%；生猪集贸市场均价17.06元/千克，比上年上涨10.9%，生猪和猪肉价格相关系数98.9%（表11-1）。从月度走势来看，1月，生猪及猪肉价格延续上年末下跌走势，环比分别下跌2.1%、1.2%；2月受春节备货提振，猪肉价格上涨4.7%；春节过后，猪肉消费回落，3月价格下跌2.3%；4—9月，养殖主体看涨后市行情而选择压栏惜售或二次育肥生猪，生猪出栏量和猪肉产量持续下降，支撑猪肉价格持续上涨，9月达到全年最高价31.42元/千克；进入10月后，前期压栏增重和二次育肥的大体重生猪大量出栏，而冬季气温较常年偏高，腌腊制作时间短，猪肉需求有限，价格持续下跌至12月27.94元/千克（图11-6）。

表11-1 中国生猪产业相关产品价格汇总

指标	二元母猪	仔猪	生猪	猪肉
价格/（元/千克）	35.59	36.35	17.06	27.65
同比/%	−0.8	12.9	10.9	7.4

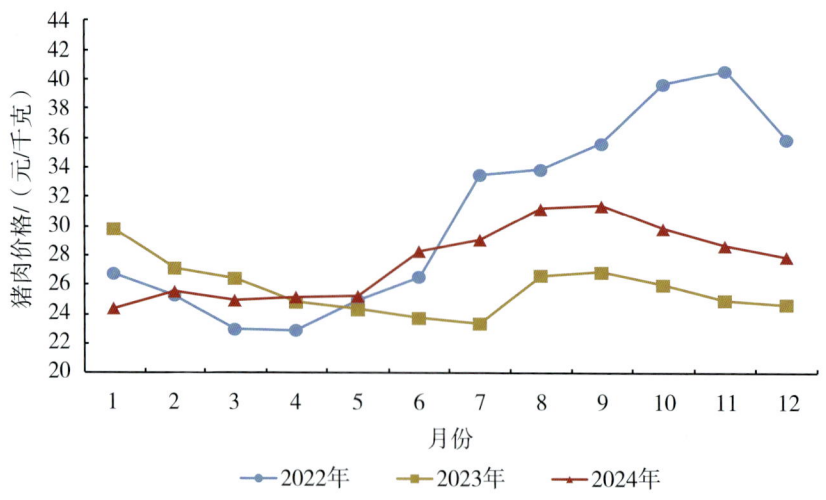

图11-6 2022—2024年集贸市场猪肉月度价格走势

（数据来源：农业农村部统计调查监测数据）

2.1.5 生猪养殖效益大幅回升

总体看，2024年生猪年均价上涨、饲料价格下跌带动猪粮比价提高，生猪养殖效益回升。据国家发展改革委价格监测中心数据，2024年猪粮比价平均为7.14∶1，比上年提高1.74个点（图11-7）；散养生猪平均每头成本2 167元，比上年下降92元，每头产值2 328元，比上年增长308元，每头净利润161元，比上年增长400元；规模养殖生猪平均每头成本2 043元，比上年下降131元，每头产值2 344元，比上年增长263元，每头净利润303元，比上年增长394元。

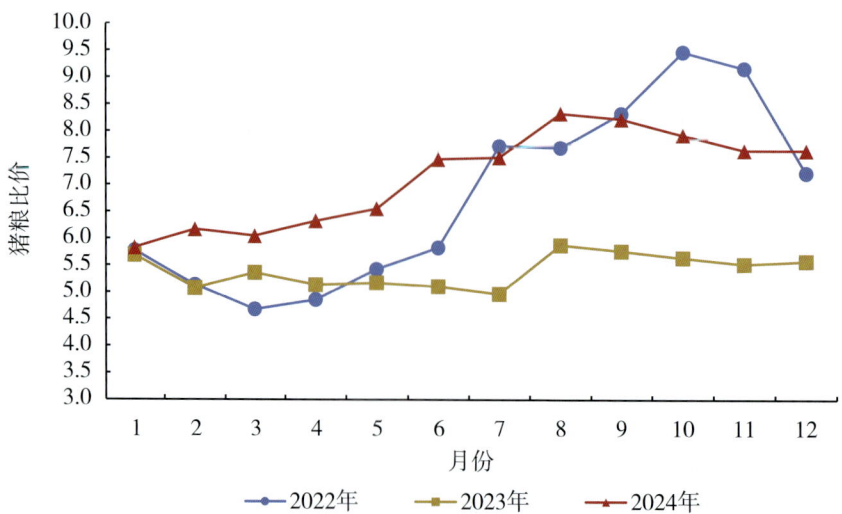

图11-7 2022—2024年猪粮比价月度走势

（数据来源：国家发展改革委价格监测中心）

2.2 未来10年市场走势判断

2.2.1 总体判断

生猪产能优化，猪肉产量趋于下降。短期内，受2024年生猪养殖效益好转和能繁母猪存栏量止降回升的影响，2025年生猪存栏和猪肉产量小幅增长。长期来看，产业提质增效，猪肉产量总体下降并趋于稳定。预计2025年猪肉产量为5 750万吨，较上年增长0.8%；2029年猪肉产量5 592万吨，比基期下降1.5%；2034年猪肉产量5 452万吨，比基期下降4.0%，年均下降0.4%。

猪肉消费量稳中有降。2025年猪肉消费量预计为5 816万吨，比上年增长0.3%，其中直接消费量继续减少，加工消费和其他消费增加。长期看，受社会老龄化、人口总量下降、居民膳食结构多样化等因素综合影响，猪肉消费量总体呈下降趋势。预计2029年，猪肉消费量下降至5 632万吨，比基期下降3.1%；2034年5 492万吨，比基期下降5.5%，年均下降0.6%。

进口量长期趋减。2025年，猪肉进口量预计进一步下降。长期看，生猪产能有保障、猪肉消费总体下降，居民对带骨猪肉存在刚性需求，预计猪肉进口量先下降后趋稳。预计2029年猪肉进口量50万吨左右，比基期下降65.8%，年均下降19.3%。2034年进口量50万吨，比基期下降65.8%，年均下降10.2%。

猪肉价格波动幅度收窄。2025年猪肉产量增幅大于消费增幅，年均价略低于2024年，预计为26~27元/千克。未来10年，猪肉价格呈波动趋涨态势，在不出现极端气象灾害和严重疫病冲击的情况下，猪肉价格周期性波动幅度或将收窄。

2.2.2 生产展望

生猪生产提质增效，基础产能动态调整，猪肉产量趋于下降。生猪养殖规模化、信息化、智能化水平逐步提升，智能装备与数字化管理水平明显提高，推动生猪生产提质增效。短期内，基于能繁母猪存栏从2024年5月开始持续回升、生猪养殖效率提高等因素，预计2025年猪肉产量稳中有增，产量达到5 750万吨，比上年增长0.8%。长期来看，未来10年，生猪产业产销一体化程度加深，全产业链信息传导速度加快，养殖、屠宰、贸易主体不断提升决策能力，促成基础产能跟随市场需求动态调整。生猪产业逐步由追求数量型增长向追求质量效益型增长转变，猪肉产量趋于下降、供需总量均衡。预计2029年生猪出栏量6.94亿头，猪肉产量5 592万吨，比基期分别下降2.1%和1.5%。2034年生猪出栏量6.74亿头，猪肉产量5 452万吨，比基期分别下降5.0%和4.0%，年均分别下降0.5%和0.4%（图11-8、表11-2）。

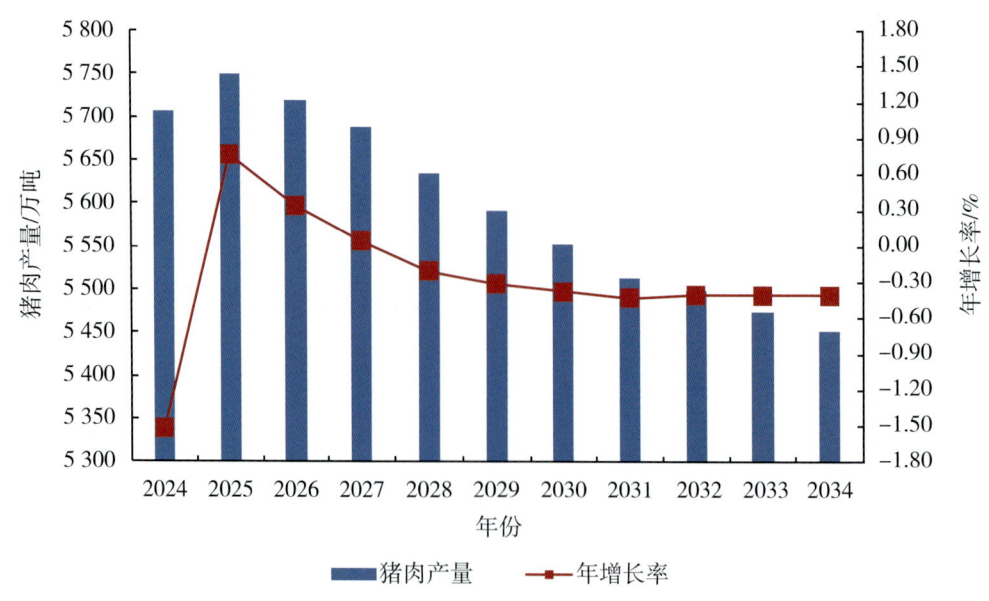

图11-8　2024—2034年猪肉产量及年均增长率

（数据来源：2025—2034年猪肉产量数据为中国农业科学院农业信息研究所CAMES模型系统预测）

表11-2　中国猪肉产量预测及年均增长率

项目	2025年	2029年	2034年
产量/万吨	5 750	5 592	5 452
比基期年均增长率/%	0.8	−0.3	−0.4

2.2.3　消费展望

从短期来看，预计2025年猪肉消费量5 816万吨，比上年增长0.3%，其中，直接消费量4 450万吨，比上年下降0.5%，人均直接消费量31.66千克，比上年下降0.4%，主要原因是受肉类消费多样化影响；加工消费量1 091万吨，比上年增长3.6%，主要是因为冷鲜猪肉价格下跌，屠宰企业、食品加工企业将猪肉入库或加工成食品。

长期来看，受社会老龄化程度加剧、人口总量持续稳中有降、居民膳食结构多样化，以及肉类消费结构调整等因素综合影响，猪肉消费量持续小幅下降。随着国民人均可支配收入的不断上升，营养健康需求提高，以及区域性肉类消费需求差异化明显，居民之间猪肉消费习惯差异化逐步形成，展望期内，猪肉消费更关注品质提升、地域特色和品牌产品，以及营养强化猪肉市场发展较快。预计2029年，猪肉消费量5 632万吨，比基期下降3.1%，年均下降0.6%，人均直接消费量31.05千克，比基期下降2.5%；2034年猪肉消费量5 492万吨，比基期下降5.5%，年均下降0.6%，人均直接消费量30.30千克，比基期下降4.8%（表11-3、图11-9）。

表11-3 中国猪肉消费量预测及年均增长率

项目	2025年	2029年	2034年
消费量/万吨	5 816	5 632	5 492
比基期年均增长率/%	0.3	-0.6	-0.6
人均直接消费量/千克	31.66	31.05	30.30

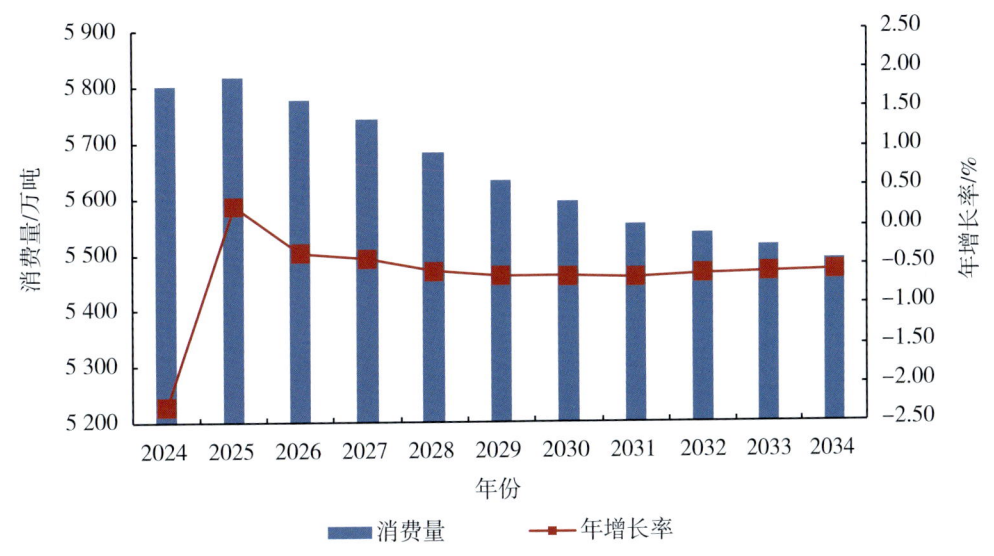

图11-9 2024—2034年猪肉消费量及年均增长率

（数据来源：2025—2034年数据为中国农业科学院农业信息研究所CAMES模型系统预测）

2.2.4 贸易展望

进口量呈下降趋势。展望初期，受国内猪肉价格略有下跌、进口利润偏少，以及中国对原产于欧盟的进口相关猪肉及猪副产品进行反倾销调查等因素综合影响，2025年猪肉进口量继续下降。长期来看，猪肉生产和消费缺口缩小，进口量总体呈下降趋势，因居民对带骨猪肉消费存在刚性需求，猪肉进口量下降到一定水平后将趋稳。预计2029年猪肉进口量50万吨左右，比基期下降65.8%，年均下降19.3%；2034年进口量50万吨，比基期下降65.8%，年均下降10.2%（图11-10）。

出口数量总体平稳。预计2029年猪肉出口量（包括活猪折算成猪肉）为11万吨，比基期减少1万吨，2034年出口量10万吨左右，比基期减少2万吨（图11-10）。

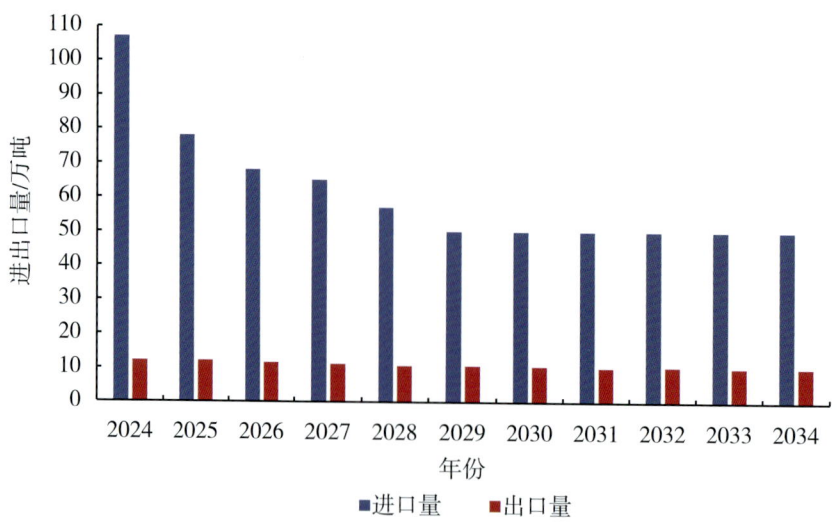

图11-10 2024—2034年中国猪肉进口量和出口量

（注：出口量包括活猪和猪肉，活猪按照70%的出肉率折算；数据来源：2025—2034年数据为中国农业科学院农业信息研究所CAMES模型系统预测）

2.2.5 价格展望

猪肉价格稳中略涨。2025年猪肉年均价或回到26～27元/千克区间，主要是因为猪肉产量小幅增加，直接消费量稳中有减。长期来看，猪肉价格呈稳中略涨走势，年度间波动幅度有限。总体看，受养殖端环保成本、检验检疫投入、信息化智能化设施投入增长，猪肉产品质量和品牌影响力提升等因素影响，猪肉价格总体呈现稳中略涨走势。同时随着规模化程度逐步提高、生猪基础产能保障能力增强、养殖技术水平提升，以及生猪保险等风险管理工具不断完善等因素影响，年度间猪肉价格波动幅度有限。

2.3 不确定性分析

2.3.1 动物疫病风险的影响

动物疫病风险对生猪及猪肉供需形势、市场价格都会造成显著影响。疫病风险预测难度较高、传播速度较快、传播路径较多、传播方向不确定性强，对猪肉供给数量和结构、价格走势等均造成不确定性。从全球来看，非洲猪瘟等恶性病毒毒株跨国传播会造成生猪产能大幅下降，对猪肉贸易以及价格的预测造成诸多不确定性。从国内看，生猪及猪肉运输半径长、养殖屠宰检疫工作量不断加大、疫病防控形势日益复杂，对生猪及猪肉安全有效供给带来不确定性，需要持续提升各类主体疫病防控意识，完善全周期、各环节、全链条疫情防控体系并严格落实。

2.3.2 国际贸易环境的影响

国际贸易对生猪及猪肉的影响复杂多变。从生产端看，玉米、大豆等饲料原粮进口量和价格波动会影响养殖成本。从市场端看，猪肉及杂碎的直接进口量额会影响国内猪肉供给量和价格。近期及未来一段时间，单边主义和贸易保护主义抬头，不少国家的贸易政策和税率不断调整，国际贸易复杂度和预测难度均增强，加之饲料粮进口来源高度集中，会对生猪养殖成本和收益、猪肉供应量和价格都带来不确定性。

2.3.3 环保政策要求及落实的影响

受产业绿色发展和"双碳"要求影响，环保要求不断提高，如从养殖端看，畜牧业饲料兽药使用减量增效、畜禽粪肥综合利用率要求继续提高，环保压力加大；从销售端看，既要满足国家统一规定，又要满足批发或集贸市场的卫生管理规定。环保政策内容的调整、地区间施策力度的差异、处置措施的科学性、生产和贸易主体的科技水平，会造成不同企业之间生猪养殖成本的显著差异，进而造成生猪养殖屠宰以及猪肉供给和流通格局的变化，对生猪及猪肉价格、进口量的预测带来不确定性。

3 禽肉

2024年中国禽肉产量2 660万吨，比上年增长3.8%，连续第七年增长；消费量2 667万吨，比上年增长2.9%；进口量98.7万吨，比上年减少24.6%；出口量91.7万吨，比上年增长38.0%。展望期内，预计禽肉产量和消费量持续增加，增速总体放缓，进口量趋于下降，出口量稳步增加。预计2025年，禽肉产量2 729万吨，比上年增长2.6%；消费量2 728万吨，比上年增长2.3%；进口量95万吨，比上年减少3.7%；出口量96万吨，比上年增长4.7%。预计2029年，禽肉产量2 870万吨，比基期增长12.8%（基期为2022—2024年3年平均值，下同）；消费量2 850万吨，比基期增长10.0%；进口量92万吨，比基期减少23.6%，出口量111万吨，比基期增长50.8%。预计2034年，禽肉产量2 984万吨，比基期增长17.3%，年均增长1.5%；消费量2 954万吨，比基期增长14.1%，年均增长1.3%；进口量90万吨，比基期减少25.3%，年均减少2.9%；出口量120万吨，比基期增长63.0%，年均增长5.0%。

3.1 2024年市场形势回顾

3.1.1 出栏增加，产量增速放缓

产量增幅有所减缓。2024年中国禽肉生产保持良好势头，产量增加。据国家统计局数据，2024年家禽出栏量173.4亿只，比上年增长3.1%，年末存栏量64.8亿只，

比上年下降4.5%。禽肉产量2 660万吨，比上年增长3.8%，增幅比上年缩小1.1个百分点（图11-11）。分品种来看，据国家肉鸡产业技术体系测算，2024年白羽肉鸡和817小白鸡产量分别增长1.3%和6.5%，黄羽肉鸡产量下降7.6%。

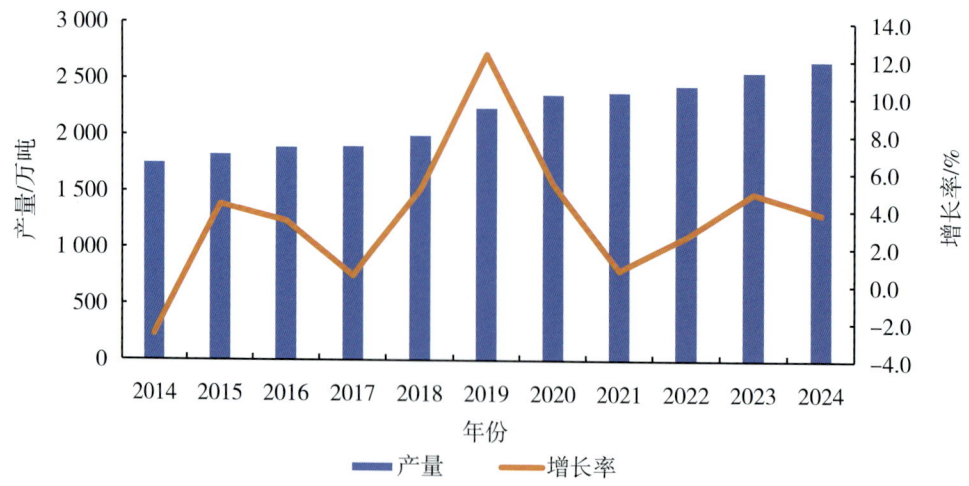

图11-11　2014—2024年中国禽肉产量及增长率变动情况

（数据来源：国家统计局）

3.1.2　消费量增长，促进消费政策效应显现

消费增速低于产量增速。2024年，在居民收入增长等因素的带动下，禽肉消费增长。禽肉消费量2 667万吨，比上年增长2.9%，人均禽肉消费量19.0千克，比上年增长3.1%（图11-12）。

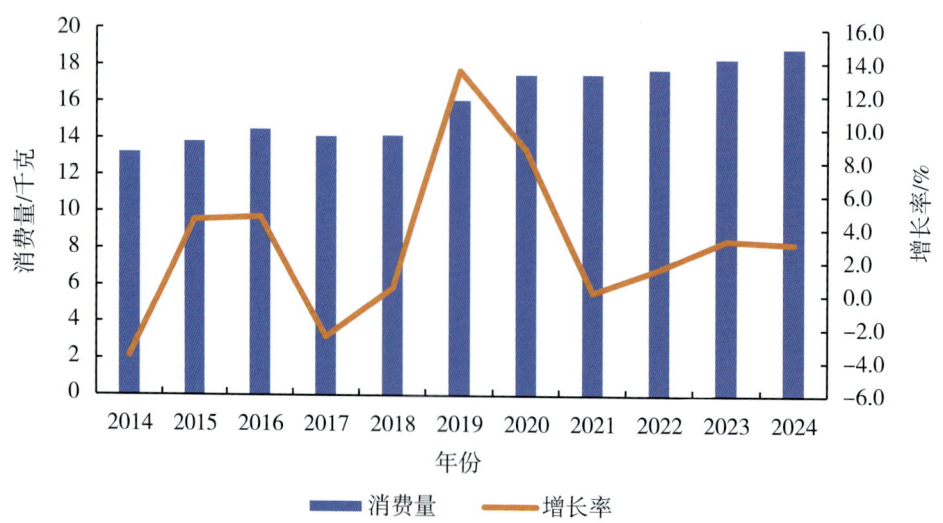

图11-12　2014—2024年中国人均禽肉消费量及增长率变动情况

（数据来源：国家统计局）

禽肉消费增长主要归因于消费促进政策实施以及产业升级加快。得益于国家多项消费促进政策的实施，居民外出就餐意愿增强，国内旅游业的稳定增长以及节假日市场持续繁荣，也推动了禽肉户外消费，根据国家统计局数据，2024年全国餐饮业收入达到55 718亿元，较上一年度增长5.3%。同时，禽肉深加工产业的发展促进了消费模式的多元化，进而推动了消费增长。

3.1.3 进口减少出口增加，贸易逆差进一步缩小

禽肉（冷鲜冻及杂碎、加工）进口量减少。由于国内禽肉价格回落，中国禽肉进口有所减少。2024年禽肉进口量98.7万吨，比上年减少24.6%（图11-13）。其中鲜冷冻禽肉进口量94.2万吨，比上年减少27.4%，加工禽肉进口量为4.4万吨，比上年增加316.0%。冻鸡爪和冻鸡翼（不包括翼尖）进口量分别为44.9万吨和29.3万吨，占比分别为45.5%和29.7%。从进口国别看，进口主要来自巴西、俄罗斯、泰国、美国和白俄罗斯，分别占进口总量的56.5%、14.6%、11.4%、6.2%和5.4%。

出口大幅增加。2024年禽肉出口量91.7万吨，比上年增长38.0%（图11-13）。其中鲜冷冻禽肉及杂碎出口量50.5万吨，比上年增长59.7%，主要出口到中国香港、俄罗斯、吉尔吉斯斯坦、蒙古国、马来西亚等地区或国家。加工禽肉出口41.2万吨，比上年增加18.4%，主要出口市场为日本、中国香港、荷兰、英国、韩国，分别占出口总量的47.2%、11.1%、10.8%、10.5%、5.0%。受国际禽肉价格走低影响，鲜冷冻禽肉及杂碎和加工禽肉平均出口价格分别为2 009美元/吨和3 782美元/吨，分别比上年减少20.1%和5.3%。

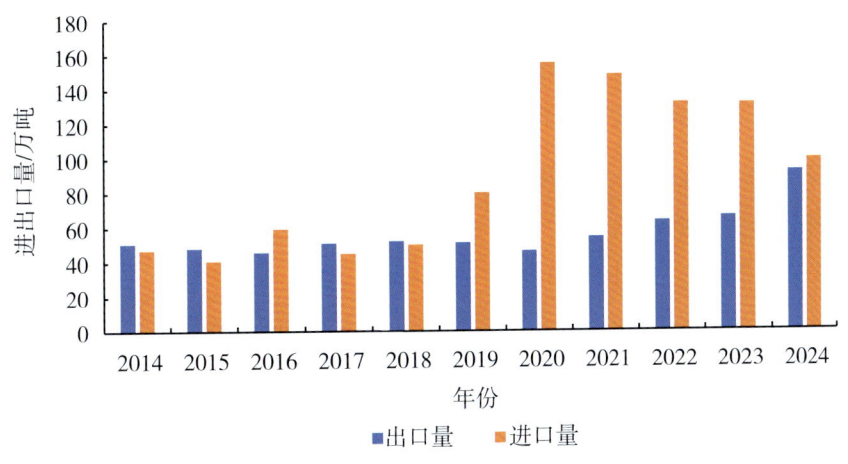

图11-13　2014—2024年中国禽肉产品进口量和出口量变化

（数据来源：海关总署）

贸易逆差进一步减少。2024年禽肉进口额31.1亿美元，比上年降低26.2%，出口额25.7亿美元，比上年增加17.7%，其中鲜冷冻禽肉及杂碎和加工禽肉出口额分

别为10.1亿美元和15.6亿美元，分别比上年增长27.6%和增长12.1%。贸易逆差5.4亿美元，比上年减少14.9亿美元，降幅为73.5%。

3.1.4 价格窄幅波动，全年均价低于上年水平

2024年鸡肉集市平均价格为23.67元/千克，比上年下降1.9%。从年内月度价格变动看，1—2月，鸡肉价格延续了上一年末的上涨趋势，2月达到年内均价峰值24.11元/千克。进入3月，由于消费淡季的到来，鸡肉均价开始逐步下调，5月降至年内低点23.34元/千克。6月后随着猪肉价格上涨，鸡肉替代消费有所增加，鸡肉均价小幅上涨，至9月达到23.87元/千克。后因猪肉价格下跌带动鸡肉替代消费减少，鸡肉均价连续3个月下跌，12月鸡肉均价为23.48元/千克（图11-14）。

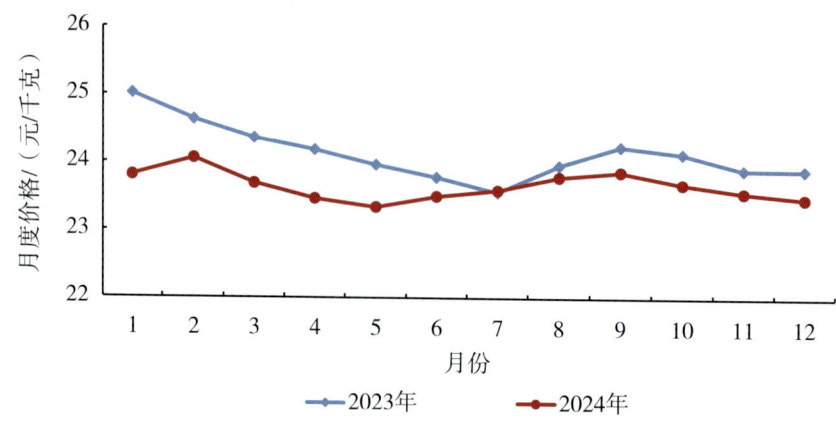

图11-14　2023—2024年鸡肉集市月度价格变动情况

（数据来源：农业农村部畜牧兽医局）

3.1.5 雏鸡成本增加，养殖由盈转亏

肉雏鸡成本小幅上涨，肉禽饲料价格跌幅较大。据农业农村部畜牧兽医局监测，2024年商品代肉雏鸡平均价格为3.53元/只，比上年增长1.4%；肉鸡配合饲料平均价格为3.65元/千克，较上年减少8.5%。

肉鸡养殖由盈转亏。据国家发展和改革委员会价格中心监测，2024年活鸡棚前收购平均价格为7.49元/千克，比上年减少14.8%，饲料原料市场平均价格为3.46元/千克，比上年减少11.0%，鸡料比平均为2.05，比上年下降0.23，肉鸡养殖由每只盈利0.58元转为亏损0.82元。

3.2 未来10年市场走势判断

3.2.1 总体判断

肉禽产量继续增加，增速放缓。随着国产白羽肉鸡品种加快推广，种源对外依

赖度逐步下降，国内产能波动性将有所减小。预计2025年禽肉产量为2 729万吨，比上年增长2.6%。展望中后期，禽肉产量增速逐步加快后再放缓。预计2029年产量将达到2 870万吨，与基期相比增长12.8%；2034年增至2 984万吨，与基期相比增长17.3%，年均增长1.5%。

禽肉消费总体增长，增速平稳。伴随餐饮连锁化趋势和健康饮食需求持续增加，禽类消费有望持续扩大。预计2025年消费量为2 728万吨，比上年增长2.3%。展望中后期，随着禽肉消费结构的优化，禽肉产品类型更加多样化，但受人口增速放缓和老龄化程度加剧影响，消费将继续增长，增速趋缓。预计2029年禽肉消费量将达到2 850万吨，比基期增长10.0%；2034年增至2 954万吨，比基期增长14.1%，年均增长1.3%。

禽肉进口稳步下降，出口持续增长。从进口看，受国内需求增速放缓、生产供应充足的影响，进口呈下降趋势。预计2025年禽肉进口量95万吨，比上年减少3.7%。展望中后期，随着禽肉产量的增长，冻鸡爪和冻鸡翼进口基本稳定，其他禽肉和杂碎进口将逐步下降，预计2029年进口量为92万吨，比基期减少23.6%；预计2034年为90万吨，比基期减少25.3%，年均减少2.9%。从出口看，随着中国禽肉国际竞争力不断提升，加工产品日益丰富，出口量持续增加。预计2025年禽肉出口量96万吨，比上年增长4.7%。展望中后期，禽肉出口有望保持较高增速，预计2029年出口量111万吨，与基期相比增长50.8%；2034年出口量增至120万吨，与基期相比增长63.0%，年均增长5.0%。

禽肉价格总体保持平稳。由于禽肉供给宽松，2025年上半年禽肉价格低位运行，下半年如行业一致去产能化，价格有望止跌回升。预计全年鸡肉集市价格在23～24元/千克，与上年持平。展望中后期，随着养殖成本上升，消费进一步增长，禽肉价格将有所上涨。

3.2.2 生产展望

短期看，禽肉产量增速将有所放缓。2024年中国白羽肉鸡祖代种鸡主要的引种来源国——美国和新西兰相继暴发高致病性禽流感，这将导致2025年白羽肉鸡祖代种鸡国外引种量明显减少，与此同时，由于养殖效益欠佳，导致落后产能加速淘汰。预计2025年禽肉产量2 729万吨，比上年增长2.6%，涨幅回落1.2个百分点。

长期看，未来10年禽肉产量保持稳步增长趋势。随着肉禽产业市场化、规模化、标准化不断加快，禽肉在肉类结构中的占比将进一步提高。展望中期，随着立体养殖、环境控制、精准饲喂等技术普及，中国禽肉综合生产能力将进一步提升。预计2029年禽肉产量达到2 870万吨，比基期增长12.8%。展望后期，随着禽肉产业结构趋于稳定，消费拉动作用减缓，预计2034年禽肉产量2 984万吨，比基期增长17.3%，年均增长1.5%（图11-15）。

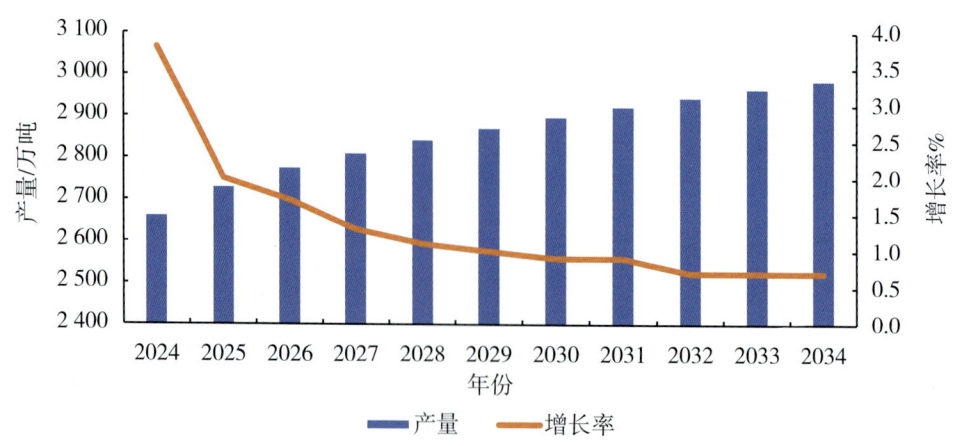

图11-15　2024—2034年中国禽肉产量变动趋势

（数据来源：2025—2034年数据为中国农业科学院农业信息研究所CAMES模型系统预测）

3.2.3　消费展望

短期看，禽肉消费增长动力不足，增速放缓。一方面，猪肉价格低位运行，禽肉替代消费进一步减少。另一方面，居民禽肉消费能力和消费意愿仍需进一步提升。预计2025年禽肉消费量为2 728万吨，比上年增长2.3%。

长期看，禽肉消费有望持续增加。随着居民消费结构和消费观念的变化，禽肉消费便捷化、产品多元化和质量标准化趋势加快，有望拉动禽肉消费的增长，但受人口变化等因素的影响，禽肉消费的增速预计将逐步放缓。展望中期，预计2029年禽肉消费量2 850万吨，比基期增长10.0%；人均禽肉消费量20.20千克，比基期增长10.9%。展望后期，禽肉消费增速有所放缓，预计2034年禽肉消费量2 954万吨，比基期增长14.1%，年均增长1.3%；人均禽肉消费量21.2千克，比基期增长15.6%，年均增长1.5%（图11-16）。

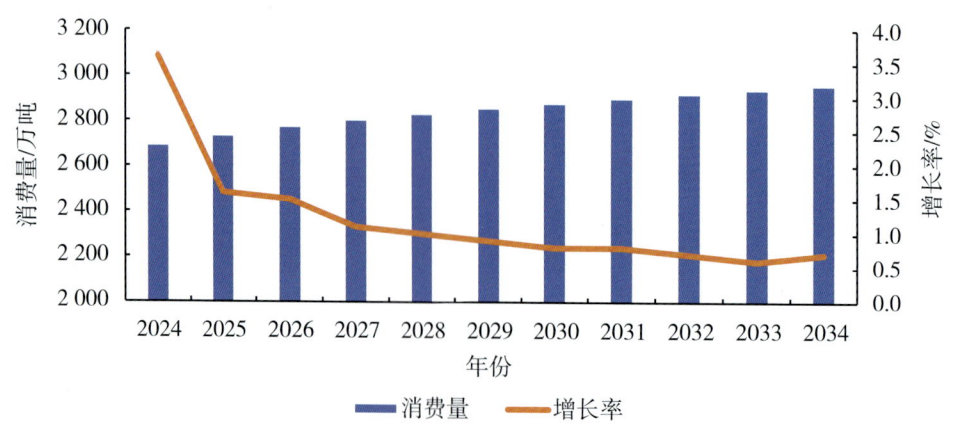

图11-16　2024—2034年中国禽肉消费变动趋势

（数据来源：2025—2034年数据为中国农业科学院农业信息研究所CAMES模型系统预测）

3.2.4 贸易展望

禽肉进口呈减少趋势。由于国内供应相对充足，除冻鸡爪、冻鸡翼等副产品仍将保持一定进口量外，带骨的冻鸡块等品类进口将逐步减少。预计2025年禽肉进口量95万吨，比上年减少3.7%。展望中后期，巴西等国禽肉生产成本较低、进口渠道稳定，未来仍是中国禽肉的主要进口来源国，但进口量将逐步减少。预计2029年禽肉进口量92万吨，比基期减少23.6%；2034年进口量90万吨，比基期减少25.3%，年均减少2.9%（图11-17）。

禽肉出口逐步增长。随着中国禽肉现代化管理和技术应用，生产效率进一步提升，成本优势逐步显现，同时禽肉出口企业通过品牌建设和市场推广，积极开拓东南亚、中东等新兴市场，新鲜冷冻和加工禽肉出口将进一步增长。预计2025年禽肉出口为96万吨，比上年增长4.7%。展望中后期，随着中国肉禽产品国际竞争力进一步增强，走出去步伐将进一步加快，出口将持续增加。预计2029年禽肉出口量达到111万吨，比基期增长50.8%；2034年禽肉出口量将增至120万吨，比基期增长63.0%，年均增长5.0%（图11-17）。

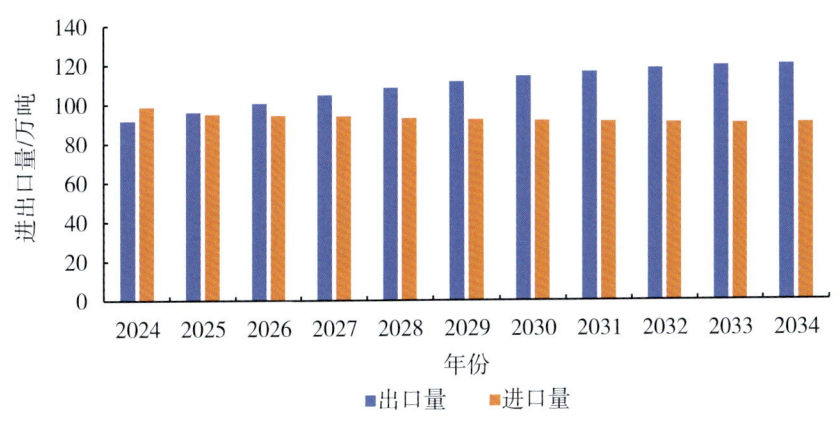

图11-17　2024—2034年中国禽肉贸易变动趋势

（数据来源：2025—2034年数据为中国农业科学院农业信息研究所CAMES模型系统预测）

3.2.5 价格展望

短期看，禽肉价格整体呈偏弱态势。预计2025年上半年禽肉供应相对宽松，有效需求难以显著改善，禽肉替代消费受到抑制，加之消费处于淡季，价格呈下跌走势；下半年如产能调减到位，餐饮和旅游消费有效拉动，禽肉价格将有望小幅回升。预计2025年鸡肉集市价格为23～24元/千克，与上年基本持平。

中长期看，禽肉价格将呈现上涨态势。由于主要饲料原料如玉米和豆粕的市场价格呈现上涨趋势，环保措施的投入增加以及动物福利养殖的推广，将对养殖成本产生一定的拉升作用，虽然中国肉禽养殖业的"三率"（饲料转化率、资源利用率和劳动生产率）持续提升，可以降低部分养殖成本，但禽肉价格总体呈上涨趋势。

3.3 不确定性分析

3.3.1 疫情影响

近年来中国规模肉禽养殖场通过加强高致病性禽流感等重大疫病疫苗研发和接种，提升生物安全水平，疫病发生率显著降低。然而，部分疫病病毒变异速度快，疫苗研发面临一定挑战，部分中小养殖户生物安全意识薄弱，防疫措施不到位，容易成为疫病传播的薄弱环节，这都会增加中国肉禽产业的风险。

3.3.2 国际贸易环境影响

在未来一段时间，地缘政治紧张局势仍然存在，国际贸易环境不确定性增加，将对中国饲料原料进口产生影响。国际市场玉米、豆粕价格可能出现波动，会直接影响中国肉禽的养殖成本。此外，汇率波动会增加中国肉禽出口企业的经营风险，主要禽肉出口地区的技术性贸易壁垒也增加了中国禽肉出口增长的不确定性。

3.3.3 技术进步影响

近年来，中国自主培育的肉鸡品种的生产性能与国际先进水平的差距逐步缩小，未来能否适应市场需求，仍具有一定的不确定性。加快集成疾病防控技术，提升肉禽健康水平和生物安全水平，也对中国肉禽产业提出了更高的要求。推广豆粕减量替代等新技术，将降低养殖成本，开展黄羽肉鸡生鲜上市专门化品系的选育，以满足市场需求，都将对未来10年中国禽肉产业提出更高的要求和新的挑战。

4 牛羊肉

牛羊生产是畜牧业的重要组成部分，牛羊肉是城乡居民"菜篮子"的重要品种。2024年，牛羊产业稳定发展，牛肉产量小幅增加，羊肉产量略有下降，牛肉、羊肉产量分别达到779万吨、518万吨，比上年分别增长3.5%、下降2.5%；牛肉消费增速继续放缓，羊肉消费出现下降，牛肉、羊肉消费量分别为1 066万吨、555万吨，比上年分别增长3.8%、下降3.3%；牛肉进口量增价跌，羊肉进口量价齐降，牛肉、羊肉进口量分别为287.44万吨、36.65万吨，比上年分别增加5.0%、减少15.5%，牛肉、羊肉平均到岸价格分别为34.26元/千克、23.45元/千克，比上年分别下跌8.1%、20.2%；牛羊肉价格持续下行，全年牛肉、羊肉集市平均价格分别为71.95元/千克、72.53元/千克，比上年分别下跌14.6%和8.9%。展望期内，产量先降后增，2025年牛肉、羊肉产量分别为750万吨、510万吨，比上年分别下降3.7%和1.5%；2029年产量分别为782万吨、540万吨，与基期（基期为2022—2024年3年平均值，下同）相比，分别增加32万吨和15万吨，年均分别增长0.8%和0.6%；2034年产量分别为820万吨、564万吨，与基期相比，分别增加70万吨和39万吨，年均分别增长0.9%和1.0%。消费需求由弱转强，2025年牛肉、羊肉消费量分别为920万吨、540万吨，比上年分别减少13.7%和2.7%；2029年消费量分别为978万吨、576万吨，与基期相比，分别减少48万吨、增加13万吨，年均分别下降1.0%、增长0.4%；2034年消费量分别为1 048万吨、610万吨，与基期相比，分别增加22万吨和47万吨，年均分别增长0.2%、0.8%。进口有所下降，2025年牛肉、羊肉进口量分别为170万吨、30万吨，比上年分别下降40.8%和18.9%；2029年进口量分别为196万吨、36万吨，与基期相比，分别减少80万吨和3万吨，年均分别下降6.6%和1.4%；2034年进口量分别为228万吨、46万吨，与基期相比，分别减少48万吨、增加7万吨，年均分别下降1.9%、增长1.8%。牛羊肉价格在展望前期止跌回稳，展望后期稳中有增。

4.1 2024年市场形势回顾

4.1.1 生产基本稳定

国家继续实施肉牛肉羊增量提质行动和牧区畜牧良种补贴项目，加快推进肉牛肉羊产业转型升级。为应对牛羊养殖效益下降，中央和地方政府先后出台了一系列稳定牛羊产业发展的政策措施，牛羊生产保持稳定。2024年，全国肉牛出栏5 099万头、牛肉产量779万吨，比上年分别增长1.5%、3.5%；全国羊出栏32 359万只、羊肉产量518万吨，比上年分别下降4.4%、2.5%。由于养殖效益明显下滑，肉牛存栏7年来首次出现下降，羊存栏连续两年下降。2024年末，全国牛（含奶牛）存栏10 047万头、比上年下降4.4%，羊存栏量30 049万只、比上年下降6.8%。肉牛、肉羊胴体重分别达到152.78千克、16.01千克，比上年分别增长1.9%、2.1%。

4.1.2 消费需求减弱

2024年国内消费市场总体呈现平稳增长，但国内有效需求仍显不足，餐饮消费需求恢复弱于预期，居民消费能力和意愿有待提升。受此影响，牛肉消费增速继续放缓，羊肉消费出现下降。2024年，中国牛肉消费量为1 066万吨，比上年增长3.8%，增幅较上年下降0.2%；羊肉消费量为555万吨，比上年下降3.3%，为2012年以来首次出现下降；人均牛羊肉消费量分别为7.58千克和3.94千克。从消费结构来看，热鲜肉仍然是主要的消费形式，但酱肉、肉干、肉卷等加工制品消费继续增加，牛羊肉预制菜发展较快，产品品类进一步丰富。

4.1.3 进口走势分化

牛肉进口量增价跌。2024年,中国牛肉进口287.44万吨,比上年增长5.0%(图11-18),进口额136.93亿美元,比上年减少3.7%,主要进口来源国为巴西、阿根廷、乌拉圭、澳大利亚、新西兰,分别占进口总量的46.6%、20.7%、8.5%、7.5%和5.2%,巴西、阿根廷进口占比继续提高。全年牛肉平均到岸价格为34.26元/千克,比上年下跌8.1%。牛肉出口仍然较少,出口595.10吨,比上年增长5.4倍,出口额580.90万美元,比上年增长6.1倍,主要出口中国香港和朝鲜。

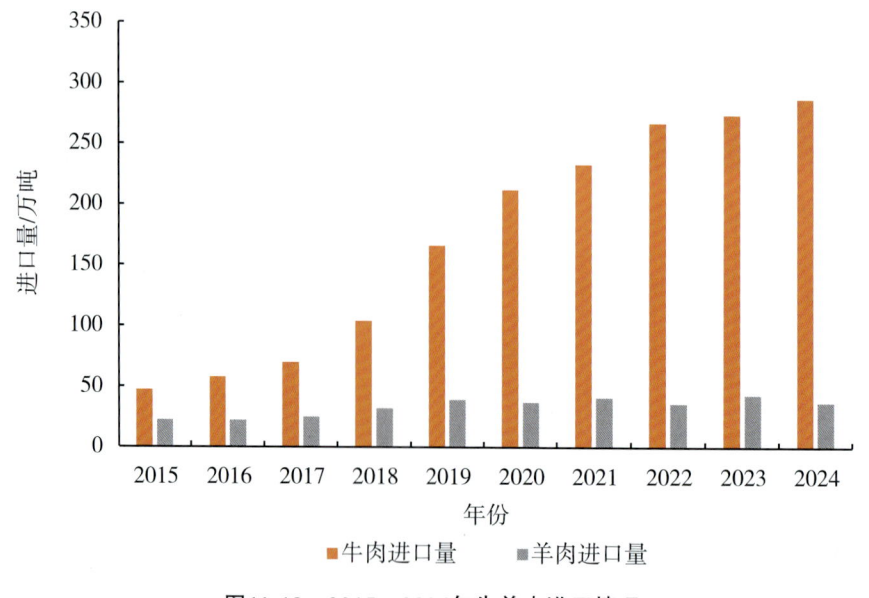

图11-18 2015—2024年牛羊肉进口情况

(数据来源:海关总署)

羊肉进口量价齐降。2024年,羊肉进口量36.65万吨,比上年减少15.5%(图11-18),进口额11.95亿美元,比上年减少32.8%,主要进口来源国为新西兰(占进口总量的52.1%)、澳大利亚(占45.7%)。全年羊肉平均到岸价格为23.45元/千克,比上年下跌20.2%。羊肉出口较少,出口1 778.64吨,比上年增长19.2%,出口额1 831.40万美元,比上年增长0.2%,主要出口中国香港、中国澳门和阿拉伯联合酋长国。

4.1.4 价格持续下行

受国内需求增速放缓和进口冲击的影响,牛羊肉价格持续下行,已跌至近5年最低水平。2024年,牛肉集市价格延续上一年跌势,从年初开始逐月下跌,受季节因素影响,5—6月环比跌幅超过4%,而后几个月跌幅明显收窄,8月后环比下跌均在1%以内；截至2024年12月，牛肉集市价格已连续下跌15个月，全年牛肉集市平均价格为71.95元/千克，比上年下跌14.6%。羊肉集市价格整体也呈现下跌趋势，全年仅2月在节日需求拉动下小幅上涨，此后步入下跌通道，3—6月跌幅在1.5%以上，第三、四季度跌幅收窄；全年羊肉集市平均价格为72.53元/千克，比上年下跌8.9%，跌幅小于牛肉（图11-19）。

图11-19　2015—2024年牛羊肉集市均价

（数据来源：农业农村部畜牧兽医局）

4.2　未来10年市场走势判断

4.2.1　总体判断

产能优化调整，产量先降后增。短期看，受养殖效益下降影响，牛羊肉产能进入优化调整期，产量有所下降。预计2025年，牛肉、羊肉产量分别为750万吨、510万吨，比上年分别下降3.7%、1.5%。长期看，随着品种改良、技术进步以及专业化、规模化养殖比例提高，牛羊养殖性能不断改善，产量逐步恢复增长。预计2029年，产量分别为782万吨、540万吨，与基期相比，分别增加32万吨和15万吨，年均分别增长0.8%和0.6%；预计2034年，产量分别为820万吨、564万吨，与基期相比，分别增加70万吨和39万吨，年均分别增长0.9%和1.0%。

消费结构升级，需求由弱转强。短期看，居民消费结构升级放缓，"供强需弱"矛盾突出，且牛羊肉相较于猪肉、禽肉产品价格较高，消费需求较弱。预计2025年，牛肉、羊肉消费量分别为920万吨、540万吨，比上年分别减少13.7%、2.7%。长期看，在收入稳步增长和居民消费结构升级的带动下，牛羊肉作为优质动物蛋白来源，消费将逐步转强。预计2029年，消费量分别为978万吨、576万吨，与基期相比，分别减少48万吨、增加13万吨，年均分别下降1.0%、增长0.4%；预计2034年，消费量分别为1 048万吨、610万吨，与基期相比，分别增加22万吨和47万吨，年均分别增长0.2%、0.8%。

牛肉进口减少，羊肉进口略增。短期看，国内价格低位运行使得国内外价差不断缩小，牛羊肉进口动力减弱；同时，受进口牛肉保障措施立案调查和中国对美国加征关税的反制措施影响，牛肉进口量将明显减少。预计2025年牛肉、羊肉进口量分别为170万吨、30万吨，比上年分别下降40.8%、18.9%。长期看，由于国内资源约束加大、产能增速不快，中国牛羊肉贸易仍将保持净进口格局，但牛羊肉进口呈现差异。牛肉进口量明显下降，预计2029年，牛肉进口量为196万吨，较基期减少80万吨，年均下降6.6%；2034年，牛肉进口量为228万吨，较基期减少48万吨，年均下降1.9%。羊肉进口先降后增，预计2029年，羊肉进口量为36万吨，较基期减少3万吨，年均下降1.4%；2034年，羊肉进口量为46万吨，较基期增加7万吨，年均增长1.8%。

价格短期内止跌回稳，长期稳中趋涨。短期看，在各项政策的支持引导下，消费逐步回暖，加之产能调整优化，牛羊肉价格在展望前期将止跌回稳，预计2025年，牛肉、羊肉全年平均价格分别在72~74元/千克、73~75元/千克。长期看，国内养殖受限于资源环境，增速趋于稳定，且养殖成本仍然维持高位，而牛羊肉消费随着居民收入水平提高将稳步增加，供需阶段性宽松将发生变化，预计牛羊肉价格将稳中有增。

4.2.2 生产展望

短期看，由于前期养殖场户出现大面积亏损，牛羊出栏加快，部分养殖场户退出，存栏下降，产量有所下滑。预计2025年，牛肉、羊肉产量较上年下降，分别为750万吨、510万吨，比上年分别减少29万吨、8万吨，降幅分别为3.7%、1.5%。

长期看，牛羊肉产能优化后，产量将逐渐恢复增长。未来一段时间，随着肉牛、肉羊品种不断改良，专业化、规模化养殖比例不断提高，养殖效率逐步提高，牛羊肉产量将逐渐恢复增长。但由于国内水、土地、饲草等资源环境约束，以及生态保护压力加大，生产增速将趋于稳定或放缓。预计2029年，牛肉产量为782万吨，较基期增加32万吨，年均增长0.8%；羊肉产量为540万吨，较基期增加15万吨，年均增长0.6%。2034年，牛肉产量为820万吨，较基期增加70万吨，年均增长0.9%；羊肉产量为564万吨，较基期增加35万吨，年均增长1.0%（图11-20、图11-21）。

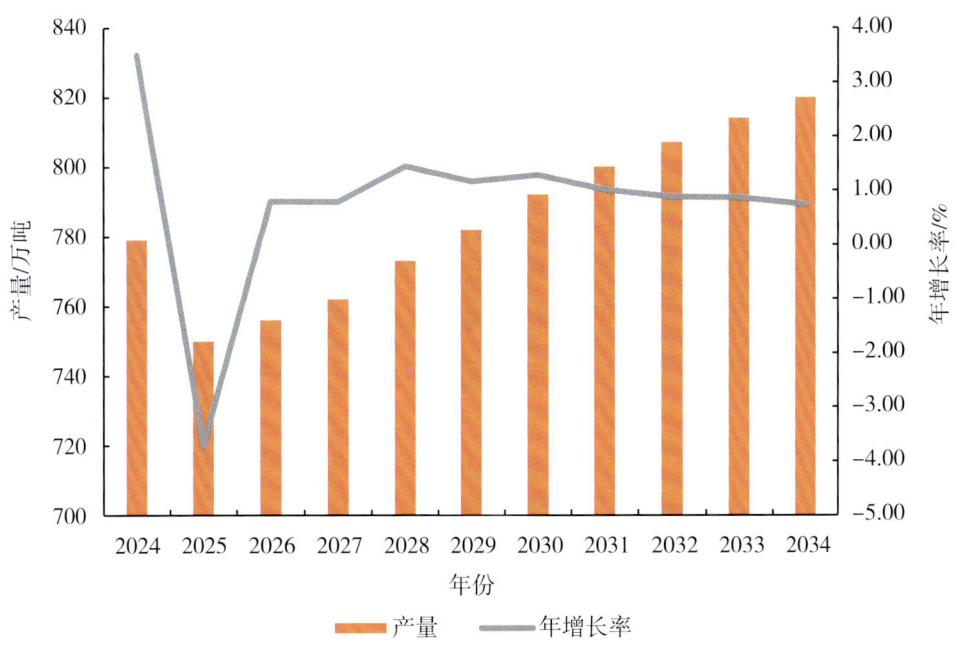

图11-20　2024—2034年牛肉产量及年增长率

（数据来源：2025—2034年数据为中国农业科学院农业信息研究所CAMES预测）

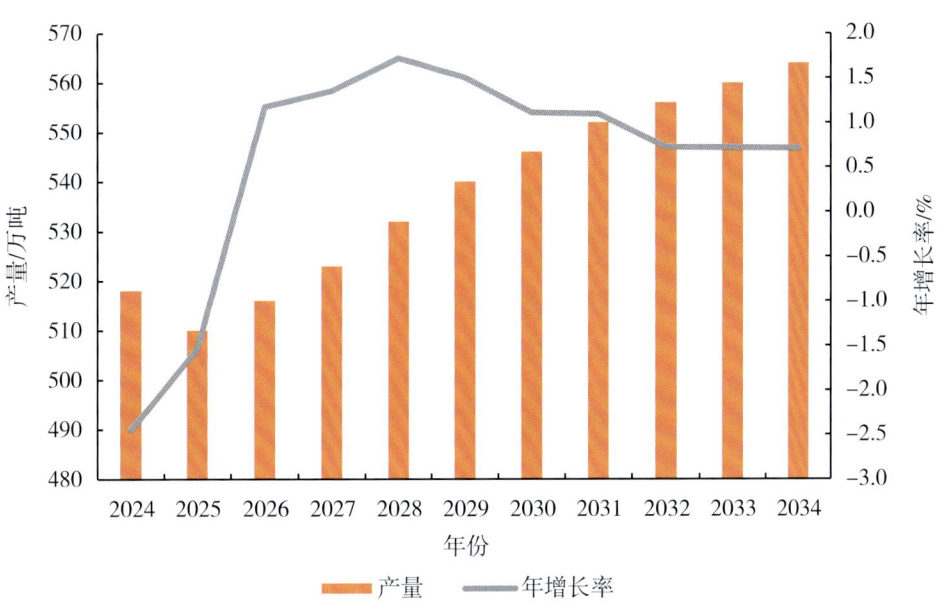

图11-21　2024—2034年羊肉产量及年增长率

（数据来源：2025—2034年数据为中国农业科学院农业信息研究所CAMES预测）

4.2.3　消费展望

短期看，居民消费结构升级放缓，且牛羊肉相较于猪肉、禽肉产品价格较高，居民消费需求较弱。预计2025年，牛肉、羊肉消费量分别为920万吨、540万吨，比上年分别减少106万吨、15万吨，人均牛肉、羊肉消费量分别为6.54千克、3.94千克。

长期看，随着宏观经济政策力度不断加大，居民收入水平持续提高，消费信心逐渐恢复，牛羊肉作为优质动物蛋白来源，在肉类消费中的占比将进一步提高，消费需求将有所恢复。预计2029年，牛肉消费量为978万吨，较基期减少48万吨，年均下降1.0%；羊肉消费量为576万吨，较基期增加13万吨，年均增长0.4%。2034年，牛肉消费量为1 048万吨，较基期增加22万吨，年均增长0.2%；羊肉消费量为610万吨，较基期增加47万吨，年均增长0.8%。

4.2.4 贸易展望

短期看，国内价格的连续下降使国内外价差明显缩小，贸易商进口意愿减弱。同时，由于近些年进口牛肉总量的持续增长对中国国内牛肉产业构成明显压力，2024年12月27日商务部发布《关于对进口牛肉进行保障措施立案调查的公告》，决定自当天起对进口牛肉进行保障措施立案调查，此次调查将对牛肉进口产生一定影响。另外，针对美国政府近期发起的"对等关税"，中国采取反制措施，进口美国牛肉关税大幅升高，其市场份额将明显下降。预计2025年，牛肉进口量为170万吨，比上年减少114万吨，降幅约40.8%；羊肉进口量为30万吨，比上年减少7万吨，降幅约18.9%。

长期看，受养殖成本等因素影响，国内牛羊肉价格仍高于国外，牛羊肉贸易保持净进口格局。由于城乡居民收入增速放缓，消费需求减弱，牛肉进口明显下降，羊肉进口略有增加。预计2029年，牛肉进口量为196万吨，较基期减少80万吨，年均下降6.6%；羊肉进口量为36万吨，较基期减少3万吨，年均下降1.4%。2034年，牛肉进口量为228万吨，较基期减少48万吨，年均下降1.9%；羊肉进口量为46万吨，较基期增加7万吨，年均增长1.8%。

4.2.5 价格展望

短期看，牛羊肉价格止跌回稳。牛肉价格方面，受上年养殖效益下降、年末存栏减少的影响，牛肉产量将有所下降；同时，随着宏观政策力度不断加大，居民消费动力逐步增强，加之进口贸易调查带来的预期影响，牛肉价格有望止跌回稳。羊肉价格方面，在价格连续两年下跌的情况下，肉羊养殖场户已开始调整生产结构，羊存栏连续两年下降，羊肉价格下行压力减弱，全年有望止跌回稳。预计2025年，牛肉全年平均价格在72～74元/千克，羊肉全年平均价格在73～75元/千克。

长期看，牛羊肉价格逐步回升。一方面，中国牛羊产业发展正加快向规模化、专业化、智能化转变，牛羊品种不断优化改良，养殖性能不断改善，但受土地、水、饲草等资源约束影响，养殖成本仍将居于高位，对价格形成一定支撑。另一方面，随着居民收入增长，牛羊肉在肉类消费中的占比仍有较大上升空间。在生产约束趋紧和消费增长的带动下，牛羊肉市场阶段性供需失衡局面将逐步改善，价格仍呈缓慢增长趋势。

4.3 不确定性分析

4.3.1 气候因素

据国家气候中心和多国监测数据，2024年不仅是中国有记录以来最暖的一年，也是全球多个国家有气象记录以来最热的一年，气候变化导致全球平均多经历了41天的极端高温。气候变暖使得高温干旱、暴雪、洪涝等极端天气发生频率和强度增加，导致牛羊免疫力下降、疫病发生风险加大、饲草供应趋紧、养殖成本增加等，进而加大牛羊及牛羊肉价格波动，对养殖户和市场供应产生较大影响。

4.3.2 动物疫病

动物疫病仍是牛羊健康生产的潜在威胁。2024年，布鲁氏菌病、牛结节性皮肤病等反刍动物疫病仍时有发生，对牛羊的生产加工和人类健康形成威胁。同时，由于邻国较多且周边国家动物疫病形势复杂，疫病输入风险长期存在，进口动物及其产品可能携带的病原体不仅威胁国内牛羊养殖和产业发展，还直接影响牛羊肉进口，进而影响国内供给。

4.3.3 国际贸易环境

地缘政治冲突和贸易保护主义是影响全球农产品产业链、供应链安全的重要因素。随着国际经济政治格局加速演变，一方面，地缘政治冲突加剧，商品、投资、科技、金融呈现泛武器化，正常国际贸易受到冲击；另一方面，贸易保护主义有增无减，为保护本国利益，一些国家强化关税政策，设置贸易壁垒，加剧全球贸易摩擦。同时，国家间产业竞争加剧，进一步弱化了产业链合作和政策协同，增加了贸易成本。国际贸易环境的剧烈变化，增加了全球牛羊肉稳定供应的不确定性。

参考文献

策力格尔，2025.新质生产力助力生猪养殖碳达峰的路径选择[J].饲料研究（2）：241-244.

国家统计局.2024年经济运行稳中有进　主要发展目标顺利实现[EB/OL].（2025-01-17）[2025-02-08].https://www.stats.gov.cn/sj/zxfb/202501/t20250117_1958332.html.

林挺，刘畅，周亮，等，2024.中国生猪产业链垂直整合发展特征、驱动机理及建议[J].中国农业资源与区划，45（11）：171-178.

刘雨萌，顾立伟，周琳，2022.我国生猪屠宰产能转移趋势分析研究[J].中国畜牧杂志，58（12）：300-304.

鲁帆，浦华，2022. 肉鸡产业统计监测数据优化研究［J］. 中国畜牧杂志，58（11）：324-328.

聂赟彬，翟雪玲，2024. 不同流通模式下猪肉价格形成、成本收益研究：基于猪肉流通全环节追踪调研［J］. 农业经济（12）：128-131.

农业农村部，国家发展改革委，工业和信息化部，等. 农业农村部　国家发展改革委　工业和信息化部　财政部　中国人民银行　市场监管总局　金融监管总局关于促进肉牛奶牛生产稳定发展的通知［EB/OL］.（2025-01-17）［2025-02-08］. http://www.moa.gov.cn/nybgb/2024/202410/202410/t20241022_6464801.htm.

农业农村部. 农业农村部办公厅关于稳定肉牛生产发展的通知［EB/OL］.（2025-01-17）［2025-02-08］. http://www.moa.gov.cn/nybgb/2024/202407/202408/t20240812_6460536.htm.

农业农村部. 农业农村部关于印发《生猪产能调控实施方案（2024年修订）》的通知［EB/OL］.（2025-03-01）［2025-02-29］ https://www.xmsyj.moa.gov.cn/gzdt/202402/t20240229_6449331.htm.

农业农村部农产品市场分析预警团队，2024. 中国农业展望报告（2024—2033）［M］. 北京：中国农业科学技术出版社.

王德龙，2024. 猪屠宰检疫工作中存在的问题［J］. 吉林畜牧兽医，11：163-165.

王震宇，王格林，程思，等，2024. 共建"一带一路"主要贸易国家对我国肉类出口贸易的潜力分析［J］. 中国食品安全（10）：86-93.

魏锋华. 2024年农业经济形势稳中向好［EB/OL］.（2025-01-17）［2025-02-08］. https://www.stats.gov.cn/sj/sjjd/202501/t20250117_1958344.html.

辛翔飞，王祖力，刘晨阳，等，2023. 新阶段我国生猪产业发展形势、问题和对策［J］. 农业经济问题（8）：4-16.

辛翔飞，郑麦青，文杰，等，2025. 2024年我国肉鸡产业形势分析、未来展望与对策建议［J］. 中国畜牧杂志，60（3）：312-317.

俞坤丰，2023. 我国牛羊肉价格波动趋势及调控建议［J］. 价格理论与实践（11）：100-104.

张馥，周琳，2024. 中国与主要进口来源国猪肉价格空间传导效应分析［J］. 价格月刊（3）：1-11.

张海峰，陈南，刘珊，等，2023. 我国猪肉产品进出口贸易不均衡成因分析［J］. 中国畜牧杂志，59（12）：347-350.

朱静，李婷婷，施寿荣，等，2024. 我国家禽产业发展历程、现状、面临挑战及建议［J］. 中国畜牧杂志，60（6）：351-356.

朱战国，朱书凝，周琳，等，2023. 高质量发展新格局下中国生猪产业可持续发展水平评价［J］. 农业经济问题（4）：105-122.

OECD，FAO.OECD-FAO Agricultural Outlook 2024—2033［EB/OL］.（2025-01-17）［2025-02-08］. Paris and Rome，2024.https://doi.org/10.1787/4c5d2cfb-en.

United Nations. World Economic Situation and Prospects 2025［EB/OL］.（2025-01-17）［2025-02-08］. New York，2025，1. https://www.un.org/development/desa/dpad/publication/world-economic-situation-

and-prospects-2025/

USDA, 2024. Livestock and Poultry: World Markets and Trade. Washington, D.C: USDA.

World Trade Organization. Global Trade Outlook and Statistics 2024[EB/OL].（2024-10）[2025-02-08]. Geneva, 2024, 10. https://www.wto.org/english/res_e/booksp_e/stat_10oct24_e.pdf.

第十二章

禽　蛋

中国是世界上最大的禽蛋生产国与消费国。2024年，中国禽蛋产业稳定发展，禽蛋产量稳中有增，全年禽蛋产量3 588万吨，比上年增长0.7%；消费量3 550万吨，比上年增长0.4%，增速低于产量；禽蛋贸易仍以出口为主，出口量18万吨，比上年增长7.4%；鸡蛋市场整体供大于求，蛋价有所下跌，鸡蛋集贸市场价格[①]、主产省批发价[②]分别为10.70元/千克、9.53元/千克，比上年分别下跌7.7%、9.0%。展望期内，预计2025年产蛋鸡存栏量稳中略增，禽蛋产量和消费量均增长，禽蛋产量3 630万吨，比上年增长1.2%；消费量3 601万吨，比上年增长1.4%；出口增至19万吨，比上年增长6.2%；鸡蛋市场供需总体略显宽松，预计全年蛋价略低于上年水平。长期来看，禽蛋产量与消费量均将保持缓速增长态势，预计2029年禽蛋产量达到3 721万吨，比基期（基期为2022—2024年3年平均值，下同）增长5.2%，消费量3 686万吨，比基期增长5.0%；2034年禽蛋产量和消费量将分别增至3 781万吨、3 742万吨，比基期分别增长6.9%、6.6%，年均增速分别为0.7%、0.6%。禽蛋出口小幅增长，贸易保持顺差格局，预计2029年出口22万吨，2034年增至24万吨，年均增长4.0%。蛋价呈震荡上涨态势，并保持周期性、季节性波动。

1　2024年市场形势回顾

1.1　产量稳中有增

禽蛋产量保持增长。2024年中国禽蛋产量3 588万吨，比上年增长0.7%（图12-1）。主要是由于上年蛋鸡养殖盈利较高，养殖场（户）补栏、扩栏有积极性，新开产

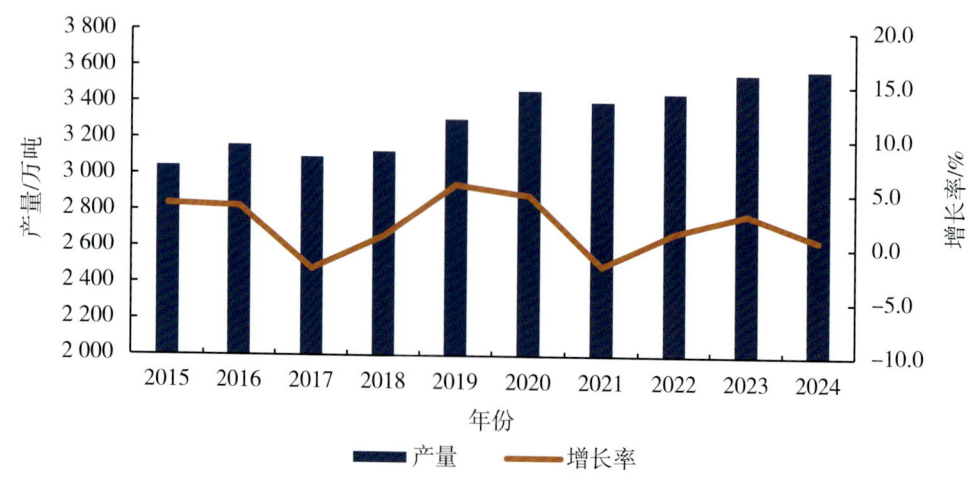

图12-1　2015—2024年中国禽蛋产量和增长率

（数据来源：国家统计局）

[①] 鸡蛋集贸市场价格数据来自农业农村部畜牧兽医局对全国500个县集贸市场和采集点的监测。
[②] 鸡蛋主产省批发价数据来自农业农村部畜牧兽医局对全国500个县集贸市场和采集点中河北、辽宁等10个主产省份的监测。

蛋鸡数量较多；饲料成本持续走低，蛋鸡养殖效益有所好转，养殖场（户）蛋鸡淘汰速度放缓，产蛋鸡月存栏量小幅震荡上升，处于历史相对高位；在蛋禽养殖规模化程度提升、优良品种选育和引进，以及养殖场（户）科学饲养管理水平提高等因素推动下，蛋禽养殖效率有所提高，禽蛋产量持续增长。

1.2 消费量稳中略增

禽蛋消费量增幅略低于产量增幅。禽蛋作为优质蛋白质重要来源之一，消费量稳中略增。2024年禽蛋消费量3 550万吨，比上年增长0.4%，人均消费量25.23千克，比上年增长0.6%。其中，禽蛋鲜食消费量2 718万吨，比上年增长0.2%，占消费总量的76.6%；干燥蛋制品、液蛋制品、休闲蛋制品等加工技术的进步推动蛋品加工业稳步发展，蛋品加工消费量557万吨，比上年增长1.5%，占消费总量的15.7%；种用禽蛋消费量及损耗为275万吨，与上年基本持平，占消费总量的7.7%。

1.3 出口量增额减

禽蛋出口量增加，2024年中国禽蛋出口量18万吨，比上年增长7.4%（图12-2），主要出口地区和国家是中国香港、中国澳门和日本，分别占出口总量的77.8%、9.1%、3.2%；出口额小幅减少，鲜鸡蛋、咸蛋、其他去壳禽蛋、皮蛋等主要出口产品单价均有不同程度下跌，禽蛋出口额32 747.9万美元，比上年减少3.6%。禽蛋进口仅有微量其他去壳禽蛋，进口量3.8吨。全年贸易顺差为32 746.8万美元，比上年减少3.6%。

图12-2　2015—2024年中国禽蛋出口情况

（数据来源：海关总署）

1.4 蛋价有所回落

鸡蛋价格较上年有所回落。据农业农村部畜牧兽医局监测，2024年鸡蛋集贸市场价格、主产省批发价分别为10.70元/千克、9.53元/千克，比上年分别下跌7.7%、9.0%。蛋价下跌的主要原因是鸡蛋市场供需关系偏宽松。具体来看，2024年一季度鸡蛋市场供应充足、消费不及预期，鸡蛋价格持续下跌，4月蛋价跌至全年最低点，集贸市场价格、主产省批发价分别为9.73元/千克、8.11元/千克，比2023年12月分别下跌13.6%、18.7%；进入5月，在节日效应拉动下，下游经销商采购积极性较高，蛋价止跌回升，并且连续5个月上涨，但仍低于上年同期；至9月，在鸡蛋市场供应基本稳定，鸡蛋消费阶段性明显增加等因素影响下，蛋价涨至全年最高点，鸡蛋集贸市场价格、主产省批发价分别为11.67元/千克、11.12元/千克，比年内最低点分别上涨19.9%、37.1%；10月之后，鸡蛋市场供应充足，消费需求走弱，12月市场利好因素对消费提振有限，蛋价呈现震荡下跌态势。总的来看，2024年全国蛋价呈重心下移的"N"形走势（图12-3）。

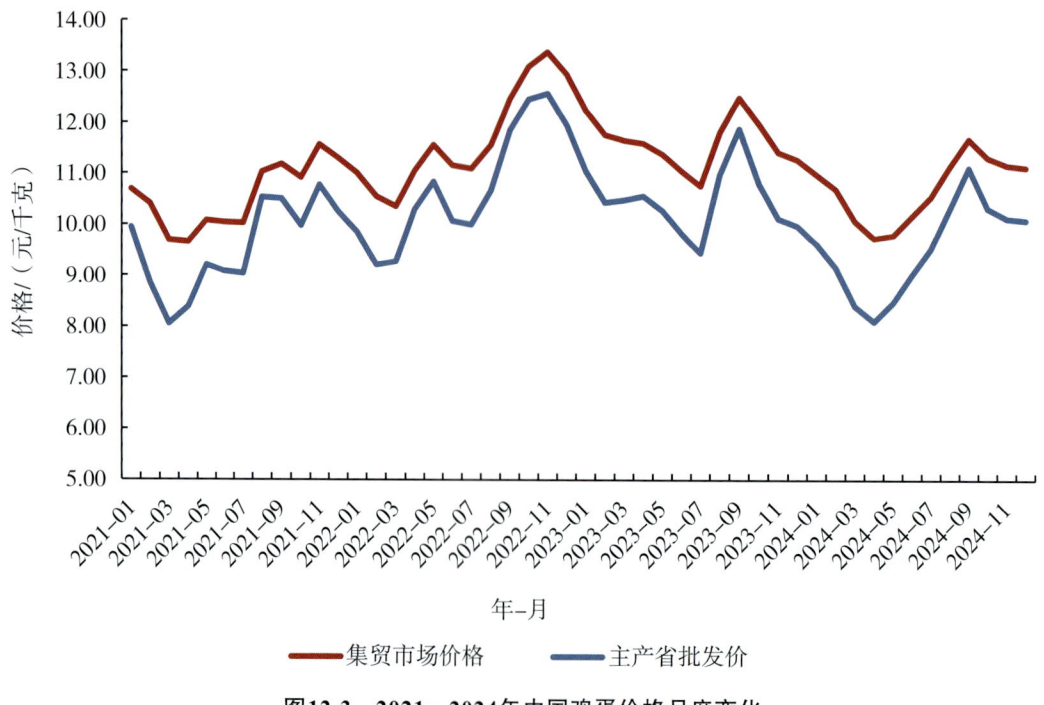

图12-3　2021—2024年中国鸡蛋价格月度变化

（数据来源：农业农村部畜牧兽医局）

1.5 蛋鸡养殖效益好转

蛋鸡养殖效益有所好转。据测算，2024年蛋料比价（鸡蛋集贸市场价格与蛋鸡配合饲料价格之比）为3.19∶1，比上年上涨1.4%。蛋鸡养殖效益主要由鸡蛋市场价格与养殖成本决定，饲料成本占养殖成本比例较大。从鸡蛋价格看，2024年鸡蛋市场供给整体宽松，蛋价有所回落，鸡蛋集贸市场价格比上年下跌7.7%；从饲料成本看，2024年蛋鸡配合饲料、玉米、豆粕等产品价格均有不同程度的下跌，蛋鸡配合饲料价格比上年下跌9.0%，蛋鸡配合饲料价格下跌幅度大于鸡蛋价格下跌幅度，养殖场（户）养殖效益整体好于2023年（图12-4）。

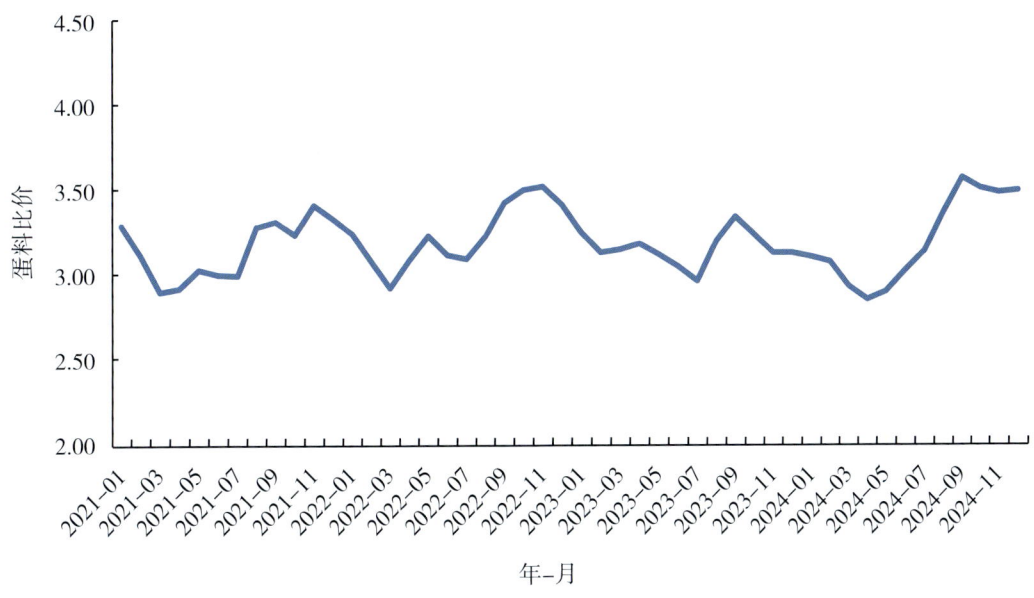

图12-4　2021—2024年中国蛋料比价变化

（数据来源：根据农业农村部畜牧兽医局监测数据测算）

2　未来10年市场走势判断

2.1　总体判断

禽蛋产量小幅增长。2025年产蛋鸡存栏量稳中略增，禽蛋市场供应有保障，预计禽蛋产量3 630万吨，比上年增长1.2%。长期来看，禽蛋产量将保持平稳增长态势，预计2029年禽蛋产量3 721万吨，比基期增长5.2%；2034年产量增至3 781万吨，比基期增长6.9%，年均增长0.7%。

禽蛋消费量缓慢增加，加工消费量稳定增长。预计2025年消费量达到3 601万吨，比上年增长1.4%，其中加工消费量582万吨，比上年增长4.5%。长期来看，禽蛋消费量保持稳中有增态势，加工消费量增长较为明显，预计2029年禽蛋消费量达到3 686万吨，比基期增长5.0%，加工消费量621万吨，比基期增长14.1%；2034年消费量达到3 742万吨，比基期增长6.6%，年均增长0.6%，加工消费量646万吨，比基期增长18.7%，年均增长1.7%。

禽蛋出口小幅增长，贸易保持顺差格局。预计2025年禽蛋出口增至19万吨，比上年增长6.2%。长期来看，禽蛋出口将保持增长态势，2029年出口22万吨，2034年出口24万吨，年均增长4.0%。禽蛋进口将稳中有减，预计2025年禽蛋进口4吨左右，2034年缩减至1吨左右。

禽蛋价格大体上呈震荡上涨趋势。2025年鸡蛋市场总体将呈现供需略宽松局面，预计鸡蛋全年平均价格略低于2024年水平。展望期内，在蛋禽养殖成本不断走高的推动下，预计鸡蛋价格整体将震荡上涨，并呈周期性、季节性波动。

2.2 生产展望

禽蛋产量小幅增长。预计2025年产蛋鸡存栏量稳中略增，鸡蛋产量小幅增长。主要原因是2024年下半年蛋鸡养殖效益持续向好，蛋雏鸡补栏量有所增加，2025年一季度新开产蛋鸡数量增加，加之春节后适龄待淘蛋鸡数量有限，产蛋鸡存栏量有望增加；之后，预计短期蛋价或将低位震荡，蛋鸡养殖场（户）根据鸡蛋市场行情调整存栏结构，鸡蛋市场或将逐步进入去产能阶段，但由于淘汰鸡平均淘汰日龄延长，去产能进程相对缓慢，整体来看，产蛋鸡存栏量稳中略增。预计2025年禽蛋产量3 630万吨，比上年增长1.2%。长期来看，随着蛋禽优良品种的选育推广、高标准养殖设施的升级改造以及安全饲料的研发应用，蛋禽养殖设施化、智能化、标准化水平不断提升，蛋禽养殖实现高质量发展，禽蛋产量将呈现平稳增长态势。预计2029年禽蛋产量3 721万吨，比基期增长5.2%；2034年禽蛋产量3 781万吨，比基期增长6.9%，年均增长0.7%（图12-5）。

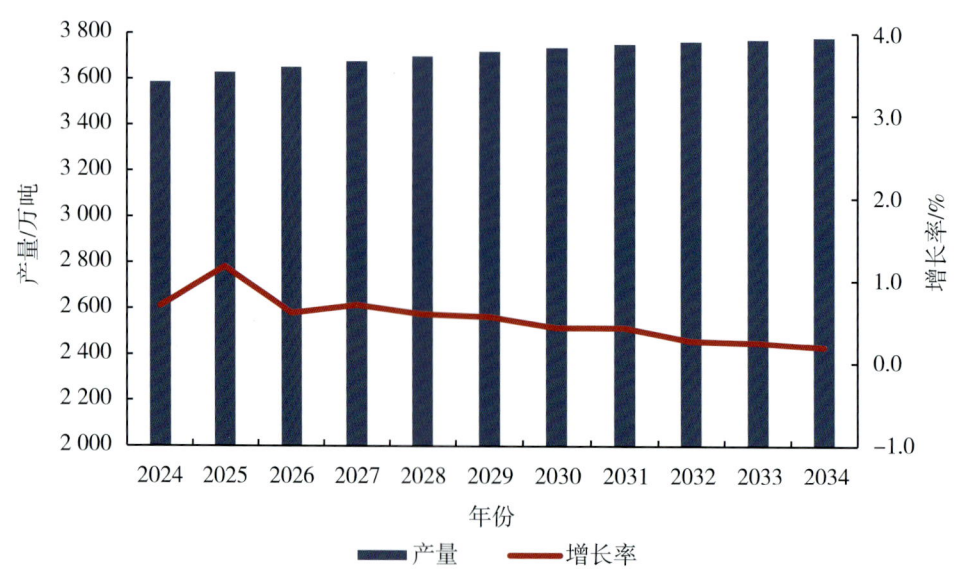

图12-5 2024—2034年中国禽蛋产量变化趋势

（数据来源：2025—2034年数据为中国农业科学院农业信息研究所CAMES模型系统预测）

2.3 消费展望

禽蛋消费量增速放缓。2025年消费市场总体保持平稳增长态势，居民对禽蛋产品消费需求将继续呈现刚性增长态势，禽蛋消费量将小幅增长，预计消费量达到3 601万吨，比上年增长1.4%。长期来看，居民消费结构不断优化升级，禽蛋产品的多样化、销售渠道和方式的多元化将更好地满足消费者需求，禽蛋消费量保持增长态势。但展望期内人口呈下降趋势，加之居民膳食结构优化，禽蛋消费占比将趋向稳定，禽蛋消费量增速逐步放缓。预计2029年禽蛋消费量3 686万吨，比基期增长5.0%；2034年禽蛋消费量3 742万吨，比基期增长6.6%，年均增长0.6%（图12-6）。

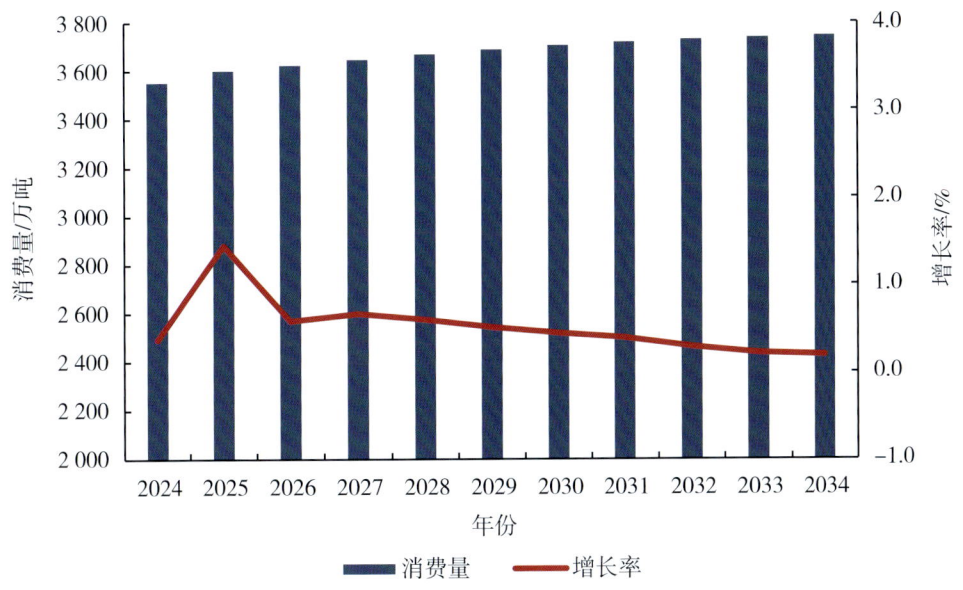

图12-6　2024—2034年中国禽蛋消费量变化趋势

（数据来源：2025—2034年数据为中国农业科学院农业信息研究所CAMES模型系统预测）

禽蛋加工消费稳定增长。消费者对多元化、功能性的蛋类加工产品需求增加，蛋品加工比例持续提高。预计2025年加工消费量582万吨，比上年增长4.5%。中长期看，随着蛋品加工技术的研发创新与加工设备的更新升级，以及产品标准及检测方法的健全完善，禽蛋加工产业规模化进程加快，行业集中度稳步提升，禽蛋加工业持续健康稳定发展。预计2029年禽蛋加工消费量621万吨，比基期增长14.1%；2034年加工消费量646万吨，比基期增长18.7%，年均增长1.7%（图12-7）。

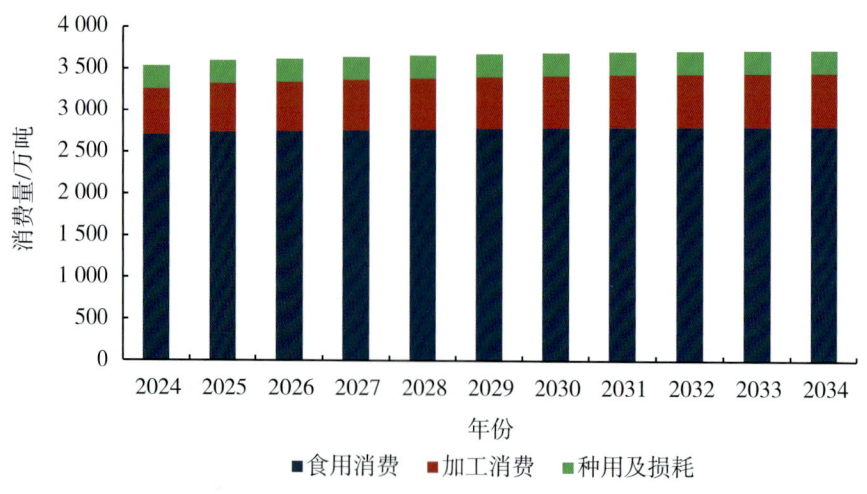

图12-7　2024—2034年中国禽蛋消费变化趋势

（数据来源：2025—2034年数据为中国农业科学院农业信息研究所CAMES模型系统预测）

2.4　贸易展望

禽蛋出口小幅增长，贸易保持顺差格局。中国禽蛋贸易总体规模较小，以出口为主，出口量约占禽蛋产量的0.5%。预计2025年禽蛋出口小幅增长，出口19万吨，比上年增长6.2%。长期来看，随着禽蛋产品标准化程度提高，其国际市场份额有望增加，出口量呈持续增长态势；出口产品主要以鲜鸡蛋、咸蛋、皮蛋、其他去壳禽蛋等为主，蛋黄、孵化用受精鸡蛋等其他产品的出口量有望增加，主要流向中国香港、中国澳门、日本、新加坡等地区和国家。预计2029年禽蛋出口22万吨，比基期增长35.9%；2034年出口24万吨，比基期增长47.8%，年均增长4.0%。禽蛋进口量极少。预计2025年禽蛋进口量4吨左右，与上年基本持平。长期来看，禽蛋进口产品仍以干去壳禽蛋、其他去壳禽蛋产品为主，进口量大致呈稳中有减态势，预计2029年、2034年极少量进口。

2.5　价格展望

禽蛋价格总体呈震荡上涨趋势。2025年鸡蛋市场供需总体呈现略宽松格局，预计鸡蛋全年平均价格略低于2024年水平，年内呈季节性波动态势。上半年鸡蛋集贸市场月均价整体偏弱运行，下半年鸡蛋集贸市场月均价大体呈先高后低的走势。预计鸡蛋集贸市场月均价格在9.5～12.0元/千克范围内波动，价格年内最高点出现在第三季度。展望期内，鸡蛋价格波动主要受供求关系、饲料成本、替代品价格等因素，以及疫病疫情等突发事件影响。在防疫、环保、人工、设备等养殖成本增加的推动下，鸡蛋价格整体呈震荡上涨趋势，并保持周期性、季节性波动特征。

3 不确定性分析

3.1 疫病因素

2024年，全球高致病性禽流感疫情持续多发频发，国际形势较为严峻，部分国家鸡蛋价格出现大幅上涨。如近期美国禽流感疫情较为严重，导致鸡蛋供应紧张，美国农业部预计2025年鸡蛋价格将上涨约20%，或创历史新高。此外，禽流感属于人畜共患疾病，近期美国已出现数十例感染H5N1型高致病性禽流感病毒病例。禽流感疫情的发生将直接影响禽蛋生产、流通、消费等产业链各个环节，从而引起市场价格波动。

3.2 消费模式变化因素

随着消费者对禽蛋产品安全认证关注的不断提高以及健康饮食观念的普及，经过有机、无抗、富硒和可生食等认证的禽蛋产品能更好地满足消费者对高品质、安全以及多样化、个性化的需求，其市场价值和竞争力都有明显的提高。如无抗鸡蛋、DHA鸡蛋、富硒鸡蛋、叶黄素鸡蛋等具有明显的差异化特征，在有助于企业品牌建设的同时，也有利于企业拓展线上线下高端销售渠道，市场份额逐步增加。此外，消费模式的变化也将在一定程度上对蛋禽养殖方式产生影响，如在消费者对动物福利关注度提高以及散养鸡蛋购买增加的推动下，蛋鸡非笼养模式正在逐渐成为未来蛋禽养殖发展方向之一，这也将对蛋禽养殖企业在品种选择、模式配套、密度控制、疫苗免疫等方面带来一定影响。

3.3 蛋品加工技术因素

我国蛋品加工业处于发展阶段，蛋品加工比例与发达国家相比还有一定差距。为了更好地提高蛋品供应链的稳定性以及加强企业应对市场波动的能力，禽蛋产业链上下游加强融合发展，逐步形成养殖加工一体化模式。同时，随着消费升级和健康理念普及，消费者更倾向于营养、多元的蛋品，以及高蛋白、低脂肪、低胆固醇等功能性加工蛋品，蛋品加工产品消费市场将有较大的拓展空间。展望未来，蛋品加工业将朝着多元化、功能化、高端化的方向发展，但也对蛋品加工技术和设备的科技创新与研发应用、高附加值蛋品的培育提出了更高要求。蛋品加工业发展面临新的机遇与挑战，也将对禽蛋产业的发展带来不确定性。

参考文献

范梅华，2023.非笼养鸡蛋产业需要理性发展[J].中国禽业导刊，40（10）：1.
李干琼，熊露，李灯华，等，2020. 2020年前三季度我国禽蛋市场形势及后市展望[J].中国食物与营养，26（12）：31-34.

农业农村部市场预警专家委员会，2023.中国农业展望报告（2023—2032）[M].北京：中国农业科学技术出版社.

农业农村部农产品市场分析预警团队，2024.中国农业展望报告（2024—2033）[M].北京：中国农业科学技术出版社.

杨志华，赵炜，李昊.微利时代，鸡蛋产业如何稳健前行？[N].中国畜牧兽医报，2025-01-19（2）.

张蒙，张宝锁，2022.中国蛋产品进出口贸易分析[J].畜牧产业（12）：55-67.

赵向豪，刘娜娜，2023.中国禽蛋生产格局动态演进特征及政策启示[J].新疆畜牧业，39（4）：17-22，25.

郑东磊，霍嘉颖，李述刚，等，2023.我国禽蛋加工研究现状、问题及趋势[J].中国禽业导刊，40（12）：13-18.

朱宁，2024.蛋鸡产业2024年发展形势及值得关注的问题[J].中国禽业导刊，41（7）：27-30.

朱宁，赵令卓，2024.2023年蛋鸡产业发展形势及2024年展望[J].中国畜禽种业，20（3）：34-38.

第十三章

奶 类

奶制品是居民食物消费中的重要产品。2024年，中国奶类产量4 163万吨，比上年减少2.8%；奶类消费量（折合生鲜乳，下同）5 691万吨，比上年减少2.5%；奶制品进口量（折合生鲜乳，下同）1 587万吨，比上年减少7.6%。生鲜乳年均收购价格为3.32元/千克，比上年下跌13.5%。展望期内，国内产能持续优化，低弱产能加速淘汰，奶牛平均单产水平提升，奶类供给能力将稳步提高。预计2025年，中国奶类产量4 100万吨，比上年下降1.5%；消费量5 506万吨，比上年减少3.3%；奶制品进口量1 452万吨，比上年下降8.5%；生鲜乳价格企稳回升。2029年，奶类产量将达4 682万吨，比基期（基期为2022—2024年3年平均值，下同）增长13.4%；奶类消费量6 354万吨，年均增长1.8%。2034年奶类产量将达5 703万吨，年均增长3.2%；奶类消费量7 581万吨，年均增长2.7%；奶制品进口量2 007万吨，年均增长1.4%。

1 2024年市场形势回顾

1.1 奶牛存栏略减，奶类产量下降

2024年，奶牛存栏量约1 178万头，奶类产量为4 163万吨，比上年减少2.8%。其中，牛奶产量4 079万吨，较上年减少118万吨，这是自2017年牛奶产量连续6年增长后的首次回落（图13-1）。从年内产量看，第一季度和第二季度奶类产量保持增长态势。

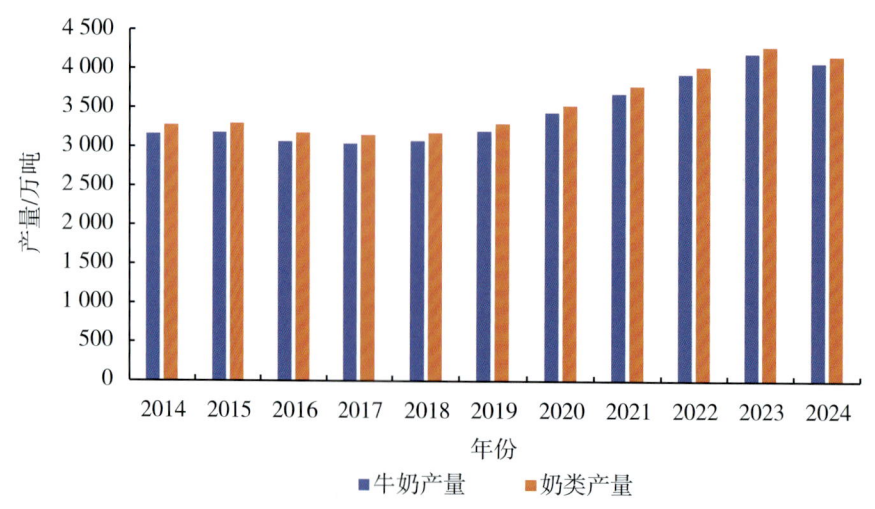

图13-1　2014—2024年中国奶类和牛奶产量变化情况

（数据来源：国家统计局）

针对中小养殖场不断退出、养殖大面积亏损问题，政府出台一系列纾困政策，产能不断优化、奶牛存栏下降，到第三季度和第四季度，国内生乳供求关系加快调整，奶类产量增速明显放缓。全国百头以上规模养殖比例提升至78%，奶牛年均单

产提升至9.9吨，考虑到单产水平提升因素，整体供需仍呈现过剩局面。

1.2 奶类消费量略降，消费增长动力不足

2024年，奶类消费量5 691万吨，比上年下降2.5%，其中食用消费5 053万吨、饲用消费264万吨、其他消费262万吨。人均奶类食用消费为35.9千克，比上年减少0.9千克，消费虽表现疲弱，但仍处于较高水平（图13-2）。据国家统计局数据，全年奶制品加工量2 961.8万吨，比上年下降1.9%，其中液体奶制品产量2 745.0万吨，比上年下降2.8%，奶粉产量100.7万吨，比上年增长10.1%。奶类受消费信心提振不足的影响较大，在中国居民传统饮食结构中占比不高，导致奶类消费恢复情况不及预期。

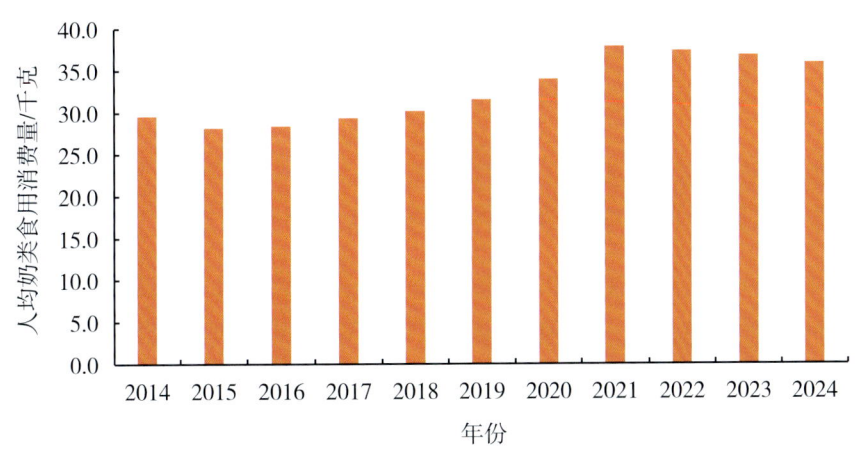

图13-2　2014—2024年中国人均奶类食用消费变化情况

1.3 奶制品进口量继续下降，奶油蛋白类产品保持增长

2024年，由于国内产能充足、国际奶制品价格上涨，全年进口量下降。据海关总署统计，全年奶制品进口261.55万吨，比上年减少9.0%，进口额112.33亿美元，比上年减少7.0%，进口奶制品折合生鲜乳为1 587万吨[①]，比上年减少7.6%（图13-3）；出口量7.79万吨，比上年增长33.9%，出口额2.87亿美元，比上年增长7.4%。从品类结构看，进口量最大的大包粉同比减少17.5%，婴幼儿配方奶粉同比减少6.4%，乳清类产品进口同比减少0.3%，包装牛奶进口同比减少24.2%；奶油、蛋白和炼乳进口量均有所增长。奶制品进口国仍以新西兰、欧盟27国、美国等国家和地区为主，分别占奶制品进口总量的44.3%、31.6%和12.5%。

---

① 液态奶制品按照1∶1折算，干奶制品按照1∶8折算。

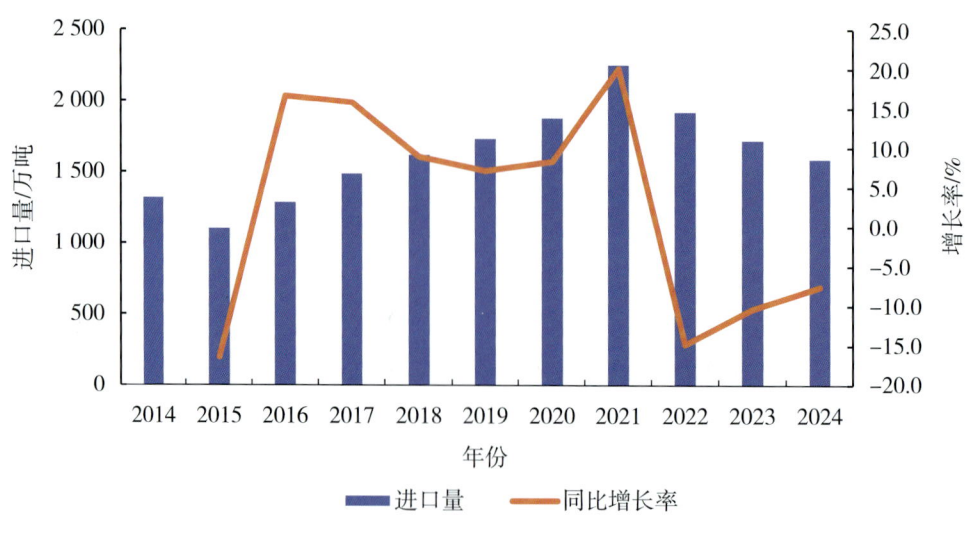

图13-3 2014—2024年中国奶制品进口情况

（数据来源：海关总署）

1.4 生鲜乳收购价格持续下跌，终端奶制品零售价格总体下行

2024年，国内生鲜乳收购价格持续走低，主产省全年平均生鲜乳收购价3.32元/千克，同比下跌13.5%。受2019年以来产能扩张与近两年奶类消费下滑影响，生鲜乳全年价格延续2022年底以来的下行走势，上半年加速下行，从1月3.65元/千克跌至6月3.30元/千克，月均跌幅1.8%。下半年进入季节性产奶淡季，生鲜乳价格跌幅有所收窄，从7月3.24元/千克跌至10月3.13元/千克，月均跌幅1.1%，四季度以来，生鲜乳收购价低位运行，下降幅度持续收窄（图13-4）。

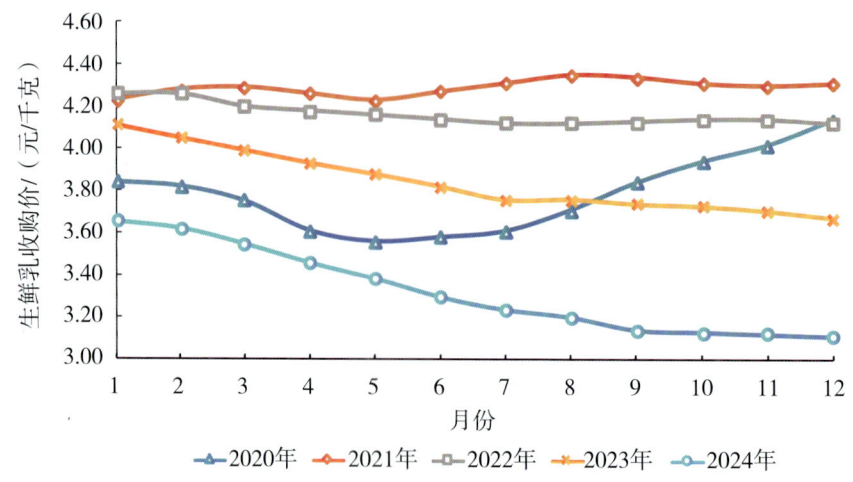

图13-4 2020—2024年全国生鲜乳月度收购价格

（数据来源：农业农村部）

虽然国内生鲜乳收购价格低位运行，但受乳企定价策略影响，鲜奶终端零售价格仅略有下跌。受国际批发价格上涨、零售环节市场定价权增强等因素影响，进口奶粉零售价格上涨，带动国产奶粉零售价格有所上涨。据中国价格信息网监测数据，2024年，全国监测城市鲜奶平均零售价11.36元/千克，比上年下跌0.2%。其中袋装鲜奶平均零售价格10.58元/千克，与上年持平；盒装鲜奶平均零售价格12.16元/千克，比上年下跌0.3%。三段婴幼儿配方奶粉平均零售价格267.30元/千克，比上年上涨4.7%。其中，国产三段婴幼儿配方奶粉218.38元/千克，比上年上涨4.0%；进口三段婴幼儿配方奶粉316.22元/千克，比上年上涨5.4%（表13-1）。

表13-1　2023—2024年中国鲜奶和奶粉零售价格变化

项目	鲜奶			奶粉		
	平均	袋装	盒装	平均	国产	进口
2024年价格/（元/千克）	11.36	10.58	12.16	267.30	218.38	316.22
2023年价格/（元/千克）	11.38	10.58	12.20	255.36	209.90	300.14
较上年变化/%	−0.2	0.0	−0.3	4.7	4.0	5.4

资料来源：中国价格信息网。

注：奶粉为三段婴幼儿配方奶粉。

2　未来10年市场走势判断

2.1　总体判断

奶类产量保持增长趋势。未来10年，随着国内产能持续优化，规模养殖比例不断增长，牛群结构逐步优化以及奶牛平均单产水平提升，奶类供给能力将稳步提高。预计2025年，奶类产量达4 100万吨，比上年下降1.5%；2029年奶类产量预计达4 682万吨，与基期相比年均增长率为2.4%；2034年奶类产量5 703万吨，与基期相比年均增长率为3.2%。

奶类需求将不断增加。未来10年，随着居民饮奶观念的提升、营养健康意识的增强，奶类消费长期看仍有增长空间。预计2025年，奶类消费量5 506万吨，比上年下降3.3%；2029年，消费量达6 354万吨，与基期相比年均增长率为1.8%，人均奶类食用消费量40.7千克，与基期相比年均增长率为2.1%。到2034年，消费量7 581万吨，与基期相比年均增长率为2.7%，人均奶类食用消费量49.2千克，与基期相比年均增长率为3.0%。

奶制品进口止降回升。未来10年，伴随消费量持续增长，国内奶制品供给缺口长期存在，奶制品进口继续保持小幅增长趋势。预计2025年，奶制品进口量折合生鲜乳1 452万吨，比上年减少8.5%；2029年，奶制品进口量1 539万吨；2034年，奶制品进口量2 007万吨，与基期相比年均增长1.4%，增速低于过去10年3.7%的年均增速。

生鲜乳价格企稳回升。从短期看，奶源阶段性过剩情况依然存在，市场处于逐步调整和平衡的过程，价格保持低位运行；2025年，随着产能进一步去化，奶牛存栏继续调减，国内生鲜乳过剩局面有望在下半年迎来拐点，预计全年价格呈现低位波动后趋于平稳，并有望适度上升，预计平均价格在3.10～3.65元/千克区间低位运行。中长期看，居民对奶类需求将不断增加，国内供需缺口长期存在，随着奶牛养殖节本增效持续推进，在饲料原料成本平稳运行支撑下，生鲜乳价格有望小幅上涨。

2.2 生产展望

奶业振兴行动全面实施为中国奶业高质量发展奠定坚实基础。展望期间，在经济社会发展、居民收入水平增长、奶类消费需求增长拉动下，奶类产量有望保持增长。近年来，通过引进先进养殖技术、设备以及科学的饲养管理方法，奶牛养殖规模化水平持续提升，2024年3 000头以上规模养殖场奶牛存栏占全国总存栏的63.0%，单产水平持续提高。随着生鲜乳阶段性供需矛盾逐渐缓解，奶类产量将小幅增长。预计2025年，中国奶类产量达4 100万吨，比上年下降1.5%。未来10年，在奶业振兴支持政策持续推动及奶业产业政策不断优化下，国内产能将逐渐调整优化。到2029年，预计奶类产量达4 682万吨，与基期相比年均增长2.4%；展望后期，奶牛规模养殖占比稳定增长，单产进一步提升，奶类产量持续增长，到2034年奶类产量达5 703万吨，与基期相比年均增长3.2%（图13-5）。

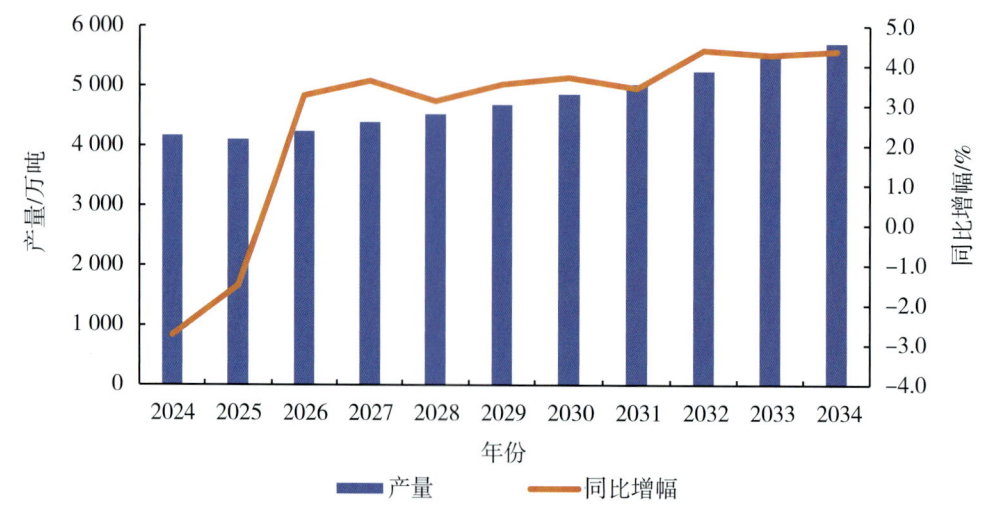

图13-5　2024—2034年中国奶类产量变化趋势

（数据来源：2025—2034年数据为中国农业科学院农业信息研究所CAMES模型系统预测）

2.3 消费展望

奶类消费量保持增长，消费结构趋于优化。2025年，受经济增速放缓、新生人口数走低等因素影响，预计奶类消费量稳中趋降，达5 506万吨，比上年下降3.3%，人均奶类食用消费量34.9千克，比上年下降1.0千克。未来，随着居民收入水平不断提高、饮奶知识广泛普及，消费者对奶类的需求将不断增加，对奶制品品质的需求也将不断提高，消费结构将逐步优化，国内奶酪、奶油和黄油等干奶制品消费潜力有望进一步释放，奶类消费总量有望增长。预计到2029年，奶类消费量6 354万吨，与基期相比年均增长1.8%。2034年，奶类消费量7 581万吨，与基期相比年均增长2.7%，人均奶类食用消费量49.2千克，比基期增长34.1%（图13-6）。

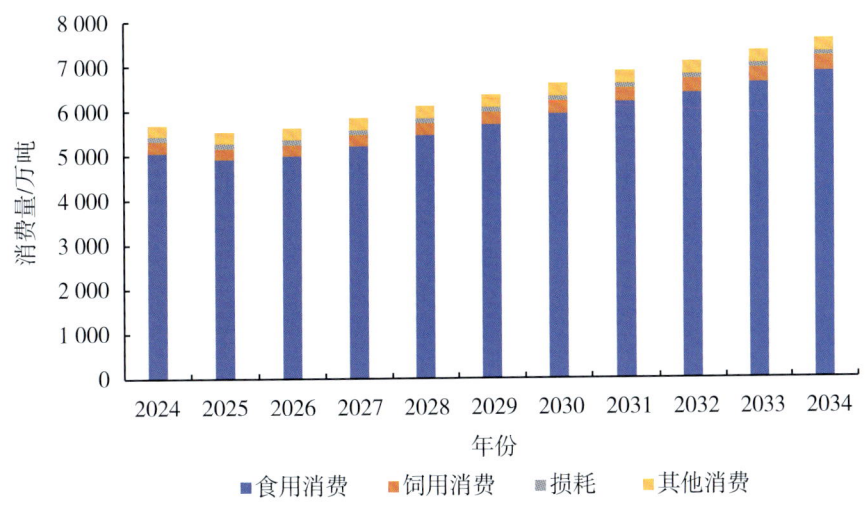

图13-6　2024—2034年中国奶类消费量及消费结构变化趋势

（数据来源：2025—2034年数据为中国农业科学院农业信息研究所CAMES模型系统预测）

2.4 贸易展望

奶制品进口长期仍呈增长趋势，不同品类进口趋势存在差异。2025年，由于国内供给宽松，对进口奶制品的依赖程度继续下降，预计奶制品进口总体趋降，其中液态奶下降幅度最大，婴幼儿配方奶粉保持刚性需求，进口量相对稳定。预计奶制品全年进口量1 452万吨，比上年下降8.5%。未来10年，中国对加工奶酪、乳清产品以及婴幼儿配方奶粉等部分奶制品的需求不减，继续实施优惠进口关税政策，将进一步推动国内奶制品市场的发展。展望后期，中国餐饮和烘焙产业的快速发展，将带动奶油、炼乳、稀奶油等高品质原料的进口需求持续增长，中国奶制品进口将更趋于满足多元化需求。但国内长期仍面临奶源供应短缺的问题，产不足需，预计到2029年，奶制品进口量为1 539万吨；预计到2034年，进口量2 007万吨，与基期相比年均增长1.4%（图13-7）。整体看，预计未来10年奶制品进口量年均增速为1.4%，将略低于过去10年3.7%的年均增速。

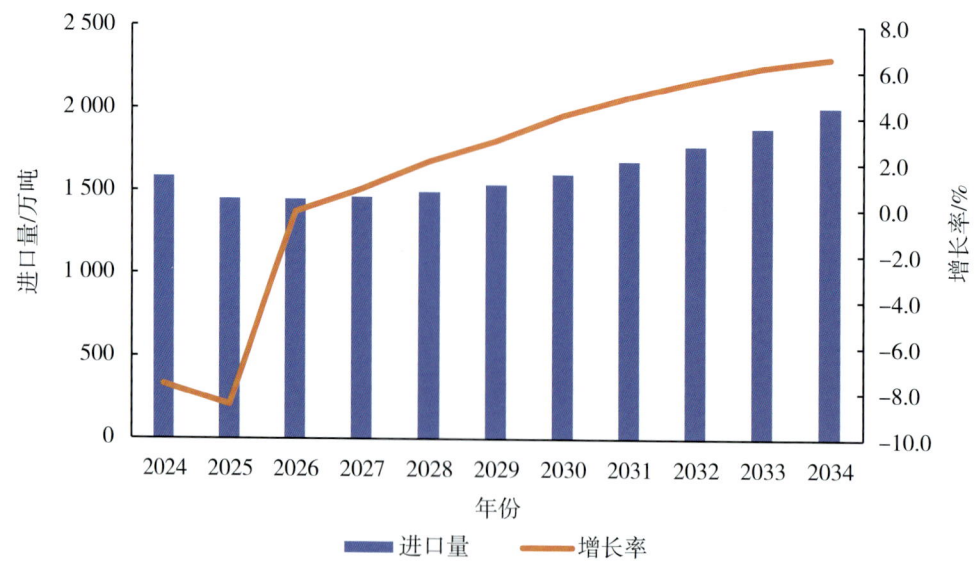

图13-7　2024—2034年中国奶制品进口量变化趋势

（数据来源：2025—2034年数据为中国农业科学院农业信息研究所CAMES模型系统预测）

2.5　价格展望

近期生鲜乳价格继续受供需两端双重影响，一定时期内保持低位运行。2025年，奶牛养殖场加速淘汰低弱产能，预计国内生鲜乳产量继续小幅下降，奶类需求动力逐步恢复，生鲜乳供需不平衡压力逐步缓解，过剩局面有望在下半年迎来拐点，预计全年价格呈现低位波动后趋于平稳，预计价格在3.10~3.65元/千克。随着奶牛存栏和生鲜乳产量持续适应性回调，生鲜乳供求关系加快调整，加之生鲜乳购销秩序稳定，价格逐渐趋于平稳；受奶制品消费刚性逐渐增强、新生人口数量恢复等多重因素影响，奶类消费需求将进一步增长，未来一定时期内生鲜乳供需市场可能趋于紧平衡状态，支撑生鲜乳价格上涨。

3　不确定性分析

3.1　国际贸易环境因素

近年来，中国奶制品进口虽呈现下降趋势，但进口量仍占中国生鲜乳总供给的近三成。近期，国际贸易环境变化较大，例如，中国出于对美国加征中国商品关税的反制，宣布对原产于美国的部分乳制品加征关税；再如中国对加拿大部分进口商品加征关税，其中的菜粕在国内牛奶养殖中应用较为广泛，加上仍在进行中的中国对欧盟进口相关乳制品进行的反补贴调查，都将对国内市场造成较大影响。此外，国际市场复杂程度越来越高，主要贸易国家关税政策的调整将直接影响奶制品进口，也可能引发其他国家和地区奶制品竞争压力与市场格局变化，这均会对奶业产生不确定性影响。

3.2 动物疫病因素

奶牛的健康状况与产奶量和乳制品质量均有直接关系，国内奶牛主要传染病是布鲁氏菌病、结核病、牛结节性皮肤病和口蹄疫，这些奶牛高危害性疫病会对整个奶牛行业产生较大影响，如果国内牧场未能有效控制疾病传播，疫病一旦暴发不仅会导致产奶量下降，还可能给行业造成巨大的经济损失。此外，其他国家奶牛流行疫病也存在传导风险，2024年，蓝舌病在欧洲多个国家暴发致欧盟牛奶产量下降，美国暴发多起奶牛H5N1亚型高致病性禽流感疫情，各类传染疫病不仅会造成奶牛死亡与产奶量下降，还会引发消费者对奶制品安全的担忧，这些都成为市场的不确定性因素。

参考文献

国务院办公厅. 国务院办公厅关于推进奶业振兴保障乳品质量安全的意见[EB/OL].（2018-06-11）[2024-12-25]. http://www.gov.cn/zhengce/content/2018-06/11/content_5297839.htm.

国务院办公厅. 国务院办公厅关于促进畜牧业高质量发展的意见[EB/OL].（2020-09-27）[2024-12-31]. http://www.gov.cn/zhengce/content/2020-09/27/content_5547612.htm.

李胜利. 明年下半年奶源供给情况有望好于今年同期[N]. 乳业时报，2024-12-20（3）.

农业农村部. 农业农村部等七部门联合印发通知稳定肉牛奶牛生产[EB/OL].（2024-09-26）[2024-12-30]. https://www.moa.gov.cn/xw/zwdt/202409/t20240926_6463476.htm

农业农村部. 农业农村部关于印发《"十四五"奶业竞争力提升行动方案》的通知[EB/OL].（2022-02-16）[2024-12-27]. http://www.moa.gov.cn/govpublic/xmsyj/202202/t20220222_6389242.htm.

农业农村部农产品市场分析预警团队，2024. 中国农业展望报告（2024—2033）[M]. 北京：中国农业科学技术出版社.

农业农村部食物与营养发展研究所扩大消费课题组. 扩大奶类消费，促进奶业高质量发展[N]. 人民日报，2024-06-14（18）.

王加启，2024. 中国奶产品质量安全研究报告（2024年）[M]. 北京：中国农业科学技术出版社.

祝文琪，杨祯妮，张超，等，2024. 2023年牛奶市场形势分析与2024年展望[J]. 中国畜牧杂志，4（28）：358-360.

OECD. OECD-FAO Agricultural Outlook 2024—2033.[EB/OL].（2024-07-02）[2024-12-26]. https://www.oecd.org/en/publications/oecd-fao-agricultural-outlook-2024-2033_4c5d2cfb-en.html.

第十四章

水产品

水产品是优质动物蛋白的重要来源，对于保障居民食物消费和膳食营养均衡具有重要作用。2024年，中国渔业生产继续保持增长，水产品产量7 366万吨，比上年增长3.5%。其中，养殖产量6 061万吨，增长4.3%；捕捞产量1 305万吨，减少0.1%。水产品总消费量7 635万吨，增长3.0%。其中，直接食用消费3 244万吨，增长3.1%；加工消费3 185万吨，增长4.5%；其他消费及损耗1 206万吨。水产品进口量增额减，进口量、进口额分别为693万吨、231亿美元；出口量额同增，出口量、出口额分别为424万吨、207亿美元，贸易逆差较上年明显收窄。水产品价格小幅下降，呈缓慢下跌态势。未来10年，随着渔业高质量发展持续推进，水产品产量将保持小幅增长，消费仍有较大增长空间，进口稳中有增，出口趋于稳定。预计2025年水产品产量7 442万吨，比上年增长1.0%；消费量7 740万吨，增长1.4%；进口量706万吨，增长1.9%；出口量408万吨，减少3.8%。预计2029年水产品产量7 694万吨，比基期（基期为2022—2024年3年平均值，下同）增长8.1%；消费量8 056万吨，增长8.9%；进口量759万吨，增长12.9%；出口量397万吨，增长0.9%。预计2034年水产品产量7 874万吨，比基期增长10.7%，年均增长1.0%；消费量8 306万吨，增长12.3%，年均增长1.2%；进口量807万吨，增长20.1%，年均增长1.8%；出口量375万吨，减少4.7%，年均减少0.5%。

1 2024年市场形势回顾

1.1 养殖产量小幅增长，捕捞产量与上年持平

水产品生产主要包括养殖与捕捞两种方式。由于2023年水产品价格总体小幅上涨，2024年豆粕、鱼粉等水产养殖饲料原料价格明显回落，带动水产品养殖规模扩大、产量增长。2024年，中国水产品养殖产量为6 061万吨，比上年增长4.3%。其中，淡水养殖产量3 519万吨，增长3.1%；海水养殖产量2 542万吨，增长6.1%。海洋伏季休渔、长江流域重点水域禁捕等资源养护政策持续落实，部分水域水生生物资源呈恢复向好态势，水产品捕捞产量达1 305万吨，与上年持平。其中，淡水捕捞产量117万吨，与上年大体持平；海洋捕捞产量960万吨，增长0.3%；远洋渔业产量228万吨，比上年减少1.8%。2024年，水产品总产量7 366万吨，比上年增长3.5%，养殖产量在总产量中占比进一步提高，达到82.3%（图14-1）。

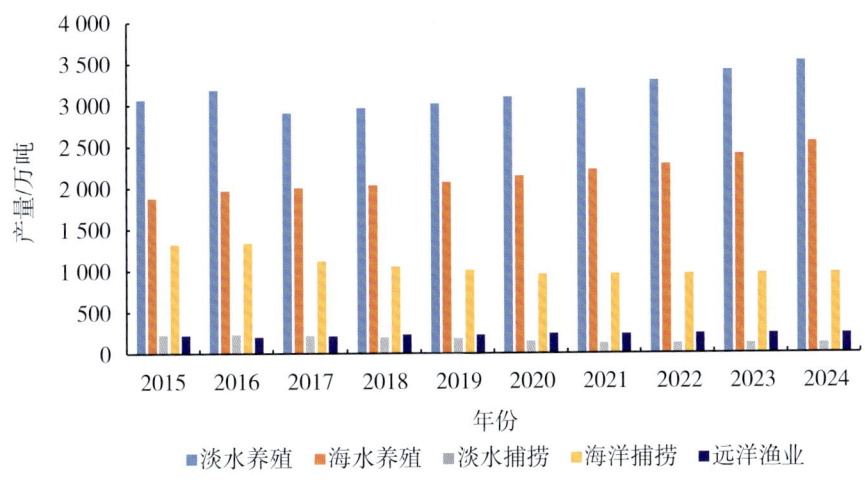

图14-1 2015—2024年水产品养殖与捕捞产量

（数据来源：《中国渔业统计年鉴》，2024年数据为初步统计数值）

1.2 市场交易活跃，消费稳中有增

2024年，国内经济稳中有进，各地采取多项促消费活动，推动餐饮市场增长，带动水产品消费增加。据农业农村部对45家批发市场统计数据，2024年相关市场交易量977万吨，比上年增长3.2%。水产品总消费量7 635万吨，比上年增长3.0%。其中，直接食用消费3 244万吨，比上年增长3.1%；随着预制菜各项标准与法规的制定，水产品预制菜进入发展机遇期，并逐步由粗放式发展向有序发展转变，带动水产品加工消费小幅增长，达3 185万吨，增长4.5%；其他消费及损耗1 206万吨。

1.3 进口量略增，贸易逆差显著收窄

据海关总署统计，2024年中国水产品进口693万吨[①]，比上年增长2.5%，进口额231亿美元，比上年减少2.8%，其中，自厄瓜多尔、俄罗斯、美国、加拿大进口额分别比上年减少11.2%、3.6%、6.2%、4.9%，自秘鲁进口额比上年增长25.4%，自厄瓜多尔主要进口对虾，自俄罗斯主要进口鳕鱼、沙丁鱼等水产品，自秘鲁主要进口鱼粉。水产品出口424万吨，比上年增长11.6%，出口额207亿美元，比上年增长1.4%，其中，对东盟、中国香港出口额分别比上年减少14.6%、20.3%，对美国、欧盟、日本出口额分别比上年增长11.2%、5.9%、3.1%（表14-1），对美国主要出口罗非鱼等水产品。2024年中国水产品贸易逆差为23.6亿美元，比上年减少28.8%，明显收窄。从品种看，对虾、淡水小龙虾、罗非鱼、金枪鱼、藻类等产品出口量额增长明显；鱼粉、蟹类、龙虾等产品进口量额增长较为显著。

---

① 水产品进口包括鱼粉等水产品加工品。

表14-1　2024年水产品进出口量额

出口目的地	出口额/亿美元	出口量/万吨	出口额增长率/%	进口来源地	进口额/亿美元	进口量/万吨	进口额增长率/%
日本	34.6	54.5	3.1	东盟	40.7	151.7	2.6
美国	23.3	40.5	11.2	厄瓜多尔	32.2	75.3	−11.2
东盟	39.8	73.0	−14.6	俄罗斯	30.5	128.0	−3.6
韩国	17.6	43.3	−0.7	秘鲁	17.2	92.6	25.4
中国香港	12.3	15.9	−20.3	美国	13.1	34.8	−6.2
中国台湾	10.0	9.7	−13.9	加拿大	12.9	11.1	−4.9
欧盟	20.2	46.2	5.9	欧盟	5.4	7.7	0.6
总量	207.4	424.0	1.4	总量	231.0	693.2	−2.8

数据来源：根据海关总署数据整理。

1.4　价格小幅下跌，总体波动幅度不大

2024年，水产品市场运行平稳、供给充足，综合平均批发价下跌。根据全国水产批发市场信息采集分析平台数据，2024年80家批发市场49种水产品综合平均价格为24.88元/千克，比上年下跌2.4%。分品种看，淡水鱼类、淡水甲壳类、海水贝类价格基本与上年持平，海水鱼类价格下跌2.7%，海水甲壳类价格下跌10.7%，海水头足类价格上涨4.5%，海水藻类价格下跌2.8%。从价格走势看，春节前后水产品价格达全年高峰，为25.63元/千克，之后水产品价格持续缓慢下跌，11月跌至全年低谷，为24.04元/千克，12月价格小幅反弹至24.41元/千克（图14-2）。

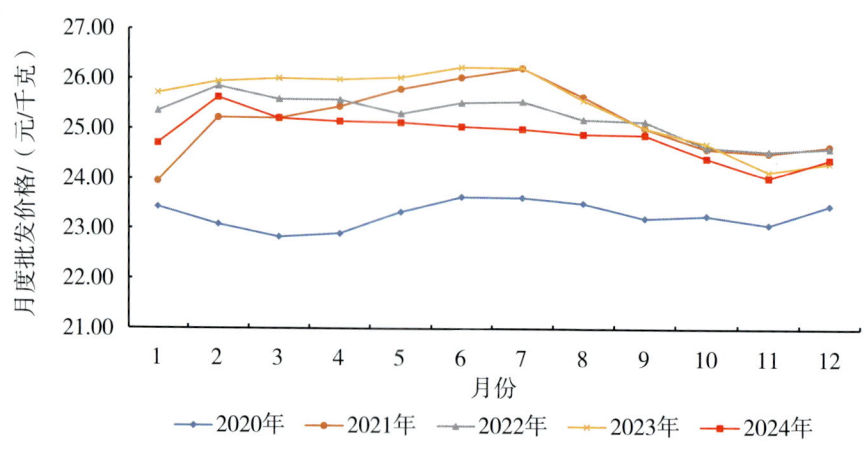

图14-2　2020—2024年水产品综合平均月度批发价格

（数据来源：全国水产批发市场信息采集分析平台）

2 未来10年市场走势判断

2.1 总体判断

产量小幅增长，养殖产量占比略增。预计2025年中国水产品产量小幅增长，为7 442万吨，比上年增长1.0%，其中养殖产量6 133万吨，增长1.2%。预计2029年产量增至7 694万吨，比基期增长8.1%；养殖产量6 390万吨，增长9.9%。预计2034年产量7 874万吨，比基期增长10.7%，年均增长1.0%；养殖产量6 561万吨，增长12.9%，年均增长1.2%。捕捞产量基本稳定，保持在1 300万吨左右。

消费具有较大潜力，加工消费持续增长。预计2025年中国水产品消费量7 740万吨，比上年增长1.4%。其中，直接食用消费3 292万吨，增长1.5%；加工消费3 242万吨，增长1.8%。预计2029年消费量8 056万吨，比基期增长8.9%；2034年消费量8 306万吨，比基期增长12.3%，年均增长1.2%。

进口稳中有增，出口趋于稳定。预计2025年水产品进口量706万吨，出口量408万吨，比上年分别增长1.9%、减少3.8%。预计2029年水产品进口量759万吨，比基期增长12.9%；出口量397万吨，增长0.9%。预计2034年进口量807万吨，比基期增长20.1%，年均增长1.8%；出口量375万吨，减少4.7%，年均减少0.5%。

市场供需保持均衡状态，价格总体稳中有涨。预计2025年，水产品供给与需求均将小幅增长，养殖成本保持稳定，价格平稳运行。长期来看，水产品消费增长略快于产量增加，养殖生产的人工成本、塘租费用刚性增长，价格将呈现稳中有涨的趋势。

2.2 生产展望

2.2.1 产量保持小幅增长

技术创新推动内陆和深远海水产养殖发展，海洋和重要流域渔业资源持续向好，捕捞生产保持基本稳定，预计2025年水产品产量7 442万吨，比上年增长1.0%。长期来看，渔业高质量发展持续推进，池塘标准化养殖、工厂化循环水养殖等绿色养殖方式不断发展，科技对水产养殖生产引领与推动作用日益凸显，渔业资源养护成效持续显现，这将有效提升水产品生产能力。预计2029年水产品产量7 694万吨，比基期增长8.1%；2034年水产品产量7 874万吨，增长10.7%，年均增长1.0%（图14-3）。

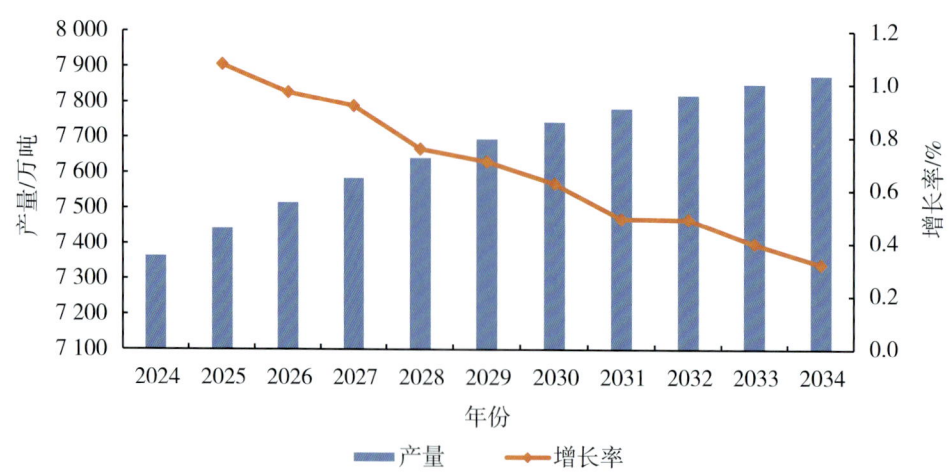

图14-3　2024—2034年中国水产品产量及增长率

（数据来源：2025—2034年数据为中国农业科学院农业信息研究所CAMES模型系统预测）

2.2.2　养殖产量占比继续提高

在上年饲料价格显著回落、大宗淡水鱼价格相对平稳运行、水产品养殖效益总体有所改善的背景下，养殖规模将有所扩大，加之内陆与深远海养殖发展，2025年水产品养殖产量将小幅增长，预计产量6 133万吨，比上年增长1.2%。未来10年，养殖生产仍将是中国水产品产量增长的主要动力，技术创新将进一步推动养殖新业态新模式发展，设施与装备改善将提高养殖单产水平，伴随养殖标准化、智能化水平提高，养殖效率也将得到提升。预计2029年水产品养殖产量6 390万吨，比基期增长9.9%；2034年养殖产量6 561万吨，增长12.9%。展望期间，水产品养殖产量年均增长1.2%。养殖产量占水产品总产量比例将不断提高，至2034年将达到83.3%，与基期相比提高1.6个百分点（图14-4）。

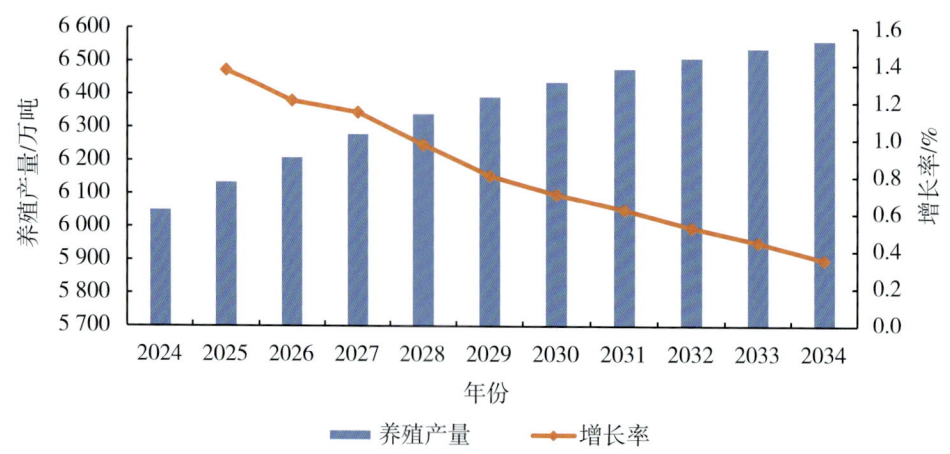

图14-4　2024—2034年中国水产品养殖产量及增长率

（数据来源：2025—2034年数据为中国农业科学院农业信息研究所CAMES模型系统预测）

2.2.3 捕捞产量保持稳定

未来,中国将持续抓好水生生物资源养护,坚定不移推进长江十年禁渔,进一步优化海洋伏季休渔制度,促进渔业可持续发展。预计2025年,捕捞产量1 309万吨(图14-5)。长期来看,捕捞产量将保持基本稳定,其中,海洋捕捞产量将稳定在1 000万吨左右;淡水捕捞产量将保持在100万~120万吨。在远洋渔业方面,中国将推动全产业链集聚发展,健全发展支撑体系,优化产业结构,有序规范生产,促进远洋渔业生产效益不断提高。

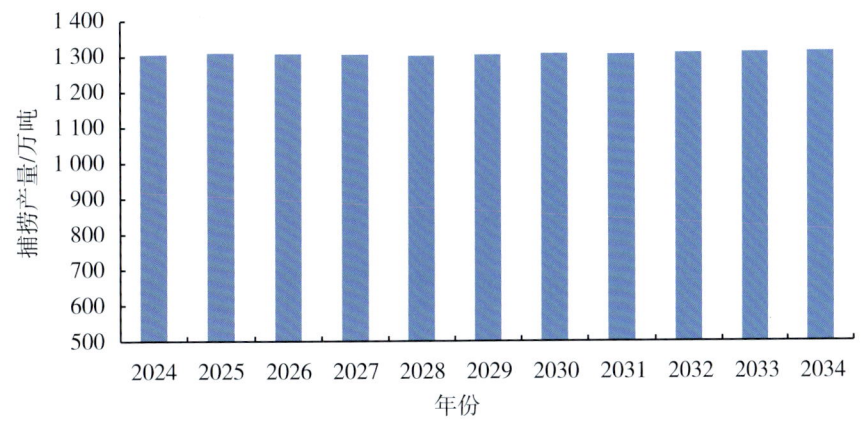

图14-5　2024—2034年中国水产品捕捞产量

(数据来源:2025—2034年数据为中国农业科学院农业信息研究所CAMES模型系统预测)

2.3 消费展望

2025年,国内各项提振消费的政策措施将进一步落实,居民水产品消费渠道更为便捷。这将带动水产品消费增长。预计2025年水产品消费量7 740万吨,比上年增长1.4%。其中,直接食用消费3 292万吨,比上年增长1.5%;加工消费3 242万吨,增长1.8%。

长期来看,中国居民食物消费结构将逐步升级,水产品高蛋白、低脂肪的特点将受到消费者更多青睐。在水产品消费增长中,中西部地区、农村地区居民将成为消费增长的主要来源。预计2029年水产品消费量8 056万吨,比基期增长8.9%;2034年消费量8 306万吨,比基期增长12.3%,年均增长1.2%,消费增速略快于产量增速。随着经济发展和城镇化深入推进,水产品消费将进一步向多样化、品牌化、便利化转变,消费场景迭代与渠道结构升级将驱动加工消费保持较快增长。2029年,水产品加工消费3 437万吨,比基期增长12.8%;2034年进一步至3 619万吨,增长18.8%,年均增长1.7%。水产品直接食用消费增速低于加工消费增速,2029年直接食用消费3 445万吨,比基期增长9.5%;2034年增至3 534万吨,增长12.3%,年均增长1.2%。物流技术发展与仓储保鲜设施建设，将逐步降低水产品损耗，预计2029年水产品其他消费及损耗为1 174万吨，比基期减少2.3%；2034年进一步降至1 153万吨，比基期减少4.0%（图14-6）。

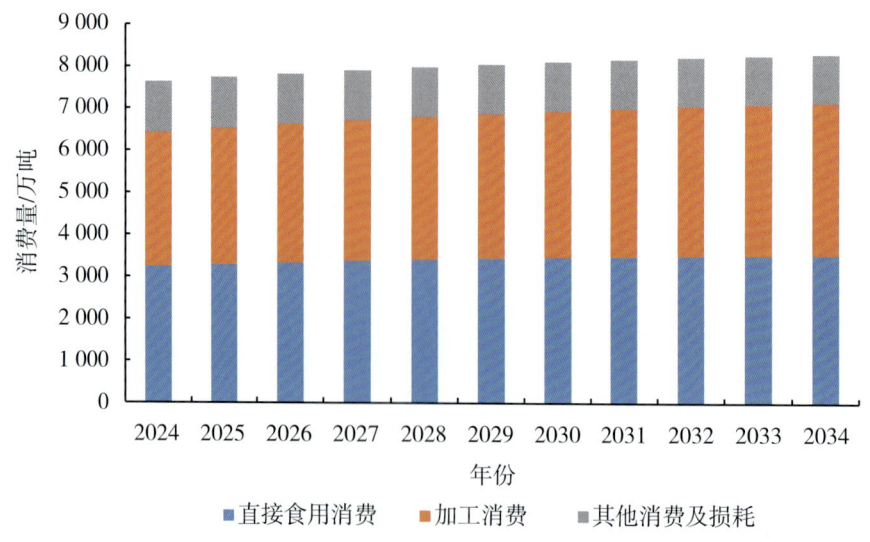

图14-6　2024—2034年中国水产品消费量及结构

（数据来源：2025—2034年数据为中国农业科学院农业信息研究所CAMES模型系统预测）

2.4　贸易展望

在经历国内水产品产量连续增长、进口快速扩张后，水产品进口增速将逐渐放缓。预计2025年水产品进口量706万吨，比上年增长1.9%。美国对中国商品加征关税，将影响罗非鱼等产品对美出口，但对中国水产品进出口的总体影响十分有限。相对完整的产业链条、新市场的开拓与技术的持续升级，将保证中国水产品出口总体稳定，预计2025年水产品出口408万吨，比上年减少3.8%。

长期来看，随着居民食物消费升级，中国对海洋捕捞产品仍有较大进口需求，自贸区建设的深化拓展、跨境电商的不断发展也将对水产品进口起到一定促进作用。未来10年，中国水产品进口将呈现稳中有增的态势，预计2029年水产品进口量759万吨，比基期增长12.9%；2034年进口量807万吨，增长20.1%，年均增长1.8%。水产品出口将逐渐趋于稳定，预计2029年出口量为397万吨，比基期增长0.9%；2034年为375万吨，减少4.7%，年均减少0.5%（图14-7）。

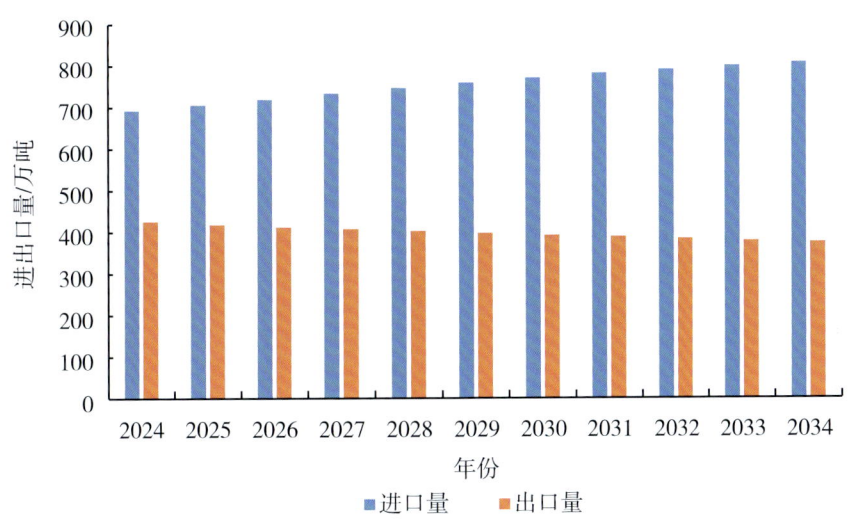

图14-7　2024—2034年中国水产品进口量和出口量变化趋势

（数据来源：2025—2034年数据为中国农业科学院农业信息研究所CAMES模型系统预测）

2.5　价格展望

2025年，水产品供需将保持基本均衡，水产饲料价格大幅上涨的概率较低，养殖成本将保持稳定，预计水产品价格总体平稳运行，保持在24~26元/千克。长期来看，水产品消费增速略快于产量增速，养殖生产的人工成本、塘租费用将刚性增长，在消费增长拉动和养殖成本增加共同作用下，水产品价格将呈现稳中有涨的趋势。

3　不确定性分析

3.1　气候因素

渔业生产容易因台风、洪涝、干旱、寒潮等灾害天气影响而造成产量损失。2024年9月、10月，台风"摩羯""潭美"先后袭击海南省，给当地水产品养殖带来较大损失。近年来，气候变化导致极端天气事件频发，对水产品养殖生产与流通带来不利影响，需要高度关注。

3.2　贸易环境因素

近年来，贸易保护主义加剧，地缘政治风险不减。近期，美国政府对中国输美商品加征关税，中美贸易摩擦烈度加强，未来中美关系走向给水产品以及水产养殖饲料原料的进出口带来较大不确定性。俄乌冲突多方积极谈判，但西方对俄罗斯水产品进口禁令是否解除，也将给全球水产品贸易格局带来影响。

3.3 病害因素

水产养殖病害包括病毒病、细菌病、寄生虫病等，种类多、发病快、波及广、难预防，时常给水产养殖带来损失，对市场稳定供给和价格平稳运行造成冲击。尽管近年来各地水产养殖设施装备、技术手段、药物研发等方面已经取得较大进步，但养殖病害仍多有发生，使水产养殖遭遇较大损失。

参考文献

李晓红. 2025年全球各经济体经济增速或持续分化［N］. 中国经济时报，2025-02-11，A03.

李雪，高翔，赵蕾，等，2024. 中国居民水产品食用消费量测算与分析［J］. 中国渔业经济，42（2）：95-104.

林丽鹂，齐志明. 惠民生 促消费 增后劲：实施提振消费专项行动，提升消费能力、意愿和层级［N］. 人民日报，2025-02-05（19）.

农业农村部.《长江流域水生生物资源及生境状况公报（2023年）》发布：水生生物资源总体恢复向好 长江禁渔取得较好成效［EB/OL］.（2024-08-12）［2024-08-12］. https://www.moa.gov.cn/ztzl/ymksn/spbd/qt/202408/t20240814_6460740.htm.

于千惠，梁佳敏，张伊涵，等，2024. 中国水产预制菜产品发展现状与消费嗜好分析［J］. 中国渔业质量与标准，14（3）：16-24.

中华人民共和国中央人民政府. 国务院关税税则委员会关于2025年关税调整方案的公告［EB/OL］.（2024-12-26）［2024-12-26］. https://www.gov.cn/zhengce/zhengceku/202412/content_6995067.htm.

第十五章

饲 料

饲料产业是维系养殖业稳健前行与持续发展的核心基础性产业。2024年受终端需求低迷的影响，我国工业饲料①产量高位波动，1—12月工业饲料产量3.15亿吨，比上年减少2.1%；消费量3.12亿吨，比上年减少2.5%。饲料价格大幅回落，育肥猪、肉鸡、蛋鸡配合饲料集贸市场价格比上年分别下跌9.4%、8.6%和8.9%，为近4年内低点。饲用谷物、饲用蛋白等原料进口大幅回落。展望未来10年，养殖产业稳步发展，工业饲料需求持续增加，产量总体保持小幅增长。预计2025年工业饲料产量3.19亿吨，消费量3.18亿吨，与上年相比持平略增；饲料原料供给较为宽松，饲料价格总体呈缓慢下降态势。展望中后期，畜禽养殖稳中向好，工业饲料普及率稳步提升，饲料产量稳中有涨。预计2029年工业饲料产量3.32亿吨，消费量3.30亿吨，分别比基期（基期为2022—2024年3年平均值，下同）增长6.2%、6.4%。2034年，工业饲料产量和消费量分别为3.38亿吨和3.35亿吨，年均增长率均为0.8%。未来，国内玉米和豆粕市场供给充足，饲用谷物及蛋白原料的进口渠道愈加多元化，饲料原料的供应保障能力增强，主要饲料原料价格以稳为主。

1 2024年市场形势回顾

1.1 产量高位回落，结构持续优化

2024年中国饲料生产结束"十连增"局面，饲料产量高位回落。总体来看，畜禽产能涨跌互现，但生猪等高耗粮品种存栏下降，饲料需求整体回落。2024年，工业饲料产量3.15亿吨，比上年减少2.1%，饲料产量稳中略减。尽管总产量有所减少，但各类饲料产品的产量结构相对稳定，配合饲料仍占据主要地位。2024年，配合饲料产量2.94亿吨，比上年减少2.3%；浓缩饲料产量1 294万吨，比上年减少8.8%；添加剂预混合饲料产量695万吨，比上年减少2.0%（图15-1）。配合饲料产

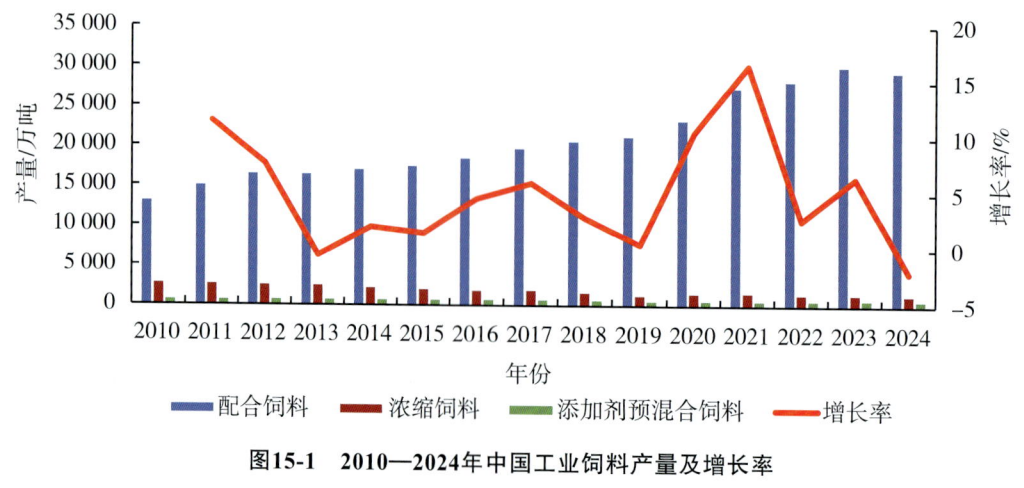

图15-1 2010—2024年中国工业饲料产量及增长率

（数据来源：中国饲料工业协会）

---

① 工业饲料是指通过工业化生产加工而成的各种饲料产品，用于家畜、家禽、水产动物以及其他养殖动物的饲养。

量在工业饲料中占比达93.2%，比上年减少0.2个百分点；浓缩饲料产量占比4.1%，比上年下降0.3个百分点；添加剂预混合饲料产量占比2.2%，与上年持平。

1.2 养殖需求趋于稳定，饲料消费稳量支撑

随着国内畜禽养殖业的规模化、集约化发展，国内畜禽养殖需求整体稳定，饲料消费稳量支撑。其中猪肉产量稳中略减，牛羊肉生产保持稳定，禽肉禽蛋产量增加。2024年，工业饲料消费量3.12亿吨，比上年减少2.5%。其中，生猪产能处于高位，规模养殖加速发展，全年出栏超7.03亿头，猪饲料消费1.42亿吨，比上年减少4.3%。禽肉价格总体高于上年，养殖出栏增长，肉禽饲料消费9 567万吨，比上年增长1.2%。蛋禽存栏维持高水平，利好蛋禽饲料需求，蛋禽饲料产量小幅增加，蛋禽饲料消费3 278万吨，比上年增长0.6%。牛羊等反刍动物饲料持续下降，受国内生产增加，进口处于高位，以及消费不振的影响，牛奶、牛肉价格持续下降，羊肉价格弱势运行，肉牛、奶牛养殖场户普遍亏损，产能去化明显，因存栏减少饲料需求明显减少，反刍动物饲料消费1 545万吨，比上年减少6.9%。水产养殖方面，需求量不及上年同期，水产饲料消费2 198万吨，比上年减少6.0%；其他饲料消费352万吨，比上年减少8.9%。

1.3 原料进口较上年下降，进口来源日趋多元

2024年中国饲用谷物价格维持相对低位，产量总体有保障，而终端需求增量有限，饲料原料进口规模缩减。据海关总署数据，2024年中国饲用谷物原料累计进口4 872万吨，比上年减少15.8%。其中，大麦、高粱、玉米酒糟进口有所增加，分别进口1 424万吨、866万吨、23万吨，比上年分别增加25.7%、66.1%、70.7%。玉米、小麦、碎米进口有所减少，分别进口1 378万吨、1 118万吨、63万吨，比上年分别减少49.2%、7.6%、25.9%。

饲用蛋白原料累计进口862万吨，比上年减少10.4%。其中，菜粕、鱼粉进口有所增加，分别进口274万吨、193万吨，比上年分别增加16.4%、18.6%。豆粕、豌豆、葵花籽粕进口有所减少，分别进口3万吨、139万吨、253万吨，比上年分别减少23.2%、47.6%、14.0%。此外，作为豆粕、菜粕等饲料蛋白的压榨原料，油籽（大豆、油菜籽）进口1.11亿吨，比上年增长6.7%。饲料原料主要进口来自巴西、美国、加拿大、澳大利亚和乌克兰5个国家，合计占比87.0%。其中，自澳大利亚进口占比6.3%，比上年提高0.2个百分点；自美国进口占比19.1%，比上年下降1.4个百分点（图15-2）。

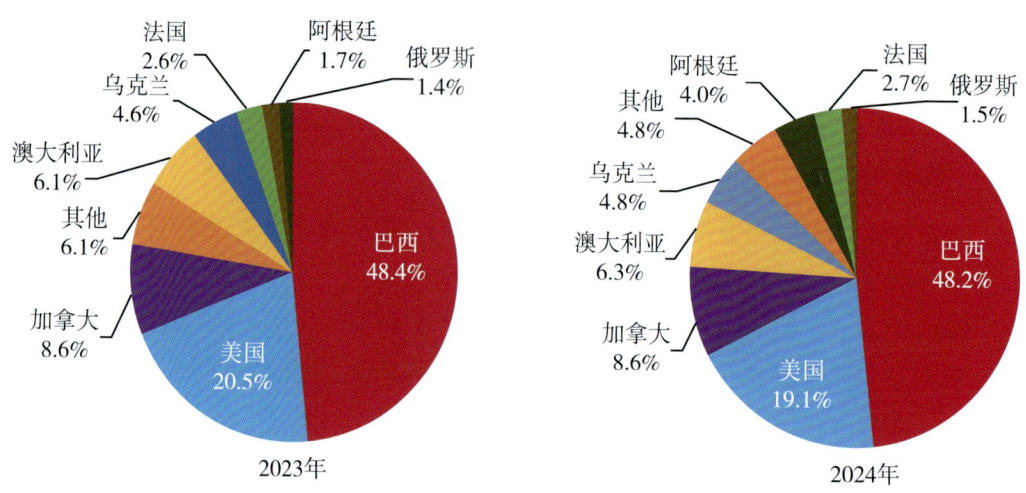

图15-2 2023年、2024年饲料原料进口国别情况

（数据来源：海关总署）

1.4 饲料原料价格总体下行，饲料加工成本压力有所缓解

2023年饲料价格达到历史高点后，2024年价格呈波动下跌态势，年均价格比上年有所下降。据农业农村部监测，2024年国内玉米供给充足，玉米价格在年内连续下跌，仅在5—6月有小幅反弹，三季度价格以稳为主，四季度价格加速下跌，年度均价为2.53元/千克，比上年下跌14.8%。2024年12月国内饲用玉米集贸市场价格降至2.33元/千克，比上年同期下跌17.2%。2024年豆粕市场供大于求，压榨企业库存创历史新高，价格持续回落，年度均价为3.64元/千克，比上年下跌21.0%（图15-3），低于近10年内均值。2024年12月，国内豆粕集贸市场价格降至3.30元/千克，比上年同期下跌23.7%。

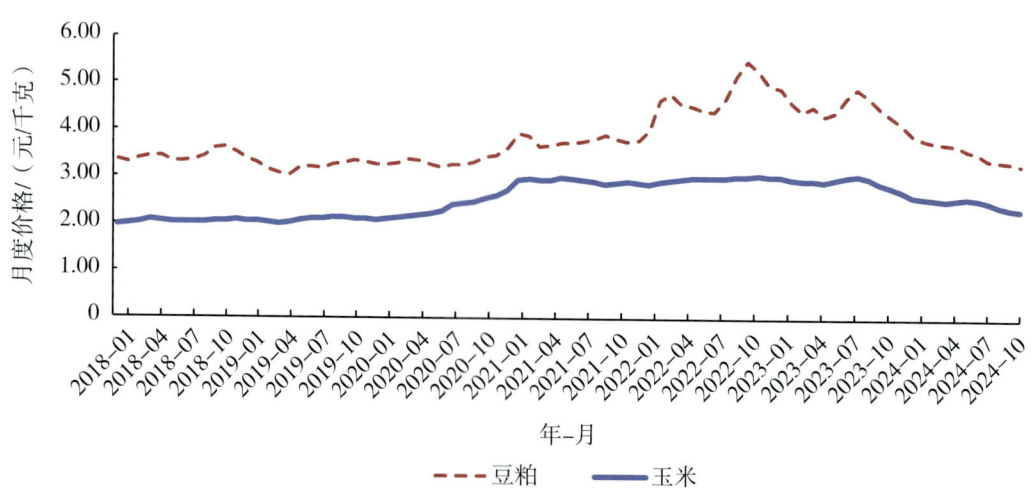

图15-3 2018—2024年中国主要饲料原料月度价格

（数据来源：农业农村部畜牧兽医局）

饲料价格走势与原料价格基本一致。2023年9月育肥猪、肉鸡、蛋鸡配合饲料价格均达到峰值，分别为4.09元/千克、4.10元/千克、3.81元/千克，之后连续15个月下跌，至2024年12月育肥猪、肉鸡、蛋鸡配合饲料价格分别跌至3.38元/千克、3.50元/千克、3.20元/千克，累计跌14.5%、13.7%、14.6%，年内累计跌9.6%、9.2%、10.1%。育肥猪、肉鸡、蛋鸡配合饲料集贸市场全年平均价格分别为3.54元/千克、3.65元/千克、3.36元/千克，分别比上年跌9.4%、8.6%、8.9%（图15-4）。

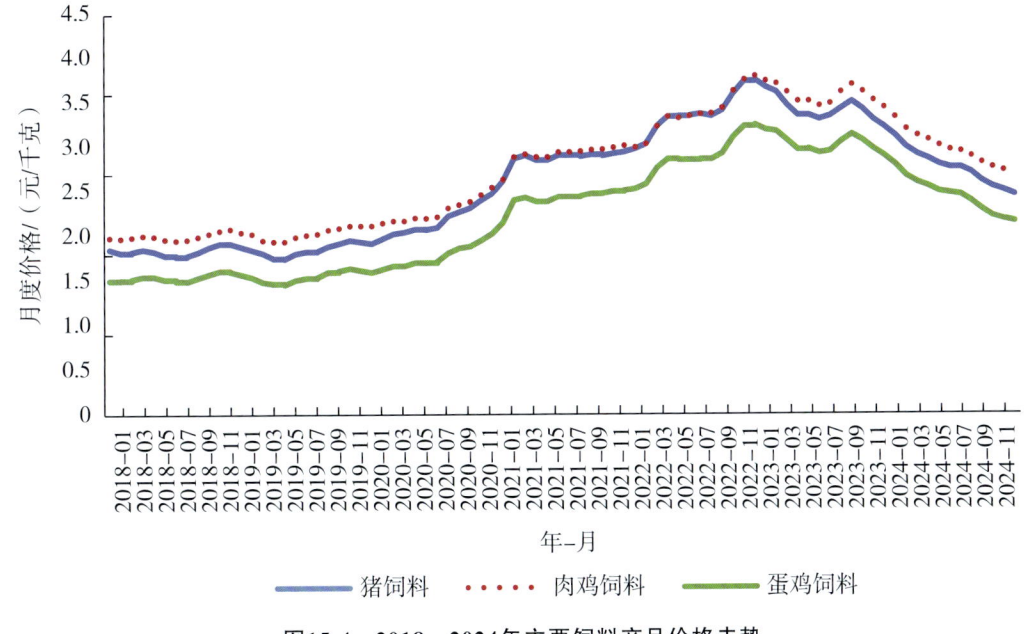

图15-4　2018—2024年主要饲料产品价格走势

（数据来源：农业农村部畜牧兽医局）

1.5　低蛋白日粮技术推广深化，豆粕减量替代成效显著

2024年，中国低蛋白日粮技术的推广与应用持续深化，标志着畜牧业向更加高效、环保的转型迈出了坚实步伐。这一战略聚焦于多元化蛋白来源的开发，不仅充分利用了粮食加工副产物、微生物发酵蛋白等丰富的自然资源，还通过实施饲料配方的精准化设计与加工技术的精细化升级，辅以合成氨基酸等高效添加剂的科学配比，确保了动物营养需求得到满足的同时，显著降低了饲料中的蛋白质消耗，特别是对传统豆粕的依赖。自2021年农业农村部发布《饲料中玉米豆粕减量替代工作方案》以来，相关工作得到了全面而深入的推进。2024年，随着《饲用豆粕减量替代三年行动方案》的进一步实施，豆粕减量替代行动取得了令人瞩目的阶段性成果。农业农村部监测数据显示，2024年饲料配方中的豆粕比例从2017年最高的17.9%降至12.9%，实现了5个百分点的降幅，按年度饲料消耗量估算，相当于节约了127万吨的豆粕，饲料粮节约降耗效果显著，有力促进了养殖环节降本增效。对于保障国家粮食安全、促进农业可持续发展具有重要意义。

2 未来10年市场走势判断

2.1 总体判断

工业饲料产量缓慢增长。2025年工业饲料产量将持平略增，预计为3.19亿吨；2029年将增至3.32亿吨，比基期增长6.2%；2034年达3.38亿吨，比基期增长8.0%，年均增长率为0.8%。配合饲料产量将持续小幅增加，浓缩饲料产量继续下降，添加剂预混合饲料产量较快增长，2034年配合饲料产量占比将提高至93.9%。

工业饲料消费结构逐步调整。预计2025年工业饲料消费量3.18亿吨，比上年增加2.0%；2029年为3.30亿吨，比基期增长6.4%；2034年达3.35亿吨，比基期增长7.9%，年均增长0.8%。猪饲料、蛋禽饲料消费趋于平稳；水产饲料、反刍动物饲料、肉禽饲料保持较快增长势头，市场需求持续扩大。

主要饲料原料价格弱势运行。在全球供应格局整体稳定、国内产能持续提升的背景下，主要饲料原料价格整体呈弱势运行态势。尽管玉米、大豆价格受气候异常与国际贸易政策等外部不确定性影响，存在阶段性波动风险，但其上行空间相对有限。与此同时，随着"减豆行动"的稳步推进，豆粕添加比例逐年下降，菜粕、棉粕、昆虫蛋白等替代原料应用不断拓展，传统高蛋白原料需求持续减弱。综合来看，饲料产品价格仍呈现稳中偏弱的运行态势。

2.2 生产展望

工业饲料产量保持增长态势。目前生猪整体处于盈利，能繁母猪存栏量在逐渐恢复，畜禽养殖持续向工业化、规模化、智能化发展，工业饲料普及率将继续提高，配合饲料使用比例有所增加，饲料需求稳步增长，增速呈现放缓态势。受宏微观多重因素影响，预计2025年工业饲料产量3.19亿吨，与上年相比显著增长（图15-5）。2029年工业饲料产量3.32亿吨，比基期增长6.2%；2034年达3.38亿吨，比基期增长8.0%，年均增长率为0.8%。展望期内，饲料产业转型升级步伐进一步加快，高质量发展特征更加凸显，逐步构建起现代化产业体系。通过优化饲料配方结构，推进低蛋白日粮技术应用，产业降本增效成效显著。玉米、大豆单产提升，饲料粮供给能力进一步提升，饲料产业链供应链韧性增强。新型生物饲料研发应用步伐加快，功能性添加剂产品体系日益完善，配合智能化加工设备的普及，推动产业向高效集约方向转型。终端产品呈现多元化发展趋势，在确保质量安全的基础上，个性化、功能型饲料产品占比持续扩大，带动产业附加值和市场竞争力同步提升，为现代畜牧业发展提供有力支撑。

分产品来看，配合饲料产量总体保持增长，预计2025年产量为2.97亿吨，比上年增加1.3%；2029年产量有望达到3.12亿吨，比基期增长6.8%；2034年产量进一步增至3.18亿吨，比基期增长8.8%，年均增速为0.8%；浓缩饲料产量小幅波动，预计2025年产量为1 339万吨，比上年增加3.5%；预计2029年产量为1 318万吨，比基期减少4.5%，2034年降至1 263万吨，比基期下降8.5%，年均降幅约为0.9%；添加剂预混合饲料较快增长，预计2025年产量711万吨，比上年增长2.3%；2029年762万吨，比基期增长11.1%；2034年将达到795万吨，比基期增长16.0%，年均增速为1.5%（图15-5）。从产品结构来看，饲料产品结构持续改善，配合饲料产量占比逐渐提升，浓缩饲料产量占比不断缩减，添加剂预混合饲料产量占比保持稳定。展望期末，配合饲料产量占比将达到93.9%，比基期提升个0.7百分点；浓缩饲料占比将降至3.7%，比基期降低0.7个百分点。

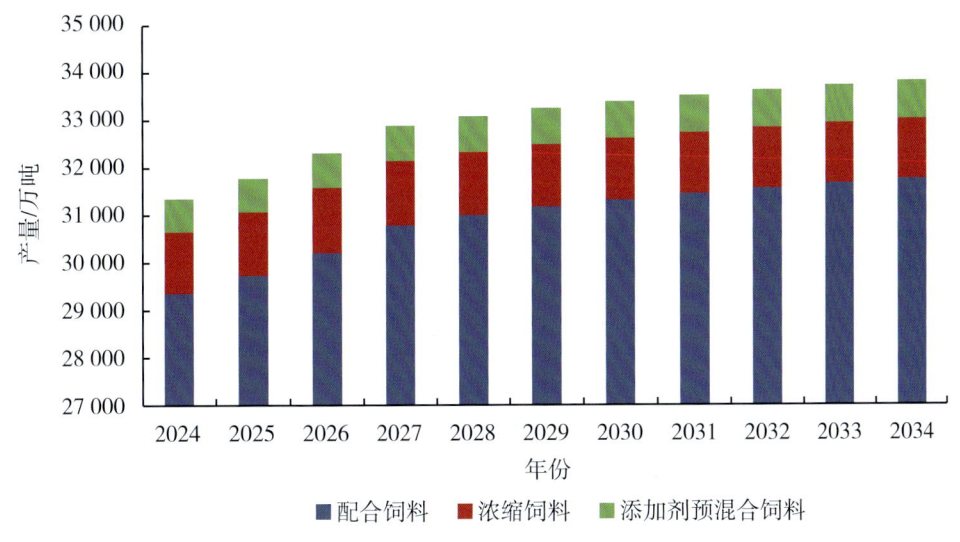

图15-5　2024—2034年中国工业饲料产量

（数据来源：2025—2034年数据为中国农业科学院农业信息研究所CAMES模型系统预测）

2.3　消费展望

工业饲料消费量逐渐趋于稳定。预计2025年，工业饲料消费量为3.18亿吨，比上年增加2.0%。随着人口总量减少趋势凸显、老龄化进程加快，人口结构的变化直接导致动物食品消费增速放缓，推动工业饲料消费从高速增长转向平稳发展。预计2029年为3.30亿吨，比基期增长6.4%；2034年达3.35亿吨，比基期增长7.9%，年均增长0.8%。

分品种来看，猪饲料消费呈现波动下行趋势，反刍动物饲料、肉禽饲料、蛋禽饲料及水产饲料的消费均呈现稳步增长的态势。2025年生猪产能将持续调整，预计猪饲料消费1.46亿吨，比上年增加2.9%；展望中后期，生猪养殖规模稳中趋降，饲料需求小幅下降。预计2029年消费1.41亿吨，2034年消费1.39亿吨。反刍动物饲料消费将不断增长，牛羊肉产量稳步提高，现代饲草生产、加工、流通体系逐步建立，反刍动物饲料消费将保持增长态势，受2024年产能去化存栏减少的影响，预计2025年消费量1 538万吨，比上年减少0.5%；2029年消费量1 784万吨，比基期增长11.3%；2034年消费量1 859万吨，比基期增长16.0%，展望期内年均增长1.5%。2025年肉禽养殖规模将持续增长，预计肉禽饲料消费9 718亿吨，比上年增长1.6%。长期来看，受益于禽肉低脂高蛋白的健康趋势，消费需求稳步增长，加之养殖周期短、饲料转化率高，使得肉禽养殖仍有较大增长空间。预计2029年肉禽饲料消费量1.08亿吨，比基期增长15.8%；2034年消费量1.12亿吨，比基期增长20.8%，展望期内年均增长1.9%。蛋禽饲料消费量稳中有增，预计2025年蛋禽饲料消费量3 298万吨，比上年增长0.6%；2029年消费量3 478万吨，比基期增长7.3%；2034年消费量3 484万吨，比基期增长7.5%，展望期内年均增长0.7%。水产饲料消费总体较快增长，2025年水产饲料消费量将达2 246万吨，比上年增长2.2%。展望期内，池塘标准化养殖、工厂化循环水养殖等生态健康养殖发展将继续推动水产品产量增长，养殖中工业饲料普及率不断提高，水产饲料消费总体较快增长。2029年消费量2 516万吨，比基期增长7.1%；2034年消费量2 577万吨，比基期增长9.7%，展望期内，年均增长0.9%（图15-6）。

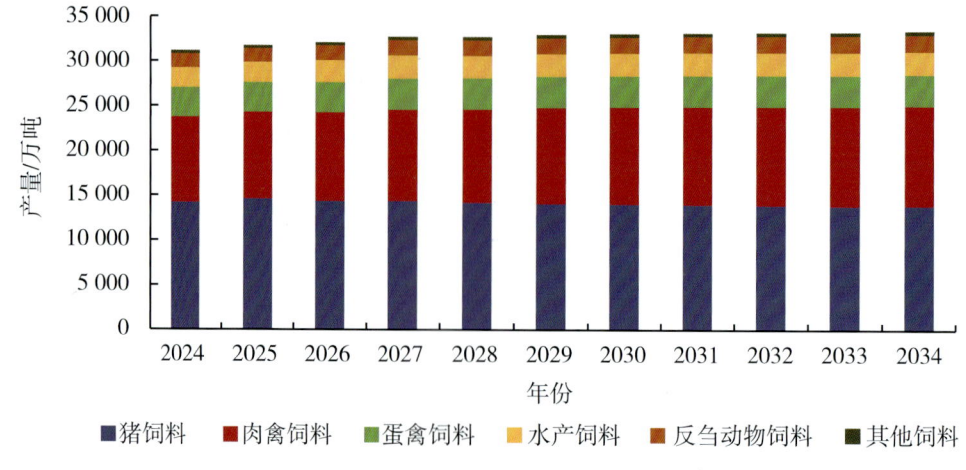

图15-6　2024—2034年中国主要工业饲料产品分品种消费量

（数据来源：2025—2034年数据为中国农业科学院农业信息研究所CAMES模型系统预测）

2.4　价格展望

随着畜禽养殖规模的逐步稳定，饲料原料需求也将趋于平稳，市场供需波动逐渐减缓，饲料价格的波动性将显著降低。

从短期来看，玉米、大豆等饲料原料的供应将保持充足。粮农组织预测，受巴西和美国种植面积扩大等因素的推动，2025年全球玉米产量将显著增长。中国也将随着《新一轮千亿斤粮食产能提升行动方案（2024—2030年）》的深入实施，持续完善农业基础设施，为玉米和大豆的增产提供有力支撑。预计2025年玉米、大豆等重要饲料加工原料价格将趋于稳定，并有可能小幅下降，整体饲料价格将弱势运行。

从长期来看，中国供应保障能力得到持续增强，进口依赖程度逐渐降低。随着粮食节约与减损措施的落实、豆粕减量替代措施的推进，以及低蛋白日粮技术的普及，饲料的配方和配制技术将进一步提高，畜禽养殖饲料的转化效率将不断提升，从而有效缓解饲料粮供给压力。国内玉米、大豆单产水平的提升、优质饲草的生产发展以及蛋白饲料资源的充分利用将促使饲料原料的自给能力提高。此外，饲料原料的进口渠道将更加多元化，进口来源不断拓展。

3 不确定性分析

3.1 贸易环境影响

"国内刚性需求+国际供给脆弱性"的复合型结构，增加了国内饲料加工生产的不确定性。养殖业规模持续扩张带来的饲料需求刚性增长，叠加国内耕地资源约束导致的饲料粮生产能力不足，导致饲料粮对外依存度增加。在国际供应链环节，远距离海运物流体系易受地缘政治博弈、区域军事冲突等突发事件干扰。此外，乌克兰作为重要的玉米和小麦出口国，其持续发酵的危机态势对中国进口构成直接压力——特别是黑海港口农产品外运协议的反复中断，不仅加剧全球粮食安全危机，更通过贸易传导机制直接影响中国原料供给的稳定性。

3.2 技术创新风险

生物技术与合成生物学虽催生出新型添加剂及替代蛋白源，但生产工艺革新需突破高研发投入、能耗优化与生物安全管控的多重壁垒，技术路线选择存在风险；新型蛋白资源受制于菌种稳定性不足及规模化生产瓶颈，尚未形成稳定供给能力，且其商业化应用需经历漫长的审批周期，制约市场渗透速度；同时，糟渣饼粕等非主流原料因预处理技术不成熟导致营养成分波动，木本草本及昆虫资源则受限于收集体系缺失和加工标准化不足，距工业化应用仍有显著差距。这些技术迭代与产业转化的断层，叠加监管审批准入时滞，共同增加了原料供给结构的不确定性。

3.3 气象灾害影响

气象灾害对饲料原料供给构成复合型风险：其直接影响体现在农作物减产与品质波动引发的原料供应缺口，间接作用则通过干扰物流网络（如内河航运受阻、海运效率下降）推升运输成本并加剧供应链脆弱性。2024年10月美国东部极端高温干旱导致密西西比河航道水位骤降，造成玉米、大豆等谷物运输延误，不仅削弱美国农产品出口能力，更引发全球谷物市场价格异动。当前气候异常常态化趋势显著，厄尔尼诺与拉尼娜现象的交替频发持续重塑全球农业生产带分布及贸易流向，而气象灾害的突发性、地域非对称性及其破坏强度的不可预测性，使饲料原料供应链面临持续的系统性风险压力。

3.4 动物疫病

尽管畜禽养殖业的防疫水平明显提高，但动物疫情暴发带来的经济损失、社会影响及市场反应，仍然是不可忽视的风险因素。当前，重大动物疫病和重点人畜共患病时有发生，全球动物疫病形势依然严峻，持续影响畜禽养殖业的稳定与发展。非洲猪瘟和高致病性禽流感波及多个国家和地区，严重威胁当地畜牧业生产，进而造成全球畜禽产品产业贸易面临不确定性和挑战，从而影响饲料市场的不确定性。

3.5 中美贸易摩擦

美国在违反国际经贸规则的情况下，对中国在内的多国输美产品加征关税，我国被迫对原产于美国的商品实施反制措施。就饲料而言，进口玉米、大豆和豆粕的税率上调将在短期内增加饲料原料的成本，抬升养殖成本。中美贸易摩擦持续时长、税率调整幅度等都将影响饲料成本。长期看，我国从美国进口大豆和玉米整体占比相对较低，且饲料配方中豆粕和玉米的占比分别为15%和50%。综合"减豆行动"持续推进、豆粕减量替代技术加快落地，低蛋白日粮配方的推广不断提升饲料利用效率等因素判断，长期影响不大。

参考文献

高秋瑾，2024. 中国饲料添加剂市场价格波动影响因素的实证研究［J］. 饲料研究，47（16）：182-185.

焦善伟，2024. 2024年度国内玉米市场形势分析及展望［J］. 种业导刊（5）：7-9.

李俊梅，古再努尔·艾尼，2025. 我国主要饲料粮价格波动特征及规律研究：以大豆和玉米为例［J/OL］. 饲料研究：1-6［2025-04-01］. http://kns.cnki.net/kcms/detail/11.2114.S.20241011.1032.002.html.

李政，管同雯，2024. 我国玉米价格波动特征及其影响因素研究［J］. 中国物价（12）：11-16.

马慧昕，2024. 2024年11月国内市场主要畜产品与饲料价格分析［J］. 草业科学，41（12）：3048.

农业农村部市场预警专家委员会，2023. 中国农业展望报告（2023—2032）［M］. 北京：中国农业科学技术出版社.

冉娟，王济民，2017. 基于饲料需求的我国饲料谷物需求预测分析［J］. 中国农业大学学报，22（5）：190-198.

王心语，张国睿，赵永玉，等，2025. 饲用豆粕减量替代的研究进展及潜在途径展望［J/OL］. 饲料工业：1-17［2025-04-01］. http://kns.cnki.net/kcms/detail/21.1169.S.20250219.0943.005.html.

谢凯丽，2024. 2024年11月国际市场主要畜产品与饲料价格分析［J］. 草业科学，41（12）：2953.

徐晓炜，2025. 豆粕减量营养调控技术在家禽生产中的应用［J］. 现代畜牧科技（2）：93-96.

附 件

附件1 术语说明

一般贸易

指中国境内有进出口经营权的企业单边进口或单边出口的贸易。

滑准税

滑准税是一种关税税率随进口商品价格由高到低而由低至高设置计征关税的方法。

大豆压榨消费量

指大豆消费中，用于压榨加工生产饲用豆粕和食用豆油的大豆消费量。

大豆食用消费量

指大豆消费中，用于直接食用、豆制品加工、大豆蛋白加工的大豆消费量。

大豆损耗及其他消费量

指大豆消费中损耗的大豆数量和膨化大豆加工消费的大豆数量。

植物油饲用消费

指在配合饲料生产中，根据饲养动物营养需求，按照一定比例掺兑的植物油用量，旨在提高饲料营养价值、改善饲料适口性、促进脂溶性营养物质吸收和饲养动物健康生长等。

豆粕

又称大豆粕，压制成饼状的又称"豆饼"，是大豆提取大豆油之后的副产品。豆粕是一种优良的蛋白质来源，被广泛用于饲料和食品工业等领域。

内外价差

内外价差通常指的是同一商品在国内外市场上的价格差异，可能由运输成本、关税、汇率波动、市场供需关系、政策法规等引起，能够反映市场供需和宏观经济状况，进而影响投资者决策。大豆国内外价差是指进口大豆到岸税后价与国产大豆价格之间的差异，其中进口大豆到岸税后价采用山东青岛港（日照港）大豆交货价格，国产大豆价格采用黑龙江国产大豆食用价格。

棉花FC Index M

FC Index M代表中等级棉花价格（相当于国际棉花标准的M级），反映发布当日即期装船国际棉到中国主港的CNF价（即成本加运费，不包括关税、增值税、港口费用和保险费）。

蔬菜生产量

指田头收获的产量，一般为蔬菜生产中所统计的产量。

蔬菜商品产量

指蔬菜经过运输、贮藏、批发、零售等诸多环节中的一个或多个环节后，可由消费者购买的蔬菜量。

蔬菜自损

指蔬菜从田头到最终购买阶段因收获、分拣、贮藏、运输、销售环节形成的弃收、失水、腐烂等鲜活农产品的特有损失。

蔬菜鲜食消费

指以鲜菜为主要形式的家庭消费和在外消费。

蔬菜其他消费

包括饲料、种用等相关消费。

蔬菜损耗

指蔬菜购买后在其消费、加工、烹饪过程中的一般性损失。

"菜篮子"

源于"菜篮子工程"，主要包括肉、蛋、奶、鱼、菜、果等农产品。农业部于1988年提出建设"菜篮子工程"，当时主要为缓解国内副食品供应偏紧的矛盾，经过多年发展建设，"菜篮子"为更好地满足人们生活日益增长的需要提供了稳定保障。

水果

根据国家统计局数据，本报告中水果包括园林水果和瓜果类，水果面积包括果园面积和瓜果类面积。

水果直接消费

指未经精深加工、直接鲜食的水果消费，包括城乡居民家庭消费、在外就餐消费、团体消费等。

水果损耗

指水果从果园（包括瓜果类）到消费终端（消费者或精深加工车间）在采收、采购、商品化处理、贮存、运输、批发、分销等一系列环节中因失水、腐烂、变质或其他不明原因造成的数量上的减少。

水果进口量（折鲜）和出口量（折鲜）

数据包含水果制品，将果汁、罐头等水果制品按照一定比例折算为鲜果量，其中水果罐头折算比例为1∶3，水果汁折算比例为1∶7。

禽肉

禽肉主要包括鸡、鸭、鹅肉和其他禽肉等。据中国畜牧业协会禽业分会统计，2022年鸡肉、鸭肉、鹅肉和其他禽肉在禽肉中的占比为68%、26%、5%和1%。

鲜冷冻禽肉及杂碎

指海关进出口商品分类第1类第2章中的禽肉产品，包括冰鲜和冷冻的禽肉产品及杂碎。如整只鸡（鸭、鹅）、鸡（鸭、鹅）块、鸡翅、鸡爪、整只火鸡和鸡块、鸡肫、鸭肥肝、鸡（鸭、鹅）杂碎。

加工禽肉制品

指海关进出口商品分类第4类第16章中的禽肉产品，包括罐头和其他制作或保藏的禽肉及食用杂碎。如鸡罐头、其他家禽肉及杂碎罐头、其他制作或保藏的鸡胸肉、其他制作或保藏的鸡腿肉、其他制作或保藏的鸡肉及食用杂碎、未列名制作或保藏的鸭肉及食用杂碎。

鸡肉价格

基于农业农村部畜牧兽医局对全国500个县集贸市场和采集点的价格监测，鸡肉集市价格的采集口径为：快大型白羽肉鸡优先采集分割品鸡腿价格，没有鸡腿价格时采集白条鸡价格，黄羽肉鸡、淘汰蛋鸡、小型白羽肉鸡优先采集白条鸡价格。鸡肉集市均价是各类鸡肉产品价格的混合均价。

肉禽预制菜

指以肉禽为主要原料，经预加工、预烹调、预包装后在室温或冷链条件下贮存、运输及销售的熟制或未完全熟制的成品或半成品菜肴。

胴体重

指肉用牲畜出栏屠宰后，除去皮、头、尾、蹄、内脏（不包括肾脏和肾脂肪）的重量。

牛羊肉集市平均价格

基于对全国500个县集贸市场和采集点的监测跟踪，采集获得周价格，并进一步计算得出月度及年度平均价格。

消费结构升级

指随着社会经济发展，居民由生活质量低标准的消费结构向生活质量高标准的转变，主要包括消费层次结构升级、消费支出结构升级、消费形态结构升级、消费主体结构升级等。

禽蛋表观消费量

当年禽蛋产量加禽蛋净进口量（当年进口量减出口量）。

人均表观消费量

当年表观消费量除以当年总人口。

干去壳禽蛋

以禽蛋为原料，蛋液经过喷雾干燥后的蛋制品，为粉状或块状，分为食用全蛋粉、食用蛋白粉（片）以及干的其他食用蛋制品。

其他去壳禽蛋

以禽蛋为原料，蛋液经过加工后的蛋制品，包括全蛋液、蛋黄液、蛋白液、冰全蛋、冰蛋黄、冰蛋白以及其他食用蛋制品。

禽流感

禽流行性感冒的简称，是由甲型流感病毒引起的一种禽类（家禽和野禽）传染病。

蛋液

以禽蛋为原料，经蛋壳清洗消毒、自动打蛋并分离出蛋黄或蛋白，再经过巴氏杀菌而制成的液体蛋产品。

蛋粉

蛋液经喷雾干燥而成，为粉状或易松散的块状，分为全蛋粉、蛋黄粉和蛋白粉。

蛋干

以禽蛋为原料的新食品，将禽蛋全蛋浓缩加工而成。

生鲜乳

指从符合国家有关要求的健康奶畜乳房中挤出的无任何成分改变的常乳。

液态奶

液态奶是由健康奶牛所产的鲜乳汁，经有效的加热杀菌方式处理后，分装出售的饮用牛乳。根据《食品生产许可证》（2020年3月1日修订）定义，液态乳包括巴氏杀菌乳、高温杀菌乳、调制乳、灭菌乳、发酵乳5种品类。

干乳制品

指的是使用牛乳或羊乳及其加工制品为主要原料，加入或不加入适量的维生素、矿物质和其他辅料，使用法律法规及标准规定所要求的条件，经加工制成的各种食品。根据国际乳业联盟（International Dairy Federation，IDF）定义，干酪是在干凝乳干酪中添加乳脂混合物（调味料）而成的产品，干酪含有不少于4%的乳脂和不超过80%的水分。

黄油和炼乳

粮农组织（FAO）定义，黄油是脂肪乳产品，黄油是通过搅拌牛奶或奶油制成的；炼乳是通过从全脂或脱脂牛奶中除去部分水而获得的，包括热处理和浓缩加工法。

饲料

能提供动物所需营养素，促进动物生长、生产和健康，且在合理使用下安全、有效的可饲物质。

配合饲料

根据饲养动物的营养需要，将多种饲料原料和饲料添加剂按饲料配方经工业化加工的饲料。

浓缩饲料

主要由蛋白质饲料、矿物质饲料和饲料添加剂按一定比例配制的均匀混合物，与能量饲料按规定比例配合即可制成配合饲料。

添加剂预混合饲料

由两种（类）或两种（类）以上饲料添加剂与载体或稀释剂按一定比例配制的均匀混合物，是复合预混合饲料、微量元素预混合饲料、维生素预混合饲料的统称。

附件2 宏观经济社会发展主要指标假设

表1 2024—2034年中国宏观数据

类别	年份										
	2024	2025	2026	2027	2028	2029	2030	2031	2032	2033	2034
GDP/万亿元	134.91	141.65	148.74	156.17	163.98	172.18	180.79	189.65	198.94	208.69	218.92
GDP增速/%	5.0	5.0	5.0	5.0	5.0	5.0	5.0	4.9	4.9	4.9	4.9
人口/万	140 828	140 576	140 411	140 208	140 029	139 841	139 672	139 535	139 368	139 203	139 054
CPI增速/%	0.2	2.0	2.0	2.0	2.0	2.1	2.1	2.2	2.2	2.3	2.3
国际原油价格/（美元/桶）	80.0	73.0	72.0	71.5	70.9	70.1	69.7	69.2	68.7	68.0	67.2
1美元兑人民币汇率（USD/CNY）	7.1	7.5	7.4	7.4	7.3	7.2	7.1	7.0	6.9	6.8	6.8
城镇居民可支配收入/元	54 188	57 710	60 265	62 814	65 561	68 490	71 410	74 461	77 516	80 731	83 945
农村居民可支配收入/元	23 119	25 061	26 720	28 482	30 346	32 346	34 430	36 665	38 993	41 486	44 076
常住人口城镇化率/%	67.0	67.6	68.3	69.0	69.7	70.5	71.2	72.0	72.8	73.6	74.3

附件3 主要品种供需平衡表

表1 2024—2034年中国粮食供需平衡表

单位：万吨

类别	2024	2025	2026	2027	2028	2029	2030	2031	2032	2033	2034
生产量	70 650	70 930	71 438	72 088	72 592	73 073	73 628	73 942	74 328	74 825	75 296
面积/万亩	178 979	178 737	178 754	178 783	178 823	178 839	178 879	178 931	178 947	178 956	178 956
单产/(千克/亩)	395	397	400	403	406	409	412	413	415	418	421
进口量	15 824	13 795	13 038	12 866	12 433	12 153	11 857	11 599	11 441	11 379	11 329
消费量	82 286	83 113	82 535	82 435	82 381	82 465	82 595	82 762	82 913	83 046	83 183
食用消费	27 727	27 718	27 712	27 683	27 572	27 479	27 418	27 327	27 269	27 263	27 141
饲用消费	37 318	38 067	37 201	36 910	36 789	36 730	36 728	36 713	36 686	36 666	36 644
工业消费	12 645	12 745	12 745	13 271	13 509	13 794	14 031	14 355	14 638	14 836	15 174
其他消费及损耗	4 596	4 583	4 582	4 571	4 511	4 461	4 418	4 367	4 321	4 281	4 223
出口量	244	320	371	407	438	469	502	524	569	614	640
结余变化	3 944	1 292	1 570	2 111	2 206	2 291	2 387	2 255	2 287	2 543	2 802

表2 2024—2034年中国稻谷供需平衡表

单位：万吨

类别	2024	2025	2026	2027	2028	2029	2030	2031	2032	2033	2034
生产量	20 754	20 858	21 012	21 148	21 185	21 211	21 214	21 177	21 125	21 061	20 986
面积/万亩	43 510	43 500	43 359	43 207	43 043	42 867	42 680	42 481	42 270	42 047	41 813
单产/(千克/亩)	477	480	485	489	492	495	497	499	500	501	502
进口量	237	285	289	296	310	325	337	348	357	365	372
消费量	19 520	20 215	20 166	20 153	20 141	20 123	20 105	20 135	20 151	20 160	20 172
口粮消费	15 450	15 415	15 295	15 215	15 106	14 986	14 858	14 772	14 674	14 575	14 449
饲用消费	1 142	1 794	1 857	1 919	1 981	2 043	2 105	2 167	2 228	2 289	2 351
工业消费	1 698	1 776	1 802	1 823	1 870	1 922	1 980	2 039	2 098	2 148	2 227
种用消费	130	130	129	127	126	124	122	121	119	118	116
损耗	1 100	1 100	1 084	1 069	1 057	1 047	1 039	1 035	1 032	1 030	1 030
出口量	158	215	257	281	305	326	349	361	381	400	407
结余变化	1 312	713	878	1 010	1 049	1 087	1 097	1 029	950	866	778

注：进、出口量指稻谷进、出口量，是将大米进、出口量以70%折率换算。

表3　2024—2034年中国小麦供需平衡表

单位：万吨

类别	年份										
	2024	2025	2026	2027	2028	2029	2030	2031	2032	2033	2034
生产量	14 010	14 129	14 179	14 229	14 279	14 294	14 310	14 316	14 323	14 333	14 340
面积/万亩	35 381	35 500	35 448	35 396	35 345	35 295	35 247	35 199	35 152	35 106	35 060
单产/(千克/亩)	396	398	400	402	404	405	406	407	407	408	409
进口量	1 118	670	600	620	600	580	550	520	500	460	410
消费量	13 371	13 690	13 674	13 736	13 843	13 916	13 999	14 058	14 098	14 131	14 185
口粮消费	8 995	8 970	8 933	8 894	8 856	8 818	8 780	8 745	8 709	8 672	8 637
饲料消费	1 800	2 100	2 091	2 162	2 256	2 315	2 402	2 459	2 507	2 549	2 616
工业消费	1 450	1 483	1 519	1 553	1 612	1 670	1 710	1 750	1 785	1 816	1 844
种用消费	556	570	569	568	568	567	566	565	564	564	563
损耗	570	567	562	559	552	547	541	538	533	530	526
出口量	12	15	16	17	17	17	18	18	19	17	15
结余变化	1 745	1 094	1 089	1 096	1 019	942	843	761	706	645	549

表4　2024—2034年中国玉米供需平衡表

单位：万吨

类别	年份										
	2024	2025	2026	2027	2028	2029	2030	2031	2032	2033	2034
生产量	29 492	29 538	29 765	30 038	30 290	30 588	30 931	31 118	31 350	31 694	32 015
面积/万亩	67 111	67 100	67 076	67 039	66 989	66 927	66 804	66 350	65 861	65 619	65 337
单产/(千克/亩)	439	440	444	448	452	457	463	469	476	483	490
进口量	1 364	700	684	668	651	633	614	574	554	532	520
消费量	31 753	31 788	31 446	31 361	31 367	31 395	31 446	31 540	31 617	31 615	31 551
口粮消费	1 010	1 010	1 029	1 046	1 066	1 089	1 114	1 142	1 173	1 207	1 243
饲用消费	22 000	22 000	21 498	21 257	21 095	20 950	20 824	20 735	20 623	20 429	20 274
工业消费	7 650	7 700	7 854	8 011	8 171	8 335	8 501	8 671	8 845	9 022	9 102
种用消费	128	126	126	125	125	125	125	124	124	124	123
损耗	965	952	939	923	911	897	882	868	852	833	810
出口量	1	1	1	1	1	2	4	9	21	37	50
结余变化	-898	-1 550	-997	-656	-427	-177	94	144	266	574	933

表5　2024—2034年中国大豆供需平衡表

单位：万吨

类别	年份										
	2024	2025	2026	2027	2028	2029	2030	2031	2032	2033	2034
生产量	2 065	2 117	2 210	2 362	2 497	2 610	2 770	2 909	3 085	3 262	3 452
面积/万亩	15 482	15 500	15 677	16 179	16 534	16 733	17 204	17 421	17 831	18 225	18 659
单产/(千克/亩)	133	137	141	146	151	156	161	167	173	179	185
进口量	10 503	9 700	9 300	9 013	8 760	8 528	8 294	8 121	8 003	7 948	7 903
消费量	10 884	11 024	11 002	10 804	10 783	10 789	10 801	10 800	10 813	10 840	10 850
食用消费	1 260	1 300	1 311	1 322	1 330	1 337	1 342	1 346	1 350	1 353	1 356
压榨消费	9 266	9 365	9 324	9 110	9 074	9 065	9 064	9 047	9 044	9 054	9 049
种用消费	74	74	75	78	80	82	84	86	89	91	94
其他消费及损耗	284	285	292	295	299	305	312	320	330	341	352
出口量	7	15	15	18	18	20	20	20	22	24	26
结余变化	1 677	778	493	553	456	330	243	210	254	346	479

表6　2024—2034年中国食用植物油供需平衡表

单位：万吨

类别	年份										
	2024	2025	2026	2027	2028	2029	2030	2031	2032	2033	2034
生产量	3 050	3 008	3 065	3 073	3 079	3 084	3 088	3 092	3 095	3 098	3 103
进口量	716	843	798	756	718	674	643	603	574	557	540
消费量	3 735	3 665	3 666	3 667	3 667	3 668	3 669	3 669	3 670	3 670	3 671
居民消费	3 485	3 411	3 406	3 403	3 398	3 397	3 394	3 393	3 392	3 392	3 391
城镇消费	2 595	2 540	2 540	2 542	2 543	2 543	2 545	2 550	2 552	2 555	2 561
农村消费	890	871	866	861	856	854	849	843	840	837	830
饲用消费	250	254	260	264	269	271	275	276	277	279	280
出口量	16	16	16	16	15	15	15	14	14	14	14
结余变化	15	170	182	147	115	75	47	11	−15	−30	−42

表7　2024—2034年中国棉花供需平衡表

单位：万吨

类别	年份										
	2024	2025	2026	2027	2028	2029	2030	2031	2032	2033	2034
生产量	616	631	629	628	619	613	615	617	620	620	623
面积/万亩	4 257	4 338	4 310	4 285	4 210	4 146	4 135	4 126	4 117	4 100	4 083
单产/(千克/亩)	145	146	146	147	147	148	149	149	151	151	152
进口量	262	210	185	173	164	154	148	144	140	137	134
消费量	769	750	745	742	740	738	737	736	735	734	733
出口量	2	2	2	2	2	2	2	2	2	2	2
结余变化	107	89	67	57	41	27	24	23	23	21	22

表8　2024—2034年中国食糖供需平衡表

单位：万吨

类别	年份										
	2024	2025	2026	2027	2028	2029	2030	2031	2032	2033	2034
糖料产量	11 466	11 286	11 448	11 609	11 720	11 857	11 973	12 050	12 114	12 180	12 215
甘蔗产量	10 517	10 359	10 506	10 658	10 766	10 896	11 008	11 078	11 136	11 198	11 227
甜菜产量	945	924	939	948	951	958	962	968	974	979	985
糖料面积/万亩	2 220	2 177	2 199	2 221	2 231	2 246	2 256	2 258	2 257	2 256	2 249
甘蔗面积/万亩	1 978	1 942	1 963	1 983	1 995	2 010	2 021	2 023	2 022	2 022	2 015
甜菜面积/万亩	242	235	237	237	236	236	235	235	235	234	234
糖料单产/(千克/亩)	5 165	5 184	5 206	5 227	5 253	5 279	5 307	5 337	5 367	5 399	5 431
甘蔗单产/(千克/亩)	5 317	5 334	5 353	5 374	5 396	5 421	5 448	5 476	5 506	5 539	5 571
甜菜单产/(千克/亩)	3 905	3 936	3 966	3 997	4 027	4 058	4 089	4 119	4 150	4 180	4 211
食糖											
生产量	1 117	1 100	1 116	1 131	1 142	1 156	1 167	1 174	1 181	1 187	1 190
进口量	607	580	552	545	536	533	530	526	523	520	519
消费量	1 550	1 570	1 588	1 603	1 616	1 628	1 638	1 646	1 650	1 654	1 657
出口量	16	16	18	20	21	23	25	26	27	28	30
结余变化	158	94	62	53	41	38	34	29	26	25	22

表9 2024—2034年中国蔬菜供需平衡表

单位：万吨

类别	年份										
	2024	2025	2026	2027	2028	2029	2030	2031	2032	2033	2034
生产量①	82 992	83 110	83 221	83 326	83 424	83 515	83 600	83 679	83 751	83 816	83 875
自损量②	20 333	20 203	20 082	19 969	19 864	19 768	19 681	19 603	19 533	19 473	19 415
商品产量③	62 693	62 906	63 139	63 357	63 560	63 747	63 919	64 076	64 217	64 343	64 460
进口量	40	41	42	45	48	50	52	54	55	56	57
消费量	61 230	61 319	61 387	61 553	61 780	61 737	61 720	61 727	61 735	61 932	62 145
鲜食消费④	26 968	27 086	27 266	27 391	27 490	27 567	27 632	27 691	27 735	27 752	27 762
加工消费	14 183	14 575	14 895	15 211	15 528	15 843	16 159	16 479	16 794	17 109	17 431
其他消费⑤	6 766	6 848	6 900	6 941	6 975	7 003	7 028	7 049	7 069	7 086	7 104
损耗⑥	13 313	12 811	12 326	12 010	11 787	11 324	10 901	10 508	10 138	9 986	9 848
出口量	1 497	1 512	1 556	1 591	1 620	1 644	1 665	1 684	1 700	1 715	1 724
结余变化	6	116	238	258	208	416	587	719	837	752	648

注：① 生产量是指田头收获的产量，一般为蔬菜生产中所统计的产量。
② 自损量是指蔬菜从田头到购买阶段中因收获、分拣、贮藏、运输、销售环节形成的弃收、失水、腐烂等鲜活农产品的特有损失。
③ 商品产量是指经过运输、贮藏、批发、零售等诸多环节中的一个或多个环节后，可由消费者购买的蔬菜量。
④ 鲜食消费是指以鲜菜为主要形式的家庭消费和在外消费。
⑤ 其他消费包括饲料等相关消费。
⑥ 损耗是指蔬菜购买后在其食用及加工等过程中的一般性损失。

表10 2024—2034年中国马铃薯供需平衡表

单位：万吨

类别	年份										
	2024	2025	2026	2027	2028	2029	2030	2031	2032	2033	2034
生产量	9 883	9 667	9 754	9 812	9 898	10 011	10 158	10 286	10 395	10 489	10 572
进口量	3	3	3	3	3	2	2	2	2	2	2
消费量	9 252	9 304	9 388	9 505	9 834	9 996	10 076	10 185	10 255	10 341	10 410
食用消费	3 856	3 909	3 922	3 993	4 263	4 371	4 427	4 435	4 440	4 478	4 501
加工消费	2 996	3 028	3 073	3 081	3 106	3 120	3 123	3 207	3 234	3 263	3 288
饲用消费	524	534	545	556	569	572	577	582	598	606	612
种用消费	858	839	843	848	859	871	884	888	904	910	921
其他消费	38	40	40	40	40	41	41	41	41	42	42
损耗	979	954	966	987	997	1 021	1 025	1 032	1 038	1 042	1 046
出口量	87	90	95	99	102	105	108	110	112	113	114

表11 2024—2034年中国水果供需平衡表

单位：万吨

类别	年份										
	2024	2025	2026	2027	2028	2029	2030	2031	2032	2033	2034
生产量	33 473	33 807	33 976	34 078	34 180	34 283	34 386	34 455	34 524	34 593	34 678
进口量（折鲜）	1 315	1 406	1 522	1 656	1 769	1 881	1 992	2 101	2 209	2 315	2 421
消费量	32 755	33 366	33 667	33 887	33 994	34 038	34 123	34 249	34 339	34 357	34 456
直接消费	16 287	16 535	16 604	16 696	16 761	16 805	16 852	16 895	16 949	16 998	17 060
加工消费	5 021	5 404	5 681	5 911	6 090	6 262	6 439	6 605	6 757	6 877	6 993
其他消费及损耗	11 448	11 427	11 382	11 280	11 143	10 971	10 832	10 750	10 633	10 482	10 403
出口量（折鲜）	1 149	1 218	1 298	1 384	1 475	1 573	1 676	1 787	1 905	2 031	2 165
结余变化	883	629	532	463	481	553	578	519	488	520	478

表12 2024—2034年中国肉类供需平衡表

单位：万吨

类别	年份										
	2024	2025	2026	2027	2028	2029	2030	2031	2032	2033	2034
生产量	9 770	9 846	9 866	9 895	9 905	9 910	9 920	9 933	9 936	9 944	9 954
进口量	533	374	371	375	376	377	382	391	400	408	414
消费量	10 199	10 111	10 125	10 154	10 162	10 165	10 177	10 198	10 208	10 223	10 238
直接消费	8 152	8 040	8 036	8 040	8 046	8 047	8 053	8 064	8 065	8 071	8 072
加工消费	1 641	1 662	1 680	1 704	1 705	1 706	1 711	1 723	1 732	1 742	1 756
其他消费及损耗	406	409	409	410	411	412	413	411	411	410	410
出口量	104	109	112	116	119	122	125	126	128	129	130

表13 2024—2034年中国猪肉供需平衡表

单位：万吨

类别	年份										
	2024	2025	2026	2027	2028	2029	2030	2031	2032	2033	2034
生产量	5 706	5 750	5 719	5 688	5 634	5 592	5 552	5 513	5 499	5 475	5 452
进口量	107	78	68	65	57	50	50	50	50	50	50
消费量	5 801	5 816	5 775	5 742	5 681	5 632	5 592	5 553	5 539	5 515	5 492
直接消费	4 474	4 450	4 426	4 397	4 368	4 341	4 314	4 291	4 265	4 239	4 213
加工消费	1 053	1 091	1 075	1 072	1 040	1 021	1 009	1 001	1 017	1 021	1 025
其他消费及损耗	274	275	274	273	272	270	269	261	257	255	253
出口量	12	12	12	11	11	11	10	10	10	10	10

表14 2024—2034中国禽肉供需平衡表

单位：万吨

类别	年份										
	2024	2025	2026	2027	2028	2029	2030	2031	2032	2033	2034
生产量	2 660	2 729	2 774	2 809	2 841	2 870	2 896	2 921	2 943	2 964	2 984
进口量	99	95	94	94	93	92	91	91	90	90	90
消费量	2 667	2 728	2 768	2 798	2 826	2 850	2 874	2 896	2 916	2 935	2 954
直接消费	2 234	2 270	2 288	2 305	2 322	2 337	2 352	2 367	2 380	2 393	2 406
加工消费	360	380	399	410	419	426	432	437	441	445	450
其他消费及损耗	73	78	80	83	85	88	90	92	95	96	98
出口量	92	96	101	105	108	111	114	116	118	119	120

表15 2024—2034年中国牛肉供需平衡表

单位：万吨

类别	年份										
	2024	2025	2026	2027	2028	2029	2030	2031	2032	2033	2034
生产量	779	750	756	762	773	782	792	800	807	814	820
进口量	287	170	176	182	189	196	203	210	216	222	228
消费量	1 066	920	932	944	962	978	995	1 010	1 023	1 036	1 048
直接消费	867	756	751	759	772	784	796	808	817	827	836
加工消费	165	129	148	153	157	161	165	168	171	174	176
其他消费及损耗	34	35	33	32	33	33	34	34	35	35	36
出口量	0.06	0.03	0.03	0.03	0.03	0.03	0.04	0.04	0.04	0.04	0.05

表16 2024—2034年中国羊肉供需平衡表

单位：万吨

类别	年份										
	2024	2025	2026	2027	2028	2029	2030	2031	2032	2033	2034
生产量	518	510	516	523	532	540	546	552	556	560	564
进口量	37	30	32	34	34	36	38	40	44	46	46
消费量	555	540	548	557	566	576	584	592	600	606	610
直接消费	489	475	483	491	498	507	514	521	527	533	536
加工消费	45	44	45	46	48	49	50	50	51	52	52
其他消费及损耗	21	21	20	20	20	20	20	21	22	21	22
出口量	0.18	0.17	0.17	0.18	0.19	0.19	0.19	0.19	0.2	0.2	0.2

表17 2024—2034年中国禽蛋供需平衡表

单位：万吨

类别	年份										
	2024	2025	2026	2027	2028	2029	2030	2031	2032	2033	2034
生产量	3 588	3 630	3 652	3 678	3 700	3 721	3 737	3 754	3 764	3 773	3 781
进口量	0.000 4	0.000 4	0.000 3	0.000 3	0.000 3	0.000 3	0.000 1	0.000 1	0.000 1	0.000 1	0.000 1
消费量	3 550	3 601	3 622	3 646	3 667	3 686	3 702	3 717	3 727	3 735	3 742
鲜食消费	2 718	2 743	2 752	2 765	2 778	2 788	2 798	2 806	2 811	2 815	2 819
加工消费	557	582	594	605	612	621	627	634	639	643	646
种用及损耗	275	276	276	276	277	277	277	277	277	277	277
出口量	18	19	20	21	22	22	22	23	23	23	24
结余变化	20	10	10	11	11	13	13	14	14	15	15

表18 2024—2034年中国奶类供需平衡表

单位：万吨

类别	年份										
	2024	2025	2026	2027	2028	2029	2030	2031	2032	2033	2034
生产量	4 163	4 100	4 233	4 386	4 522	4 682	4 855	5 022	5 242	5 465	5 703
进口量	1 587	1 452	1 451	1 464	1 495	1 539	1 602	1 680	1 774	1 884	2 007
消费量	5 691	5 506	5 626	5 854	6 109	6 354	6 602	6 879	7 086	7 324	7 581
食用消费	5 053	4 913	4 989	5 205	5 450	5 686	5 922	6 186	6 380	6 604	6 844
饲用消费	264	244	253	262	271	281	292	303	317	332	347
其他消费	262	269	276	281	285	288	292	295	297	299	301
损耗	112	111	108	106	102	99	96	94	92	90	89
出口量	35	36	35	34	34	32	32	30	30	30	28
结余变化	24	10	23	-38	-125	-165	-177	-207	-100	-6	101

表19 2024—2034年中国水产品供需平衡表

单位：万吨

类别	年份										
	2024	2025	2026	2027	2028	2029	2030	2031	2032	2033	2034
生产量	7 366	7 442	7 514	7 583	7 640	7 694	7 742	7 780	7 818	7 849	7 874
捕捞产量	1 305	1 309	1 307	1 305	1 301	1 304	1 307	1 305	1 309	1 311	1 313
养殖产量	6 061	6 133	6 207	6 278	6 339	6 390	6 435	6 475	6 509	6 538	6 561
进口量	693	706	718	732	746	759	771	782	791	799	807
消费量	7 635	7 740	7 822	7 909	7 984	8 056	8 121	8 174	8 225	8 269	8 306
直接消费	3 244	3 292	3 334	3 378	3 412	3 445	3 471	3 490	3 508	3 521	3 534
加工消费	3 185	3 242	3 298	3 347	3 393	3 437	3 481	3 519	3 556	3 591	3 619
其他消费及损耗	1 206	1 206	1 190	1 184	1 179	1 174	1 169	1 165	1 161	1 157	1 153
出口量	424	408	410	406	402	397	392	388	384	379	375

表20 2024—2034年中国工业饲料供需平衡表

单位：万吨

类别	年份										
	2024	2025	2026	2027	2028	2029	2030	2031	2032	2033	2034
生产量	31 503	31 907	32 411	32 884	33 081	33 249	33 387	33 513	33 624	33 723	33 810
配合饲料	29 354	29 728	30 201	30 778	30 994	31 169	31 318	31 447	31 560	31 662	31 752
浓缩饲料	1 294	1 339	1 385	1 367	1 337	1 318	1 298	1 288	1 279	1 270	1 263
添加剂预混饲料	695	711	726	739	751	762	771	779	786	791	795
消费量	31 162	31 788	32 134	32 778	32 778	33 035	33 147	33 234	33 302	33 343	33 488
猪饲料	14 222	14 628	14 382	14 385	14 206	14 099	14 061	14 006	13 945	13 866	13 904
肉禽饲料	9 567	9 718	9 921	10 226	10 450	10 763	10 869	10 969	11 061	11 147	11 230
蛋禽饲料	3 278	3 298	3 347	3 474	3 476	3 478	3 480	3 481	3 482	3 483	3 484
水产饲料	2 198	2 246	2 457	2 578	2 498	2 516	2 531	2 548	2 561	2 573	2 577
反刍饲料	1 545	1 538	1 658	1 737	1 763	1 784	1 803	1 820	1 835	1 848	1 859
其他饲料	352	361	369	378	386	394	402	410	418	426	434
损耗量	229	230	230	231	230	229	229	229	228	228	227
净出口量	341	119	277	106	303	214	11	50	94	152	95